차문

제1권

스님들이 가야 할 길

경훈·면학·유계

치문

원순 풀어씀

도서출판 법공양

함께 걸어갈 뒷사람들을 위해

볼 수 없는 것을 보고
들을 수 없는 것을 들을 수 있는
능력을 지닌 원력보살처럼
조계산의 송광사 위 쪽 한적한 암자에서
십 수 년을 홀로 정진하며 쉴 틈 없이
경전과 어록을 현대인들이 쉽게 이해할 수 있도록
번역에 매진하고 있는 모습에서
누구보다도 빛나는 내면의 힘을 느낀다면
나 혼자만의 착각일까.

번역에 뜻을 두었다고 해서
누구나 할 수 있는 일이 아님을 잘 알고 있는 나로서는
경외심을 금할 수가 없다.

만날 때 마다 키가 더 커져 있는 스님에게
얼마나 컸는지 키 한번 재보자고 한 허물 때문에
이 글을 쓰고 있으니 고소를 금할 수가 없다.

스님들이 절집에 들어와서 계를 받고
강원에 가면 처음 만나는 것이 바로 이 『치문緇門』이다.

한문으로 된 것을 외워 바쳐야
강講을 해주던 시절이 엊그제 같은데
지금은 한글로 번역된 것이 여러 권 되는 것 같다.

그 가운데 원순 스님께서 불교를 알려고 하는
현대인들에게 보다 쉽게 이해할 수 있도록
운율에 맞춰 번역작업을 하고 있는 것을
옆에서 지켜보면서 어지간한 끈기와 노력 없이는
힘든 작업이겠구나 하고 생각한 것이 얼마 전 일인데
어느새 세상 나들이 하는 것이 시간문제란다.

스님께서 『치문緇門』을 번역하는 동안
인월암에서 한 시간 거리에 있는 천자암을
매일같이 오르내리면서 『치문』을 외운다고 하니
어찌 키가 커지지 않을 수 있겠는가.

원순 스님!

오늘도 그 곳의 밤하늘엔
수많은 별들이 밝게 빛나고 있습니까?

부처님의 가르침을 누구에게나
온몸으로 전하려는 스님의 큰 뜻을
조금은 알 것도 같습니다.

우리의 일이란,
결국 신심으로 시작해서 신심으로 마무리되겠지만
오래도록 이 길을 함께 걸어갈 뒷사람들을 위해
더 많은 전설을 만들어 갑시다.

불기 2553년 정월에
향상원向上院에서 수불修弗 합장

『치문경훈』을 한글 풀이하며

『치문경훈緇門警訓』에서 '치緇'는 머리를 깎고 먹물 옷을 입은 검소한 수행자를 뜻하고, '문門'은 올곧은 수행을 통하여 부처님 세상으로 들어가는 문을 말하며, '경훈警訓'은 이러한 수행을 도와줄 수 있는 덕 높은 스승들의 따끔한 가르침을 가리킵니다.

이 『치문경훈』은 현 조계종 불교전통강원에서 처음 배우는 중요한 과목입니다. 험난한 세상에서 올곧은 수행자가 되어 세상의 빛이 되려고 부처님 품안에 들어온 예비 승려들이 처음에 공부하는 것이 바로 이 책입니다.

『치림보훈』에서 『치문경훈』으로

이 책은 중국 북송 때 택현온제擇賢蘊齊선사가 편찬한 『치림보훈緇林寶訓』이라는 좋은 책이 없어졌을 때, 원나라 환주암 지현영중智賢永中 스님께서 흩어지고 없어진 글들을 모으는 가운데 부처님 가르침을 크게 일깨워 줄 수 있는 글을 조금 더 보태어서 『치문경훈緇門警訓』이라는 새로운 이름으로 황경皇慶 2년 1313년에 발간된 것입니다. 영중 스님께서 중국에 불교가 들어온 뒤로 진晉·유송劉

宋·양梁·북주北周·수隨·당唐·송宋·원元·명明에 이르기까지 전해오던 불교에 관한 좋은 글들을 보충하여 아홉 권으로 편집하여 간행한 것입니다.

그 뒤 명나라 여근如巹(1425-?) 스님이 1474년 1권을 증보하여 열 권으로 만들었습니다.

우리나라로 들어온 『치문경훈』

고려말 공민왕 때 왕사였던 태고보우(1301-1382) 스님이 중국 남쪽 지방으로 공부하러 돌아다니다가 이 책을 만났을 때 그 내용을 보고 너무 좋아하셨던 것 같습니다. 장차 본국에 돌아가 널리 알려서 나라와 백성들을 이롭게 해야 되겠다고 뜻을 굳히고 석옥청공 선사의 법을 이어받은 뒤 1348년 귀국할 때 이 책을 가져왔습니다. 이런 인연으로 몇 년이 흘러 1378년 명회 스님과 도암 스님을 만나 책을 찍고 법보시를 하게 되었습니다. 그리하여 이 책이 절에서 널리 읽혀지게 되었습니다.

이 책에는 생활 속에서 가까이 해야 할 간절한 가르침이 들어 있습니다. 도에 들어가는 첫걸음이요, 어리석은 사람들을 이끌어주는 부처님의 자비입니다.

그러나 이 책은 뛰어난 선지식의 안목으로 인용한 글들이 많이 실려 있어 두루 학문을 섭렵하지 못하면 참으로 걸림 없이 알기 어려웠습니다.

이를 안타깝게 생각한 성총 스님이 조선 숙종 1695년에 자비심으로 『치문경훈』을 추려내 원문에 상세하게 주해를 덧붙여 상중하 세 권으로 구성된 『치문경훈주』를 만들어 출간하였습니다. 그 뒤 『치문경훈주』는 불교전통강원에서 반드시 공부해야 할 교재가 되었습니다.

『치문경훈주』 상권은 『치문경훈』 1권부터 3권 뒷부분 '가사袈裟 공능功能'을 보여주는 부분까지이고, 중권은 3권 '대교영단大敎永斷'부터 7권 뒷부분 '고경화상古鏡和尙'까지입니다. 중권은 『치문경훈』에서 분량이 얼마 안 되는 제5권만 모두 삭제하고 대신 '동산양개 화상 편지글'을 새롭게 실었습니다. 하권은 7권 '설두명각 선사'부터 10권 마지막까지 모두 포함되어 있습니다.[1]

1936년부터 현재까지 불교전통강원에서 교재로 사용해 왔던 『정선현토치문』은 진호 스님이 백암성총 스님의 『치문경훈주』가 분

1. 열 권에서 세 권으로 줄어들었다고 하지만 생략된 글은 글자 분량으로 따지면 전체 20분의 1도 안 되는 것이며, 처음부터 영중 스님의 『치문경훈』 아홉 권을 전부 주해하고 '동산양개 화상 편지글'을 새롭게 보태서 상중하 세 권으로 편집한 것이 아닌가 싶습니다.

량이 많다고 생각하여 그 안에서 중요한 내용만 간추린 것입니다. 진호 스님은 이 책을 13장으로 나누어서 한문 본문과 한문 주해에 현토를 달고 부록으로 전기傳記와 계고稽考를 덧붙여 한 권으로 편집하여 출판하였습니다.

스님들이 가야 할 길

『치문경훈』의 구성을 살펴보면 1장은 따끔한 훈계를 주는 글을 모아놓은 '경훈警訓'이고, 2장은 열심히 힘이 닿는 대로 부지런히 내전과 외전을 공부하라는 글을 모아놓은 '면학勉學'이며, 3장은 제자나 후학들에게 올바른 가르침을 남겨둔 '유계遺誡'입니다. 저는 이 글들이 스님들이 어떻게 살아야 할지를 가르치는 것으로 보아 1장부터 3장까지를 『치문』 1권으로 묶어 부제를 '스님들이 가야 할 길'로 정하였습니다.

수행은 중생의 복밭

『치문경훈』 4장은 마음에 늘 새겨두고 살아야 할 글을 모아놓은 '잠명箴銘'이고, 5장은 공부에 관한 편지글을 모아놓은 '서장書狀'이며, 6장은 여러 사찰 건축물에 대한 기록을 모아놓은 '기문記文'이고, 7장은 서문이 있는 책들 가운데 훌륭한 서문만 골라 수행자들에게 귀감이 될 만한 글을 모아놓은 '서문序文'이며 8장은 이산

혜연 선사와 산곡 거사의 발원문이 있는 '원문願文'입니다. 여기까지 『치문』 2권으로 묶어 부제를 '수행은 중생의 복밭'이라고 정하였습니다. '수행을 완성하여 중생의 복밭이 되어야 한다.'는 내용들이 중심이기 때문입니다.

모두 함께 깨달음을

『치문경훈』의 9장은 선문에 관한 내용을 모아놓은 '선문禪文'이고, 10장은 선사들의 가르침을 모아놓은 '시중示衆'이며, 11장은 백시랑과 사마온공의 게송을 모아놓은 '게찬偈讚'입니다. 12장은 황제들이 불법을 따르고 지키려는 내용을 모아놓은 '호법護法'이고, 13장은 기타 신행에 도움을 줄 수 있는 여러 가지 글을 모아놓은 '잡록雜錄'이며, 마지막 부록은 인과응보를 설파하여 수행자의 마음가짐을 다잡는 내용을 모아놓은 '전기傳記'와 '계고稽考'입니다. 불교에서 말하는 이런 내용들은 모두 자기 수행의 완성을 통하여 그 인연으로 모든 중생이 함께 깨닫고 행복해져 부처님 세상이 완성되기를 바라는 것들입니다. 따라서 『치문』 3권에 해당되는 이 부분의 부제를 '모두 함께 깨달음을'이라고 정하였습니다.

이 글을 정리하면서 성총 스님의 서문에서 마음에 와 닿는 글이 있어 그것으로 이 책을 풀이하는 제 마음을 대신하고자 합니다.

“제가 이 일을 하는 것은 도를 이루려 한 것이요 명예를 얻고자 한 것이 아닙니다. 법을 위하는 일이었지 이 몸의 부귀영화를 위했던 것은 아닙니다. 비유하면 봄에 새가 울고 여름에 천둥이 치며 가을에 풀벌레가 울고 겨울에 차디찬 바람이 부는 것처럼, 모든 게 자연스럽게 우러나오는 것이므로 그만 둘 수 있는 일이 아니었습니다.

어찌 저의 좁은 견문見聞을 감히 세상에 드러내어 잘못된 수많은 견해를 바로잡으려고 했겠습니까. 부족하나마 저 혼자만이 할 수 있는 역할을 보여주고자 했을 뿐입니다.

잘못 풀이하여 깊고 오묘한 뜻을 없애 버린다면 이 또한 풀이를 하여도 풀이를 한 것이 아니니, 어찌 해석을 일삼지 않는 고인의 뜻을 체득했다 하겠습니까.

다만 제가 한 이 일들이 많은 사람의 공부에 ‘태산을 이루는 한 줌의 흙이나 천리를 가는 첫걸음처럼’ 조그마한 도움이 될 수 있기를 바랄 뿐입니다.”

2009년 2월 인월행자 원순

차례

2장. 면학 _ 학문에 힘써야 한다

3장. 유계 _ 도에 책임질 것을 당부하노라

일러두기

1. 이 책은 대한불교조계종 교육원에서 2008년에 출간한 『신편치문』 한문 원문을 참고하여 '한글풀이' 하되, 안진호 스님의 『정선현토치문』을 예전 그대로 수록하여 그 분량을 『치문』 1권, 2권, 3권으로 나누어 부제를 달았다.
2. 한문 본문의 현토는 풀이내용을 기반으로 하였기에 이 책을 볼 때에만 참고로 볼 일이다.
3. 성총 스님의 『치문경훈주』에서 주해 내용을 풀이하는 과정에서 잘못이 있다고 판단되어 가감할 필요가 있는 곳에서는 첨삭한 내용들이 있기도 하다.
4. 풀이는 한문순서대로 하되 윤문과정에서 우리 말법에 맞추었다. 한문을 따라가는 직역을 원칙으로 하되 이해가 안 되는 부분은 의역을 하기도 하였다.
5. 서문은 연도순으로 배열하였다.
6. 각주에서 한자 원문이 함께 실려 있는 것은 성총 스님의 주해이다.
7. 한자 독음은 두음법칙에 따라 표기하였다.

緇門

原序

道本無言이나 因言顯道이니 此三教之書 所由作也라.
도본무언 인언현도 차삼교지서 소유작야

緇林寶訓 舊版不存일세 皇慶癸丑 余因募緣[1]하여 重爲鋟梓라
치림보훈 구판부존 황경계축 여인모연 중위침재

乃掇遺編斷簡中 君臣道俗 凡可以激勸訓誡者 頗增入之 目曰
내철유편단간중 군신도속 범가이격권훈계자 파증입지 목왈

緇門警訓이라하니라.
치문경훈

庶廣學者見聞 至得意忘言之時則 區區之志이나 豈徒然哉이리오.
서광학자견문 지득의망언지시즉 구구지지 기도연재

吳城 西幻住庵 比丘 永中 謹識
오성 서환주암 비구 영중 근지

1. 모연募緣은 세상을 밝히는 부처님의 일을 하기 위하여 좋은 인연들을 모으는 것이다.

『치문경훈』을 만들면서

도에는 본디 말이 없지만 말로 그 도를 드러내니, 이것이 불교와 유교, 도교의 책들이 만들어지게 된 연유緣由이다.

『치림보훈緇林寶訓』의 옛날 판본이 없어졌기에 황경皇慶 2년(1313) 좋은 인연을 모아 다시 목판에 글을 새기게 되었다. 이에 흩어지고 없어진 글들을 모으는 가운데 세상 사람들에게 부처님 가르침을 크게 일깨워줄 수 있는 글들을 조금 더 보태어 『치문경훈』이라 제목을 붙였다.

많이 배운 사람들이 본뜻을 알아 말 자취를 잊을 때면 이 책이 구차하게 마음 쓴 꼴이 되겠지만, 그렇다고 어찌 이 일이 부질없는 것이라고 할 수 있겠는가.

오성吳城 서쪽에 있는 환주암幻住庵에서

비구 영중永中[1]이 삼가 이 글을 쓴다

1. 이 분은 생몰연대 미상이며 중국 스님이다.

緇門警訓序

盡大地人 誰無佛性[1] 誰無信心이오.
진대지인 수무불성 수무신심

然이나 不遇聖教則 不發無上菩提之心이어
연 불우성교즉 불발무상보리지심

長沈苦海 頭出頭沒 虛生浪死하리니 實可憫也라.
장침고해 두출두몰 허생낭사 실가민야

是以로 佛祖聖賢도 作不請友하여 行無緣慈하고
시이 불조성현 작불청우 행무연자

爲說種種方便 教化調伏 令其生淨信心하여
위설종종방편 교화조복 영기생정신심

成就無上佛果菩提니라.
성취무상불과보리

佛果[2]菩提 豈異事乎아. 正是當人本覺心也니라.
불과 보리 기이사호 정시당인본각심야

大經亦云 欲知如來[3]大涅槃者이면 當須了知根本自性[4]이라하니
대경역운 욕지여래 대열반자 당수요지근본자성

---

1. 불성佛性은 부처님의 성품이다.
2. 불과佛果는 수행을 통하여 그 결과로 부처님이 된 것을 말한다.
3. 여래如來는 부처님의 많은 이름 가운데 하나이니 '변함없이 영원히 행복한 여여如如한 세상에서 오신 분'이라는 뜻이다.
4. 여기서 말하는 자성自性은 모든 법에 본디 갖추어져 있는 부처님의 성품이다.

나라와 백성을 이롭게 하고자

세상 사람 그 누가 불성佛性이 없고 신심信心이 없겠는가.

그러나 성스런 가르침을 만나지 못한다면 깨달음이 드러나지 않아, 영원토록 '괴로움의 바다에서 육도윤회 하는 허망한 생사'에 빠져 있을 것이니, 참으로 가여운 일이라 하겠다.

이 때문에 부처님과 조사 스님들은 청하지 않은 벗이 되어 끝없는 자비를 베푸시고, 중생들을 위하여 온갖 방편을 설해 가르치고 설득하여 깨끗한 신심으로 '부처님의 깨달음'을 성취하게 한다.

'부처님의 깨달음'이 어찌 다른 일이겠는가. 바로 당사자에게 '본디 갖추어져 있던 깨달음'이다.

『불설무량수경佛說無量壽經』에서도 "여래의 '큰 열반'을 알고자 하면 모름지기 근본자성根本自性을 알아야만 한다."라고 하였다.

若人深信此語하여 忽然反顧則
약인심신차어 홀연반고즉

卽知自心 無量妙義 百千三昧[1] 本自具足이어 分毫不謬라
즉지자심 무량묘의 백천삼매 본자구족 분호불류

此是正信心也이니라.
차시정신심야

三世聖賢이 出現於世하여 無言語中에 而起言說이 正謂此耳니라.
삼세성현 출현어세 무언어중 이기언설 정위차이

太古[2] 南游求法時 幸遇斯警訓이라
태고 남유구법시 행우사경훈

將歸本土에 意欲廣宣流布하여 利國利人이 有年矣라.
장귀본토 의욕광선유포 이국이인 유년의

---

1. 삼매三昧는 모든 번뇌가 사라진 평온하고 고요한 마음 상태를 말한다.
2. 태고太古(1301-1382)는 고려 말기의 승려 보우普愚의 법호이다. 13세에 양주 회암사檜岩寺에서 출가하고 19세 때 가지산 총림에서 도를 닦아 26세에 화엄선華嚴選에 합격하였다. 30세에 용문산 상원암上院庵, 서성西城의 감로사甘露寺에서 고행 정진하다 공부에 크게 진전이 있었다. 38세 때 송도 전단원栴檀園에서 참선하다가 다음해 정월 크게 깨쳤다. 41세 때 삼각산 중흥사重興寺 동쪽에 태고암太古庵을 짓고 오랫동안 머물렀기에 호를 태고라 하였으며 태고암가太古庵歌를 지었다. 46세 때 중국에 건너가 약 2년 동안 공부하러 다니다가 원나라 황제로부터 특별한 대우를 받아 두어 차례 법회를 주관하였다. 임제의 18대 법손 석옥청공石屋淸珙 선사의 법을 잇고 48세 때 본국에 돌아와 용문산에 소설암小雪庵을 짓고 머물던 중 공민왕의 예우를 받아 52세 때 경룡사敬龍寺에 머무르게 되었다. 56세 때 봉은사에서 설법하기 시작하며 왕사로 책봉되었다. 71세 때 국사로 책봉되었고 81세 때 우왕에 의하여 재차 국사로 책봉되니, 왕사로서 16년, 국사로서 12년 동안 소임을 다하다가 우왕 8년 세수 82세, 법랍 69세로 중생교화의 인연을 마쳤다.

사람들이 이 말을 깊이 믿고 홀연 자신을 돌이켜볼 수 있다면, 자신의 마음에 '헤아릴 수 없는 오묘한 이치'와 '온갖 삼매'가 본디 다 갖추어져 있어 털끝만큼도 그릇됨이 없음을 알 것이다.

이것이 올바른 믿음이다.

과거 현재 미래 모든 성현께서 세상에 출현하시어 '말이 없는 데서 말을 한다는 것'이 바로 이것을 말한다.

내가 중국 남쪽 지방을 돌아다니면서 공부할 때 운이 좋게도 이 『치문경훈』을 만났다.

장차 본국에 돌아가 널리 알려서 나라와 백성들을 이롭게 해야 되겠다고 뜻을 둔 지도 몇 년이 흘렀다.

今有勝士 明會與道庵이
금유승사 명회여도암

發大誓願하여 廣化檀緣 鏤板印施라.
발대서원 광화단연 누판인시

俾國人一見一聞하여 皆結勝因하니
비국인일견일문 개결승인

畢竟에 同成無上正覺이라.
필경 동성무상정각

此斯警訓之大義歟아.
차사경훈지대의여

戊午 正月初吉
무오 정월초길

三韓國尊 小雪山 利雄尊者 謹序
삼한국존 소설산 이웅존자 근서

이제 비로소 덕이 높으신 명회明會 스님과 도암道庵 스님께서 큰 원력을 세워 좋은 인연들을 많이 모아 판을 새기고 책을 찍어 법보시를 하게 되었다.

이 인연으로 사람들이 이 책을 한 번만 보고 듣더라도 모두 '부처님이 될 뛰어난 인연'을 맺게 될 테니, 마침내 다함께 '바른 깨달음'을 이룰 것이다.

이것이 『치문경훈』이 가지고 있는 커다란 뜻이 아니겠는가.

무오戊午 1378년 정월 초 길일吉日

삼한국존 소설산 이웅존자 삼가 이 서문을 쓰다

叙註緇門警訓[1]

釋敎東漸[2]에 每多註疏[3]이어
석교동점 매다주소

如金剛楞嚴은 動輒[4]百十이요
여금강능엄 동첩 백십

其餘紀述도 亦或二三인데
기여기술 역혹이삼

警訓獨無解는 何哉리오.
경훈독무해 하재

豈海外褊邦 未及聞見耶오. 抑亦無事解釋也耶오.
기해외편방 미급문견야 억역무사해석야야

---

1. 『치문경훈』은 불교전통강원에서 사미 스님들이 배우는 과목이다. 내용은 여러 고승대덕들이 중노릇 잘하라고 가르침을 주는 것인데 줄여서 『치문』이라고도 한다.
2. 석교동점釋敎東漸은 석가모니 부처님의 가르침이 동쪽에 있는 나라로 점차 유입되었다는 뜻이다.
3. 주소註疏에서 주註는 경전의 뜻을 풀이한 것이고, 이것을 다시 더 자세하게 설명한 것을 소疏라 한다.
4. 동첩動輒에서 동動은 첩輒과 같은 뜻이다. 번번이, 툭하면, 걸핏하면, 까딱하면, 매번의 뜻이다. 백십百十은 수가 백百 또는 십十이 되어 많다는 뜻이다.

『치문경훈』 풀이를 하며

부처님의 가르침이 점차 우리나라로 들어오면서 그 내용을 풀이한 책들이 점점 많아져서, 『금강경』[1]이나 『능엄경』[2]같은 경전들은 걸핏하면 풀이를 하여 수십 수백 가지가 되고, 그 나머지 경전들 또한 없다고 해도 서너 가지 정도는 되고 있는데,

오직 『치문경훈』만 그 풀이가 없는 것은 무슨 까닭입니까?

어찌 바다 밖 외진 작은 나라에만 견문見聞이 미치지 못하고 있는 것입니까? 아니면 풀이할 일이 없어서입니까?

---

1. 『금강경』은 『금강반야바라밀다심경金剛般若波羅密多心經』의 약칭인데 『금강반야경』이라고도 한다. 요진姚秦 구마라집의 번역을 비롯하여 원위元魏의 보리유지菩提流支, 진陳의 진제眞諦, 수隋의 달마급다達摩笈多, 당唐의 현장玄奘과 의정義淨의 여섯 가지 번역이 전해 온다. 내용은 '일체법무아一切法無我'로서 공空의 이치를 설한다.
2. 『능엄경』은 『대불정여래밀인大佛頂如來密因 수증요의修證了義 제보살만행수능엄경諸菩薩萬行首楞嚴經』의 약칭인데 『대불정수능엄경』이나 『수능엄경』이라고도 한다. 10권으로 되어 있다. 당唐 반자밀제般刺密帝의 번역이다.

叢林中 傳習旣久하고 大略 皆日用切近之誨라
총림중 전습기구 대략 개일용절근지회

不過遏浮情誡邪業이나 以軌乎正道이니
불과알부정계사업 이궤호정도

是學佛之發軔[1]이요 迪蒙[2]之慈訓也이니라.
시학불지발인 적몽 지자훈야

凡爲釋子者 不可不誦習依行이라
범위석자자 불가불송습의행

正如爲山九仞[3]도 必俶乎一簣이고 行詣千里도 實昉乎初步니라.
정여위산구인 필숙호일궤 행예천리 실방호초보

捨一簣初步하고 望九仞 論千里는 雖三尺亦知其無能爲也라.
사일궤초보 망구인 논천리 수삼척역지기무능위야

此書 雖曰 入道初門이나 矯矯群賢이 各出手眼하여 多有引用일새
차서 수왈 입도초문 교교군현 각출수안 다유인용

若不博涉이면 固難遊刃[4]이라.
약불박섭 고난유인

1. 발인發軔은 수레가 떠나간다는 뜻이니 어떤 일이 시작되는 것을 말한다.
2. 적몽迪蒙은 어리거나 어리석은 사람을 가르쳐 이끌어 주는 것이다.
3. 구인九仞은 아홉 길이라는 뜻인데 매우 높은 것을 비유로 쓰는 말이다. 1인仞은 8자로 약 2.4미터에 해당한다.
4. 유인遊刃은 '유인유여遊刃有餘'의 약칭이다. 소를 잡는 백정이 칼을 상하지 않게 마음대로 자유자재하게 다룬다는 의미인데 어떤 것에도 조금도 걸림이 없음을 말한다. 『장자』의 양생주養生主편에 나오는 이야기이다.

이 책이 총림[1]에 전해진 지 오래 되었고, 그 내용은 생활 속에서 가까이 해야 할 간절한 가르침들입니다. 얼핏 보기엔 중생의 들뜬 알음알이를 눌러 삿된 업業을 경계하라는 가르침에 지나지 않는 것처럼 보이지만, 이것이 정도正道로 가는 법칙입니다. 부처님 공부를 하는 첫 걸음이요, 어리석은 사람들을 이끌어주는 자비로운 가르침인 것입니다.

부처님의 제자라면 외우고 익혀 이 책에 의지하여 공부하지 않으면 안 됩니다. 높은 산도 한 줌의 흙이 모이고 천리 길도 실은 첫걸음에서 시작이 되는 것과 같습니다. 한 줌의 흙이나 첫걸음을 무시하고 높은 산을 만들고 천리 길을 간다는 것은, 삼척동자라도 불가능한 일임을 잘 알고 있습니다.

이 책이 도에 들어가는 첫 관문이라고 해도, 뛰어난 현인들이 저마다 뛰어난 안목으로 인용한 글이 많이 실려 있으므로 두루 학문을 섭렵하지 못했다면 참으로 걸림 없이 알기 어렵습니다.

1. 총림은 승려들이 함께 모여 저마다 주어진 역할을 맡아 처리함으로써 서로의 수행을 도와주는 곳이다. 요즈음 총림은 참선수행 전문도량인 선원禪院, 경전교육기관인 강원講院, 계율전문교육기관인 율원律院 등을 모두 갖춘 큰 사찰을 뜻한다.

或根銀[1]莫辨하여 名義[2]俱錯이니라.
혹근은 막변 명의 구착

余每臨講授에 終不釋然은 僭越秉筆하여 略爲箋釋하며
여매임강수 종불석연 참월병필 약위전석

行住必俱하며 稽檢備忘하니 祇堪自悅일뿐 不可持贈他人也라.
행주필구 계검비망 지감자열 불가지증타인야

客曰
객왈

近有 一種禪流 另騖高見하여 但言 心卽是經인데 何更喃喃이오
근유 일종선류 영무고견 단언 심즉시경 하갱남남

或復抹却疑團 淨土[3]諸門 一皆掃除하고
혹부말각의단 정토 제문 일개소제

樂于放逸 耽于閒寂하며 自便己私인데
요우방일 탐우한적 자편기사

子何沾沾[4]以一竇自多하며 從事於斯오. 無乃[5]見大笑耶오.
자하첨첨 이일두자다 종사어사 무내 견대소야

---

1. 옛날부터 전해지는 '금근거金根車'라고 하는 수레의 이름이 있었는데 한퇴지의 아들이 집현전集賢殿 교리校理로 있을 때 보고 들은 것이 적었기에 '근根'을 '은銀'의 잘못이라고 하여 '금은거金銀車'라고 고쳤다. 근은根銀은 여기에 따른 고사이니 문자를 잘못 알고 쓰는 것을 말한다.
2. 명의名義에서 명名은 어떤 바탕에 드러나 있는 명칭이고 의義는 그 바탕 속에 숨어 있는 이치를 말한다. 이를테면 '제행무상諸行無常'이라고 할 때 제행諸行은 명名이요, 무상無常은 의義에 해당한다.
3. 정토종은 염불로 극락왕생하는 종파이다. 진晋의 혜원慧遠, 위魏의 담란曇鸞, 당唐의 도작道綽 등이 이 도를 닦았는데 일명 연종蓮宗이라고도 한다.
4. 첨첨沾沾은 경망스러운 모습을 말한다. 일두一竇는 작은 구멍 하나를 말하니 좁은 소견을 뜻한다.
5. 무내無乃는 영寧이나 무녕無寧과 뜻이 같다. '어찌 ~아니겠느냐'라고 해석한다.

혹 '근根' 자와 '은銀' 자를 구별하지 못하여 드러난 모습과 속뜻의 차이를 잘 알지 못할 수도 있습니다.

그래서 저는 강의할 때마다 끝내 그 뜻이 시원하게 설명되지 않은 것은 외람되게 붓을 들어 간략하게 풀이를 해 보았으며, 일상생활 속에서도 언제나 이 책을 갖고 다니면서 가르침을 잊지 않으려고 늘 챙기고 살펴왔으니, 이를 오직 혼자만의 기쁨으로 삼을 뿐 이 글을 가져다 다른 사람에게 내세우고자 한 것은 아니었습니다.

저를 보고 어떤 스님이 말했습니다.

"요즈음 참선하는 어떤 사람은 고상한 견해만 따로 주장하여 '마음 그 자체가 경전인데 어찌 이러쿵저러쿵 딴 경전을 이야기할 필요가 있겠느냐?'라고 말하고 있다.

또 어떤 사람은 참구할 의심을 내던지고 극락정토로 가는 모든 길을 부정하며 혼자 한가롭게 조용한 곳에서 편히 잘 살고 있다.

그런데 그대는 어찌 애를 쓰며 경망스럽게 좁은 소견을 자랑하며 글 풀이를 일삼고 있느냐? 이 일이 어찌 다른 사람에게 큰 웃음거리가 되지 않겠는가?"

答 余卑卑雌伏[1]이어 言不出群하고 乏應世之全才하며 蔑摧邪之
답 여비비자복 언불출군 핍응세지전재 멸최사지

慧力이니 怎奈一齊而衆楚之[2]何리오.
혜력 즘내일제이중초지 하

是日夕扼腕[3]하고 而疾首者也니라.
시일석액완 이질수자야

且在余之志는 爲道요 不爲名이며 爲法이요 不爲身이니라.
차재여지지 위도 불위명 위법 불위신

譬如 以鳥鳴春하고 以雷鳴夏하며 以蟲鳴秋하고 以風冽冽 鳴乎其
비여 이조명춘 이뢰명하 이충명추 이풍렬렬 명호기

冬하듯 蓋出於自然而不能已也라. 詎敢灑同雲[4]之潤하여 以公見聞
동 개출어자연이불능이야 거감쇄동운 지윤 이공견문

也오. 聊私以示余之役而已니라.
야 요사이시여지역이이

1. 자복雌伏은 남에게 굴복하여 엎드려 있는 모습이다.
2. 일제이중초지一齊而衆楚之는 『맹자』에 나오는 말이다. 한 사람이 제나라 말을 배우려고 해도 모든 사람이 초나라 말을 하면 제나라 말을 배울 수 없다는 것이다. 여기서는 나 혼자 옳은 생각을 해도 모든 사람이 비난하면 감당할 도리가 없다는 뜻으로 쓰였다.
3. 액완扼腕은 팔을 걷어붙이거나 주먹을 불끈 쥐고 분발하는 모습이다.
4. 동운同雲은 눈이 오려고 하늘 가득 구름이 덮여 있는 것을 말하는데, 여기서는 잘못된 견해가 그만큼 많다는 뜻으로 쓰인 것이다. 『시경詩經』 '소아小雅'에서 나오는 '하늘이 온통 구름이어 눈이 펄펄 내리네[上天同雲 雨雪雰雰]'라는 구절에서 따온 글이다.

제가 대답했습니다.

"저는 못나고 힘이 없어 말도 잘하지 못하고 세상에 적응할 만큼 탁월한 재주도 부족하며 삿된 견해를 꺾을만한 지혜도 없으니, 저 혼자 힘으로 쏟아지는 많은 비난을 어떻게 감당할 수 있겠습니까?

이에 이 문제를 해결하려고 제 나름대로 밤낮으로 주먹을 불끈 쥐고 머리를 싸매고 있는 것입니다.

또 제가 이 일을 하는 것은 도를 이루려 한 것이요 명예를 얻고자 한 것이 아니며, 법을 위하는 일이었지 이 몸의 부귀영화를 위했던 것은 아닙니다.

비유하면 봄에 새가 울고 여름에 천둥이 치며 가을에 풀벌레가 울고 겨울에 차디찬 바람이 부는 것처럼, 모든 것이 자연스럽게 우러나오는 것이므로 그만 둘 수 있는 일이 아닙니다.

어찌 저의 좁은 견문見聞을 감히 세상에 드러내어 잘못된 수많은 견해를 바로잡으려고 했겠습니까. 부족하나마 저 혼자만이 할 수 있는 역할을 보여주었을 뿐입니다.

至於曲註蔓解 以抹幽奧之旨者 亦解則無解이니
지어곡주만해 이말유오지지자 역해즉무해

豈能體古人無事解釋之意리오.
기능체고인무사해석지의

庶可以助一簣初步 云爾니라.
서가이조일궤초보 운이

時 康熙 乙亥 仲秋日 栢庵 沙門 性聰[1] 識
시 강희 을해 중추일 백암 사문 성총 지

---

1. 성총性聰(1631-1700)은 조선 중엽의 승려이고 호는 백암栢庵이다. 13세에 순창 취암鷲岩에 출가하고, 18세에 취미翠微에게 법을 전해 받았으며, 30세에 승주 송광사, 낙안 징광사, 하동 쌍계사 등에 머물렀다. 시詩에 능했다. 1681년에 큰 배가 임자도에 떠밀려 왔는데 사람은 없고 서적만 실려 있었다. 이 배에서 명나라 평림平林 엽거사葉居士가 교간校刊한 『화엄경소초華嚴經疏鈔』 『대명법수大明法數』 『회현기會玄記』 『금강경간정기金剛經刊定記』 『기신론필삭기起信論筆削記』 등 190권을 발견하고는 15년 동안 5천판을 새겨서 징광사, 쌍계사에 잘 보관해 두었다. 72세로 쌍계사 신흥암新興庵에서 입적하였으며 저서에 『사집私集』 2권, 『경서經序』 9수, 『정토찬백록淨土讚百錄』이 있고 또 『치문경훈』을 주해하였다.

잘못 풀이하여 깊고 오묘한 뜻을 없애 버린다면 이 또한 풀이를 하여도 풀이를 한 것이 아니니, 어찌 해석을 일삼지 않는 고인의 뜻을 체득했다 하겠습니까.

다만 제가 한 일이 많은 사람의 공부에 '한 줌의 흙이나 첫걸음처럼' 조그마한 도움이 되기를 바랄 뿐입니다."

강희康熙 을해乙亥 1695년 중추일仲秋日
백암栢庵 사문 성총性聰 이 글을 씁니다

序

蓋衆生之根欲性殊일새 若一以論之하면 恐非得旨也라.
개중생지근욕성수 약일이논지 공비득지야

故로 丈夫 自有衝天志이어 不向如來行處行도 是也요
고 장부 자유충천지 불향여래행처행 시야

非佛之言이면 不言하고 非佛之行이면 不行도 亦是也라.
비불지언 불언 비불지행 불행 역시야

等空法界에 焉有是不是리오마는 而言是不是이면
등공법계 언유시불시 이언시불시

乃是妄想的分別이요 旣有此分別일새 自有是非的說話니라.
내시망상적분별 기유차분별 자유시비적설화

觀那古之明心見性的祖師하면 擧皆 博學大家니라.
관나고지명심견성적조사 거개 박학대가

曹溪之不識文字云者이나 不似今時 禪客之根銀[1]不識者라.
조계지불식문자운자 불사금시 선객지근은 불식자

---

1. 옛날부터 전해지는 '금근거金根車'라고 하는 수레의 이름이 있었는데 한퇴지의 아들이 집현전集賢殿 교리校理로 있을 때 보고 들은 것이 적었기에 '근根'을 '은銀'의 잘못이라고 하여 '금은거金銀車'라고 고쳤다. 근은根銀은 여기에 따른 고사이니 문자를 잘못 알고 쓰는 것을 말한다.

근기와 욕망, 성품이 다르므로

대개 중생들의 근기와 욕망, 성품은 서로 다른 것이므로 하나의 잣대로 이들을 논한다면 아마 제대로 알고 하는 일이 아닐 것입니다.

그러므로 장부가 하늘을 찌를만한 큰 뜻이 본디 있어 부처님의 가르침을 따르지 않는 것도 옳은 일이요, 부처님의 말이 아니면 말하지를 않고 부처님의 행이 아니면 행하지 않는 것 또한 옳은 것입니다.

허공 같은 법계에 어찌 옳고 옳지 않은 것이 있겠습니까. 옳고 옳지 않은 것을 말한다면 이는 헛된 생각에서 오는 분별이요, 이러한 분별이 있으므로 저절로 옳고 그르다는 이야기들이 따라오는 것입니다.

예전에 마음을 밝혀 참성품을 보신 조사 스님들을 보면 빠짐없이 모두 학식이 깊은 대가들이었습니다. 육조 스님이 글자를 몰랐다고 하지만, 지금 어리석은 선객들이 '근根' 자와 '은銀' 자의 차이를 알지 못하는 정도는 아니었습니다.

又 觀那執麈搖松之高座하면 盡是宗說兼通이라.
우 관나집주요송지고좌 진시종설겸통

泰沼[1] 之不聽半偏云者이나
태소 지불청반편운자

何如今之講家水乳不辨者乎리오.
하여금지강가수유불변자호

此書 自支那而朝鮮而行于緇門之中者 久矣라.
차서 자지나이조선이행우치문지중자 구의

於古則三卷도 猶謂之略인데 今則爲繁하여 而略之爲一卷이라.
어고즉삼권 유위지략 금즉위번 이략지위일권

學之者 又 謂之爲繁이라하여 而又略之必矣라.
학지자 우 위지위번 이우략지필의

若如是則 將見此書 未生前之時節도 亦不遠이니라.
약여시즉 장견차서 미생전지시절 역불원

雖得不立文字之旨라도 有乖受持讀誦之訓이면
수득불립문자지지 유괴수지독송지훈

致使卽心卽佛之妙密旨趣가 反爲撥無因果者之口實이리라.
치사즉심즉불지묘밀지취 반위발무인과자지구실

1. 태소泰沼는 신태神泰 스님과 혜소慧沼 스님을 말하며 이들은 현장 스님의 역경 사업을 도운 분들이다. 신태 스님은 경전을 배우지 않고도 강의를 할 수 있었고 혜소 스님은 경전을 반절만 배워도 전체 내용의 심오한 이치를 터득하였다고 한다.

또 불자拂子와 주장자를 높이 들고 법문하는 큰스님들을 보면 모두 마음이 열려 있고 논리도 정연했습니다. 신태神泰 스님은 경전 강의를 듣지 않았고 혜소慧沼(651-714) 스님은 경전을 절반밖에 배우지 않았다고 하지만, 어찌 지금 강의하는 사람들이 물과 우유도 제대로 분별하지 못하고 있는 것과 같겠습니까.

『치문경훈』은 중국에서 들어와 스님들 사이에서 오랫동안 많이 읽혀 왔던 책입니다. 예전에는 세 권으로 되어 있는 것도 분량을 간략하게 줄인 것이라고 했는데, 지금 이것도 번거롭다 하여 다시 줄여 한 권으로 만들었습니다. 그런데 배우는 사람들에게서 또 번거롭다는 말이 나와 다시 줄이는 작업이 반드시 일어날 것입니다. 이런 일들이 일어난다면 이 책이 없던 시절로 되돌아갈 날도 멀지 않았습니다.

불립문자不立文字의 뜻을 알더라도 수지독송受持讀誦하는 부처님의 가르침이 없다면 '마음 그 자체가 부처님'이라는 오묘한 뜻이 도리어 인과를 무시하는 구실이 될지도 모릅니다.

古德頌云
고덕송운

深嗟末法實悲傷이라　佛法無人得主張하니
심차말법실비상　불법무인득주장

未解讀文先坐講하고　不曾行脚便陞堂이로다.
미해독문선좌강　부증행각변승당

將錢討院如狂狗하고　空腹高心似啞羊이로다.
장전토원여광구　공복고심사아양

彼果是能知未來劫事之聖者歟니
피과시능지미래겁사지성자여

何其寫得 末法今日之事情을 如此其深且切哉리오.
하기사득 말법금일지사정　여차기심차절재

원조율사元照律師(1048-1116) 스님이 게송으로 말씀하셨습니다.

오호라! 말법시대 생각하니 슬프도다.
부처님 법 알고 펴는 사람들이 없어지니
글 내용도 모르면서 먼저 강의한다 하고
참선 공부 안 됐는데 법문 자리 서려 한다.

돈만 알고 절을 찾는 모습들이 미친 개요
제 잘난 체 행세하나 부처님 법 모른다네.

그 분은 과연 먼 미래의 일을 알고 있던 성자이셨으니 어찌 말법시대인 오늘날 사정을 이렇게 깊이 있고 간절하게 써내려 갈 수 있었단 말입니까.

震湖講伯[1] 以善巧方便으로 觀根逗機[2]하여 略之爲一券하고 而懸吐
진호강백 이선교방편 관근두기 약지위일권 이현토

之라 至於註中에도 亦懸吐하며 於孟浪處則 筆削之하여 庶使不惱
지 지어주중 역현토 어맹랑처즉 필삭지 서사불뇌

其腦而輒易解之하니 可謂 老婆心切矣라.
기뇌이첩이해지 가위 노파심절의

請余校之에 遂不揆不才하고 敢妄閱之라
청여교지 수불규부재 감망열지

不覺에 於藏識中 引起衆生根欲性殊之感하여 書之於此라.
불각 어장식중 인기중생근욕성수지감 서지어차

庶幾不至 略之又略 至于無略에 而爲流通之一助云哉리라.
서기부지 약지우략 지우무략 이위유통지일조운재

丙子春 法輪寺 雪醐山人 草牛堂 卞榮世 謹識
병자춘 법륜사 설호산인 초우당 변영세 근지

---

1. 안진호安震湖(1880-1965) 스님은 근대의 고승으로 경북 예천 출신이다. 유명한 강백으로서 1930년대 중반 불교출판사 겸 서점인 만상회(법륜사)를 설립하여 『사집四集』, 『치문』 등 강원교재를 비롯한 많은 불서를 간행, 불교포교와 승려 교육에도 공헌하였다.
2. 관근두기觀根逗機는 바로 사람의 근기를 알아보고 거기에 맞추어 방편을 베푸는 것을 말한다.

진호震湖 강백이 뛰어난 솜씨로 요즈음 사람의 근기에 맞추어서 『치문경훈』을 간단하게 한 권의 책으로 만들고 한문 원문에 토를 달았습니다. 더 나아가 원문을 이해하도록 풀이한 주해註解[1]에도 토를 달면서, 터무니없던 풀이는 그 내용을 손질하여 이해하기 어려운 곳을 쉽게 이해하도록 하였으니, 이 책을 보면 그 뜻을 모든 사람들이 알 수 있게 노력한 그의 간절한 마음을 알 수 있다 하겠습니다.

이 글을 저에게 한번 살펴보아 주기를 부탁함에 재주 없음을 헤아리지 못하고 감히 그 내용을 읽어보았습니다. 그러다 저도 모르는 사이 중생의 근기와 욕망, 성품이 다르다는 생각이 무의식적으로 일어나 그 느낌을 여기에 쓰게 된 것입니다.

이 책을 줄이고 줄여 더 줄일 것이 없을 그 시절에 이르기 전, 이 책이 세상에서 더 많이 읽히도록 제 서문이 조그마한 도움이 되기를 바랄 뿐입니다.

병자년 1936년 봄 법륜사

설호산인 초우당 변영세 삼가 이 글을 씁니다

---

1. 성총 스님의 주해를 말한다.

제 1 장

배움이란 본디 성품을 닦는 것

警訓

1. 潙山大圓禪師警策[1]
위 산 대 원 선 사 경 책

夫業[2]繫受身은 未免形累[3]이니
부 업 계 수 신 미 면 형 루

稟父母之遺體[4]하여 仮衆緣[5]而共成일새니라.
품 부 모 지 유 체 가 중 연 이 공 성

---

1. 위산 스님은 수행자들이 자꾸 나태해져 스스로 품위를 떨어뜨리고 있음을 지켜보다 못해 『위산경책』을 저술하여 그들이 '도'에 대한 '바른 안목'을 갖도록 촉구하였다. 이 책은 산문과 운문으로 구성되어 있다. 앞부분인 산문에서는 경책의 의도를 다섯 단락으로 나누어 상세하게 밝혔다. 첫째 단락에서는 중생의 몸 자체가 큰 우환덩어리라는 것을 보여주었고, 둘째 단락에서는 출가자들의 병폐를 크게 꾸짖었으며, 셋째 단락에서는 출가한 사람이 갖추어야 할 바른 안목이 무엇인지를 밝혔고, 넷째 단락에서는 도에 들어가는 지름길을 보여주었으며, 다섯째 단락에서는 간절하게 공부할 것을 권유하였다. 선종에서는 이 책과 『사십이장경』, 『불유교경』을 합하여 '불조삼경佛祖三經'이라 하는데 초학자들은 반드시 읽어야 할 책이다.
2. 업業은 범어 'Karma'의 번역이다. 몸과 입과 뜻으로 짓는 행위를 말한다. 여기서는 과거에 지은 업을 말한다. 중생은 전생에 지은 이 업에 묶여 금생에 자유롭지 못하므로 업계業繫라고 한다.
3. 중생의 몸이 전생의 업에 묶여 고달픈 삶을 살아야 하므로 '형루形累'라고 한다. '형形'은 중생의 형태를 말하고 '루累'는 거기에 따르는 고달픈 삶이다.
4. 유체遺體는 아버지의 정기와 어머니의 피와 살이 합해져서 받게 된 중생의 몸을 말한다.
5. 중연衆緣은 젖을 먹여주고 몸을 씻겨주며 자식을 키우는 데 쓰이는 의복과 음식 등의 모든 인연을 말한다.

1. 위산경책 _ 위산영우[1]

전생의 업으로 받은 이 몸은 고달픈 삶을 면치 못할 것이니,

부모의 몸을 받아 임시로 많은 인연이 모여 이루어진 것이기 때문이다.

---

1. 위산영우潙山靈祐(771-853) : 당나라 스님으로 복주 사람인데 위앙종의 종조이다. 열다섯 살 때 법상法常 율사에게 출가하여 항주 용흥사龍興寺에서 구족계를 받았다. 일찍이 한산寒山과 습득拾得을 만나고 스물세 살 때 백장회해百丈懷海 스님한테 가서 공부하며 상수제자가 되었다. 어느 추운 겨울밤 방장실로 찾아가 법을 구할 때, 백장 스님이 "화로에 불이 있느냐?" 묻자, 여기저기 불씨를 뒤져 본 그는 "없다."라고 대답하였다. 백장 스님이 화로에서 작은 불씨를 찾아서 집어 들고는 "이게 불이 아니고 뭐냐?"라고 하는 데서 영우 스님은 크게 깨쳤다. 그리하여 백장의 법을 이은 그는 담주潭州에 있는 위산潙山에 머물게 되니 인근 마을사람들이 감화를 받아 큰 절을 지어 그 절 이름을 동경사同慶寺라고 하였다. 그 당시 재상인 배휴가 찾아와서 공부하니 그 명성이 더욱 높아지고 대중들이 구름처럼 모여 들었다. 회창법난會昌法難 때 저자거리에 숨어 살다가 대중大中 원년元年(847)에 복교復教 명령을 받아 대중들의 환영 속에 다시 절로 돌아왔으나 두건과 속복을 입은 채로 설법하고 삭발염의를 하지 않았다. 배휴가 이 소문을 듣고 친히 간청을 하니 비로소 승복을 입었다. 스님이 위산에 40년 동안 머물면서 크게 종풍을 선양하니 세상 사람들이 위산영우潙山靈祐라고 불렀다. 853년 입적하니 세수 83세이고 법랍은 64년이었다. 시호를 대원大圓이라고 하였고 『위산영우어록』과 『위산경책』이 한 권씩 전해 내려온다. 법을 이은 제자로는 혜적慧寂, 홍인洪諲, 지한智閑 등 41인이나 되었다. 그 가운데 앙산혜적仰山慧寂이 그의 법을 크게 일으키니 여기서 위앙종潙仰宗이 생겨났다.

雖乃四大扶持라도 常相違背[1]하고 無常老病이 不與人期하여
수내사대부지　상상위배　무상노병　불여인기

朝存夕亡에 刹那[2]異世로다.
조존석망　찰나 이세

譬如 春霜曉露 倏忽卽無 岸樹[3]井藤이듯 豈能長久리오.
비여 춘상효로 숙홀즉무 안수 정등　기능장구

念念迅速이어
염념신속

一刹那間 轉息이면 卽是來生이니 何乃晏然空過리오.
일찰나간 전식　즉시래생　하내안연공과

---

1. 『대지도론』에서 말하였다. "지수화풍 사대四大로 몸을 이루는데 항상 서로 해악을 끼쳐 하나하나의 요소에서 101 가지 병이 일어난다. 차가운 질병에는 202 가지가 있는데 모두 수水와 풍風에 기인하고, 더운 질병에 202 가지가 있는데 모두 지地와 화火에 기인한다."〔智論云 四大爲身 常相惱害 一一大中 百一病起. 冷病有二百二 水風起故 熱病有二百二 地火起故〕
2. 『인왕경』에 이르기를 "한 생각 속에 90 찰나가 있고 한 찰나 중에 9백 번의 생멸이 있다."라고 하였으니 지극히 짧은 시간을 말한다.[仁王經云 一念中有九十刹那 一刹那中 經九百生滅. 言極少時也]
3. 안수岸樹는 『열반경』에 "몸은 쉽게 무너지니 마치 강 언덕머리 끝에 높고 큰 나무가 걸려 있는 것 같다.〔是身易壞 猶如河岸 臨峻大樹〕"라고 한 데서 나온 말이다. 언덕머리에 있는 그 나무처럼 사람의 목숨이 위태롭다는 것을 비유한 말이다.

사대四大로 지탱되더라도 늘 서로 어긋나고 덧없이 늙고 병들어 홀연 한순간에 어느 날 세상을 달리하는 것이다.

비유하자면 따뜻한 봄날 아침 서리나 새벽이슬이 금방 없어지는 것과 같고, 가파른 절벽 끝에 위태롭게 서 있는 커다란 나무나 깊은 우물 속의 썩은 등나무 넝쿨[1]을 잡고 있는 것과 같으니, 어찌 이런 몸이 오래 살 수 있겠는가.

생각하면 세월이 빨라 한 찰나에 숨을 바꾸면 다음 생이니, 어찌 편안하게 세월을 헛되이 보낼 수 있겠는가.

---

1. 정등井藤은 우물 속의 썩은 넝쿨이다. 옛날 어떤 죄인이 죄를 범하고 도망가는데 왕이 사나운 코끼리로 그를 쫓게 하였다. 그는 두려워서 마른 우물 속으로 들어가다 우물 중턱에 있는 썩은 넝쿨을 붙들었다. 밑에는 사나운 독룡이 독을 뿜고 있으며 곁에는 다섯 마리의 독사가 혀를 날름거리며 해치려 하였다. 또 검은 쥐, 흰 쥐 두 마리가 넝쿨을 갉아먹고 사나운 코끼리는 위에서 잡아먹으려고 기다리니 그는 몹시 생명이 위태로운 상태였다. 그런데도 우물 위에 있는 나무에서 달콤한 꿀방울이 끊임없이 입속으로 떨어지니까 그 맛에 취해 두려움을 잊었다고 한다. 여기에서 '우물'은 생사, '검은 쥐와 흰 쥐'는 밤과 낮, '꿀방울'은 오욕락을 비유한 것이니, 죽음이 곧 닥치는데도 중생은 어리석게 달콤한 오욕락에 빠져 생사의 두려움을 잊고 산다는 것이다.

父母不供甘旨[1]하고 六親[2]固以棄離하며
부모불공감지　　육친 고이기리

不能安國治邦[3]하고 家業頓捐繼嗣하여
불능안국치방　　가업돈연계사

緬離鄕黨[4] 剃髮禀師이어
면리향당 체발품사

內勤剋念之功하고 外弘不諍之德하여
내근극념지공　　외홍부쟁지덕

逈脫塵世 冀期出離인데
형탈진세 기기출리

何乃纔登戒品[5]하여 便言 我是比丘라하고
하내재등계품　　변언 아시비구

---

1. 감지甘旨는 달고 맛있는 음식을 말한다.
2. 『선견론善見論』에서 말하였다. "부계父系의 육친六親은 백부·숙부·형·아우·자식·손자를 말하며, 모계의 육친은 외삼촌·이모·형·아우·자식·손자를 말한다.〔父六親 伯叔兄弟兒孫 母六親 舅姨兄弟兒孫〕"
3. 큰 나라를 국國이라 하고 작은 나라를 방邦이라 하니 '불능안국치방不能安國治邦'은 세상일에 관계하지 않는 것을 말한다.
4. 『예기禮記』에서 "다섯 집을 린隣으로 삼고 스물다섯 집을 리里로 삼으며, 5백 집을 당黨으로 삼고 1만2천5백 집을 향鄕으로 삼는다.[五家爲隣 二十五家爲里 五百家爲黨 萬二千五百家爲鄕]"라고 하였으니, 면리향당緬離鄕黨은 이들 집이 모여 있는 사회를 스님들은 떠나 살고 있다는 것을 말한다.
5. 품品은 종류를 말한다. 비구계에는 250 가지 계가 있는데 이를 여덟 종류로 나누어 묶기도 한다. 그 까닭에 비구계를 계품戒品이라 말하기도 한다.

지금 우리는 부모를 모시지 않고 가족을 떠나 세상일에 관계하고 있지 않다. 가업마저 내던지고 사회생활을 떠나 머리를 깎고 스승을 모시고 산다.

안으로는 부지런히 헛된 생각들을 극복하고 밖으로는 다툼이 없는 온화한 덕을 드러내어, 어지러운 세상을 훌쩍 벗어나 해탈할 날을 기약하고 있다.

그런데 어찌 비구[1]계를 받자마자 "나는 스님이다."라고 말을 하면서,

1. 비구는 범어인데 번역하여 걸사乞士라고 한다. 안으로는 법을 구걸하여 혜명慧命을 돕고 밖으로는 음식을 구걸하여 공부하는 몸을 보살피기 때문에 이렇게 번역하였다. 또 비구에 여러 가지 뜻이 있는 까닭에 범어로 놓아두고 번역하지 않기도 한다. 〔比丘 此云乞士 內乞法 以資慧命 外乞食 以資色身. 又有四義故 存梵不譯〕

檀越所須[1] 喫用常住[2]하며 不解忖思來處라
단월소수 끽용상주 불해촌사래처

謂言 法爾合供이라하며 喫了에 聚頭喧喧 但說人間雜話하니
위언 법이합공 끽료 취두훤훤 단설인간잡화

然卽 一期趁樂이 不知樂是苦因이로다.
연즉 일기진락 부지낙시고인

---

1. 단월소수檀越所須에서 단檀은 재물을 베푼다는 것이고, 월越은 그 공덕으로 극심한 빈곤을 극복하는 것이다. 소수所須는 재물을 보시하는 사람이 죄를 참회하고 복을 바라는 소원이다.[檀 施也 施之以財 越 越貧窮海. 言所須 謂施財者欲邀福懺罪也]
2. 『사분율산번궐행사초四分律刪繁闕行事鈔』에서 말하였다. "승려들이 쓰는 물건에 네 종류의 상주물이 있다. 첫 번째는 상주상주물常住常住物이다. 대중들이 함께 쓰는 것 중에서 그 몸체가 있어야 할 곳에 국한되어 다른 곳으로 옮기지 못하는 것을 말한다. 다만 그 혜택만 받을 뿐 나누어 파는 것이 허락되지 않으므로 '항상 그 자리에 있어야 한다는 상주常住'를 중복하여 말한 것이다. 사찰 건물이나 토지 및 임야 등을 말한다. 두 번째는 시방상주물十方常住物이다. 절 안 음식 같은 것들을 시방세계르 이동시킬 수 있지만 오직 본래 있던 장소에만 두게 하고 절 안에 있는 모든 대중들에게 그 몫이 돌아가게 하는 것이다. 이 두 가지는 승기물僧祇物이라 한다. 세 번째는 현전상주물現前常住物이니 물현전物現前과 승중현전僧中現前의 두 가지가 있다. 절 안의 승려가 많은 시물을 받아오지만 오직 현재 그 절에 있는 대중들에게만 그 몫이 돌아가기 때문이다. 네 번째는 시방현전상주물十方現前常住物이니 열반에 든 승려의 유물이다. 그 몸체는 시방상주물과 같지만 오직 본래 그곳에 있던 재적 승려들에게만 그 몫이 돌아가기 때문이다. 이 두 가지는 현전승물現前僧物이라 한다. 열반에 든 승려의 유물을 분배할 때 사방에서 모인 승려 가운데 배분할 숫자를 확정짓기 전에 온 사람은 그 몫이 있고 확정지은 뒤에 온 사람은 그 몫이 없다."[鈔云 僧物有四種常住. 一 常住常住 謂衆所用什物 體局當處 不通餘界 但得受用 不許分賣故 重云常住. 二 十方常住 寺中飮食等物 體通十方 唯局本處 食旣熟已 乃打鼓鍾 盖明十方僧 俱有分也. 上二 名僧祇物. 三 現前常住 中有二 一物現前 二僧中現前 謂此僧得多施物 惟施此處現前僧衆故. 四 十方現前常住 謂亡僧遺物也 體同十方 唯本處現在僧得分故. 此二 名現前僧物. 今詳分亡僧物 十方來僧 在羯磨數前 卽得 羯磨後來者 不得也]

시주들의 정성과 소원이 담긴 공양물을 함부로 먹고 마시고 사용하며, 그것이 나한테 오기까지의 수고스러운 많은 인연들을 조금도 이해하고 헤아리지 않는 것인가.

"법이 그러하니 공양을 받아야만 한다."라고 말하면서, 배불리 먹고 나서는 머리를 맞대고 시끄럽게 세간의 잡된 이야기만 하고 있으니, 한때 이런 즐거움이 뒷날 엄청난 고통의 씨앗이 될 줄 모르고 있다.

曩劫[1] 徇塵에 未嘗返省하고 時光淹沒 歲月蹉跎에 受用殷繁할새 施
낭겁 순진 미상반성 시광엄몰 세월차타 수용은번 시

利濃厚라 動經年載인데도 不擬棄離하고 積聚滋多하여 保持幻質이니라.
이농후 동경년재 불의기리 적취자다 보지환질

導師[2] 有勅이어 戒勗比丘하되 進道에 嚴身하고 三常[3] 不足이라하시니
도사 유칙 계욱비구 진도 엄신 삼상 부족

人多於此에 貪味不休하고 日往月來에 颯然[4] 白首로다.
인다어차 탐미불휴 일왕월래 삽연 백수

後學未聞旨趣[5] 이면 應須博問先知[6] 이니 將謂出家 貴求衣食이리오.
후학미문지취 응수박문선지 장위출가 귀구의식

佛先制律하여 啓創發蒙에 軌則威儀 淨如氷雪하고
불선제율 계창발몽 궤칙위의 정여빙설

止持作犯 束斂初心하며 微細條章 革諸猥弊로다.
지지작범 속렴초심 미세조장 혁제외폐

毘尼法席[7] 에 曾未叨陪인데 了義上乘을 豈能甄別이리오.
비니법석 증미도배 요의상승 기능견별

---

1. 낭겁曩劫에서 낭曩은 오랜 옛날을 말하고 겁劫은 오래된 시간을 말한다.
2. 도사導師는 어리석은 중생에게 바른 길을 가르쳐 부처님의 세상으로 들어가게 하는 사람이다. 곧 부처님의 다른 이름이다.
3. 삼상三常은 의복, 음식, 수면을 말한다.
4. 삽연颯然은 바람소리가 나는 모양인데 여기서는 세월이 바람처럼 금방 흘러간 것을 말한다.
5. 지취旨趣는 부처님의 말씀하시고자 하는 근본 뜻을 말한다.
6. 선지先知는 나보다 먼저 깨달음을 얻은 선지식을 말한다.
7. 비니법석毘尼法席은 계율을 설하는 자리이다. 비니는 범어 'Vinaya'의 음역인데 번역하여 율律이라고 한다. 삼장三藏의 하나로 부처님이 설한 계율을 말한다.

지난 세월 세속의 인연을 따라 다녔기에 일찍이 자신을 돌이켜보지 못하고 있었다. 순식간에 흐르는 세월 속에도 받아 쓴 것이 많았기에 시주의 은혜만 깊어졌다. 금방 나이를 먹는데도 욕심을 버리지 않고 재물을 모아 헛된 몸뚱이만 보호하였다.

부처님께서는 비구들을 독려하여 "도를 닦는 사람들은 몸가짐을 잘 갖되 옷, 음식, 수면은 부족한 듯이 하라."고 말씀하셨다. 사람들은 대개 끊임없이 욕심을 내고 살다가, 해가 뜨고 달이 지는 사이 어느덧 세월이 흘러 머리가 하얗게 되어 버리기 때문이다.

후학들은 아직 부처님의 근본 뜻을 듣지 못했다면 선지식을 두루 찾아 그 뜻을 물어야 한다. 하물며 출가한 사람들이 옷과 음식을 귀하게 여겨 그것만 찾는 것이 될 말인가.

부처님께서 먼저 계율을 제정하여 어리석음을 깨우쳐 주기 시작할 때, 그 법도와 위의는 얼음과 눈처럼 맑고 깨끗하였다. 그 법의 쓰임새는 처음 도를 닦는 사람의 마음을 다잡아주고 자상한 가르침은 모든 잘못을 바로잡아 주었다.

이런 가르침에도 일찍이 나아가지를 못하고 있는데 근본 뜻을 꿰뚫고 있는 최고의 가르침을 어찌 환하게 알 수 있겠는가.

可惜이라
가석

一生空過 後悔難追니라.
일생공과 후회난추

教理에 未嘗措懷이니 玄道에 無因契悟로다.
교리 미상조회 현도 무인계오

及至年高臘長[1] 인데도 空腹高心이어
급지년고랍장 공복고심

不肯親附良朋하니 惟知倨傲로다.
불긍친부량붕 유지거오

未諳法律이어 戢斂全無하고 或大語高聲이라도 出言無度하며
미암법률 집렴전무 혹대어고성 출언무도

不敬上中下座하니 婆羅門聚會無殊로다.
불경상중하좌 바라문취회무수

椀鉢作聲하고 食畢先起하여 去就乖角[2] 이니 僧體全無로다.
완발작성 식필선기 거취괴각 승체전무

---

1. 『율장』에서는 7월 16일을 비구의 오분법신五分法身이 생겨난 날로 삼으므로 7월 15일이 한 해의 마지막 날이 된다. 비구는 세속을 떠났기에 세속의 햇수로 나이를 계산하지 않고 여름 안거를 지낸 햇수로 나이를 계산한다.〔律中 以七月十六日 是比丘五分法身生來之歲 則十五日 是臘除也. 比丘出俗 不以俗年爲計 乃數夏臘耳〕 법랍이 많아졌다는 것은 세월이 많이 흘렀다는 것이다.
2. 괴각乖角은 대중의 질서를 지키지 않고 말이나 행동이 유달리 어긋나 제멋대로인 사람을 말한다.

안타깝다.

한평생을 헛되이 보낸 것은 후회해도 소용이 없다.
부처님의 가르침에 마음을 두지 않았으니 현묘한 도를 깨달을 인연이 없다. 나이가 들고 절에 들어온 세월이 많은데도 배운 것이 없이 아만만 높아 어질고 좋은 벗을 가까이 하지 않았으니, 저만 잘난 줄 알고 있다.

부처님의 가르침을 모르고 있으니 자신의 몸과 마음을 챙기는 모습이 전혀 없고, 혹 거창하게 큰 소리로 말해도 전혀 법도가 없으며, 위아래 정해진 차례를 지키지 않고 공경하는 마음이 없으니 엉터리 바라문[1] 집단이나 다름이 없다.

공양을 할 때 그릇 부딪치는 소리를 시끄럽게 내고, 식사를 끝내면 먼저 일어나서 오가는 행동이 제멋대로이니 승려로서 체통이 전혀 없다.

---

1. 바라문婆羅門은 범어 'Brahmana'의 음역인데 번역하여 정행淨行, 정지淨志라고도 한다. 인도 카스트 전통에서 가장 높은 지위에 있는 계층으로 종교적 직무와 권위를 가졌다. 그들은 어렸을 때 부모 밑에 있다가 자라면 집을 떠나 스승을 모시고 베다를 학습한다. 그러다 장년이 되면 다시 집에 돌아와 결혼하고 살다가 늙으면 집안 살림을 아들에게 맡기고 산에 들어가 수도한다. 그런 뒤에 사방으로 돌아다니면서 세상의 모든 일을 초탈하여 남들이 주는 시물施物로 생활한다.

起坐忪諸[1] 動他心念이어
기좌종저 동타심념

不存 些些軌則 小小威儀이니 將何束斂이리오.
부존 사사궤칙 소소위의 장하속렴

後昆新學 無因倣傚로다.
후곤신학 무인방효

纔相覺察에 便言 我是山僧[2]이라하나
재상각찰 변언 아시산승

未聞佛敎行持하여 一向 情存麤糙로다.
미문불교행지 일향 정존추조

如斯之見은 盖爲初心慵惰이어
여사지견 개위초심용타

饕餮因循 荏苒[3]人間하여 遂成疎野일새니라.
도철인순 임염 인간 수성소야

---

1. 종저忪諸에서 종忪은 당황하고 놀라며 들뜨는 것을 말한다. 저諸는 지어之於의 합자이며 '저'로 읽고 뜻은 언焉, 호乎와 통한다. 형용사 뒤에 놓이며 문맥에 따라 적절하게 해석한다.
2. 산승山僧은 승려가 자신을 겸손하게 일컫는 말이다.
3. 인순因循은 옛날 나쁜 버릇을 버리지 못하고 그대로 그럭저럭 사는 것을 말하고, 임염荏苒은 그런 식으로 시간을 낭비하며 세월을 보내는 것을 말한다.

일어나고 앉는 행동이 들떠서 다른 사람을 놀라게 하고 사소한 규범이나 조그마한 위의도 없으니 앞으로 그를 무엇으로 가다듬을 수 있겠는가.

뒷날 새로 공부하는 사람들이 본받을 게 없다.

상대방을 보자마자 "나는 산중에 사는 승려이다." 말하지만, 아직 부처님의 가르침을 제대로 듣고 실천하지를 못하여 하나같이 알음알이가 거칠 뿐이다.

이런 소견은 대개 도를 닦으려던 마음이 처음부터 게을러져, 세속의 욕망을 끊임없이 내는 도철[1]처럼 그럭저럭 세월을 보내다가 그 마음이 성글고 거칠게 되었기 때문이다.

1. 짐승의 이름이다. 양의 몸에 사람의 얼굴을 하고 눈은 겨드랑에 있으며 호랑이 이빨에 사람 손톱을 갖고 우는 소리는 마치 갓난아기와 같다고 한다. 욕심이 많아 음식을 먹을 때 만족하는 일이 없어서 마침내 자신의 몸을 해치기에 이른다.〔獸名 羊身人面 目在腋 虎齒人爪 音如嬰兒. 性貪婪 食之無厭 遂害其身〕 여기서는 끊임없이 탐욕 부리는 사람을 말한다.

不覺에 躘踵[1] 老朽이어 觸事面墻이니 後學咨詢하여도 無言接引이고
불각 용종 로후 촉사면장 후학자순 무언접인

縱有談說이라도 不涉典章[2]이라. 或被輕言이면 便責 後生無禮하고
종유담설 불섭전장 혹피경언 변책 후생무례

嗔心忿起하며 言語該人하니라. 一朝臥疾이어 在牀衆苦 縈纏逼迫하니
진심분기 언어해인 일조와질 재상중고 영전핍박

曉夕思忖하여도 心裡恛惶하여 前路茫茫 未知何往이라 從玆 始知
효석사촌 심리회황 전로망망 미지하왕 종자 시지

悔過하나 臨渴掘井[3]이니 奚爲리오. 自恨早不預修 年晚多諸過咎하며
회과 임갈굴정 해위 자한조불예수 연만다제과구

臨行揮霍 怕怖慞惶하니라. 縠穿雀飛[4]이듯 識心[5]隨業이라 如人負債
임행휘곽 파포장황 곡천작비 식심 수업 여인부채

强者先牽이듯 心緖多端이나 重處偏墜로다.
강자선견 심서다단 중처편추

---

1. 용종躘踵은 갓난아이가 걸어가는 모습이니 따라서 제대로 걷지 못하는 것을 말한다.
2. 전장典章에서 전典은 본받을 것이니 오제五帝의 글이며, 장章은 문文이니 어떤 일을 완전히 기록해 놓은 문장을 말한다. '맹랑'이라는 사람이 하는 이야기는 근거가 없어 항상 웃음거리가 되었다. 그런 연유로 곁에서 발언을 경솔하게 하는 것을 보면 '맹랑하다'고 말한다.[典法也 五帝書也 章文也 言成事文也 孟浪之談 取笑 傍觀 發言輕率 曰孟浪]
3. 임갈굴정臨渴掘井은 목이 마르자 우물을 판다는 것이니 곧 준비 없이 갑자기 일을 당하고야 허둥지둥하는 태도를 말한다.
4. 『칠현녀경』에 "참새가 병 속으로 날아 들어가자 얇은 비단으로 그 병 입구를 덮어놓았더니 얼마 안 있어 참새가 구멍을 뚫고 날아가 버렸다."고 하였다. '참새'는 식심識心, '병'은 몸, '얇은 비단'은 주름진 늙은 몸에 비유한 것이다.〔七賢女經 有雀飛入瓶中 以縠覆其瓶口 既已穿破飛去 雀比識心 瓶比身 縠紗也〕
5. 식심識心은 중생의 마음을 말한다.

어느덧 자신도 모르는 사이에 갓난아이처럼 걷지도 못하게 늙고 병들어, 부딪치는 경계마다 눈앞이 막혀 캄캄해진다.

후학들이 물어도 대답할 말이 없고 설사 말을 하더라도 경전에 근거가 없다. 업신여기는 말이라도 들으면 어린 사람들이 예의가 없다고 꾸짖고 화를 내면서 적당히 얼버무린다.

그러다 병이 들어 온갖 고통이 몰아치니 아침저녁으로 생각해 보아도 혼란스럽고 두려워 앞길이 아득하기만 하다. 죽어서 어디로 가야 할 지를 모른다. 이때서야 허물을 뉘우치기 시작한다. 그러나 목이 말라 샘을 파는 격이니 어찌 하겠는가.

일찍이 공부를 못하고 나이 들어 허물이 많아진 것을 스스로 원망하며, 죽음 앞에서 몸부림치며 두려워하고 있다.

주름비단을 뚫고 날아가는 새처럼 늙고 병든 몸을 떠난 식심識心은 자신의 업業을 따라간다.

빚쟁이가 빚이 많은 곳으로 먼저 끌려가듯 지어놓은 마음의 업이 여러 갈래이지만 업이 무거운 쪽으로 먼저 떨어진다.

無常殺鬼는 念念不停일새
무상살귀 염념부정

命不可延 時不可待이니
명불가연 시불가대

人天三有[1]는 應未免之로다.
인천삼유 응미면지

如是受身 非論劫[2]數이니 感傷嘆訝 哀哉切心인데
여시수신 비론겁 수 감상탄아 애재절심

豈可緘言 遞相警策이리오.
기가함언 체상경책

所恨은 同生像季[3]이어 去聖時遙라
소한 동생상계 거성시요

佛法生疎하고 人多懈怠일새 略伸管見[4]하여 以曉後來니라.
불법생소 인다해태 약신관견 이효후래

若不蠲[5]矜이면 誠難輪逭일새니라.
약불견 긍 성난윤환

1. 삼유三有는 욕계·색계·무색계이니 삼계三界를 말하고 이 모든 것은 중생계에 속하는 것이다.
2. 겁劫은 아주 긴 시간을 말한다.
3. 상계像季는 수행은 없고 불법의 형상만 남아 있는 상법像法시대와 불법도 없고 수행도 없는 말법시대를 말한다. 계季는 끄트머리라는 말末의 의미를 갖고 있다.
4. 옛 사람은 "좁은 대롱으로 표범을 엿볼 때는 검은 반점 하나만 보게 된다."라고 말하였다.[古人云 管中窺豹 時見一班] 따라서 관견管見은 좁은 소견을 말한다.
5. 여기서 견蠲은 잘난 마음을 덦애는 것이다.

세월이라는 '덧없이 죽음을 부르는 귀신'은 잠시도 멈추지를 않으므로 생명을 늘릴 수도 없고 시간의 흐름을 막을 수도 없으니 모든 중생들은 죽음을 면할 수 없다.

이런 몸을 받아서 살아온 세월이 얼마나 되는지 말로 다 할 수 없으니, 그 세월을 생각하면 쓰라리고 아파서 애간장이 끊어질 듯 슬퍼지기도 한다. 그런데 어찌 입을 닫고 서로 경책하지 않을 수 있겠는가?

원망스러운 것은 말법시대에 함께 태어나 부처님 시대와 멀어졌다는 것이다.

부처님의 법은 생소하고 사람들이 지나치게 게으르기에 좁은 소견이나마 드러내서 후학들을 깨우쳐 주려고 한다.

잘난 마음을 없애지 않으면 참으로 생사의 윤회를 벗어나기 어렵기 때문이다.

夫出家[1]者 發足超方[2]하여 心形異俗이라 紹隆聖種[3]이어 震懾魔[4]軍하고
부출가 자 발족초방 심형이속 소륭성종 진섭마 군

用報四恩[5]하며 拔濟三有니라. 若不如此면 濫厠[6]僧倫이니 言行荒疎하여
용보사은 발제삼유 약불여차 남측 승륜 언행황소

虛霑信施니라. 昔年行處 寸步不移하여 恍惚一生이니 將何憑恃리오.
허점신시 석년행처 촌보불이 황홀일생 장하빙시

況乃堂堂[7]僧相 容貌可觀은 皆是宿植善根[8]이어 感斯異報인데도
황내당당 승상 용모가관 개시숙식선근 감사이보

便擬端然.拱手하며 不貴寸陰[9] 事業不勤이면 功果無因克就리니
변의단연 공수 불귀촌음 사업불근 공과무인극취

豈可一生空過리오. 抑亦來業無裨니라.
기가일생공과 억역래업무비

---

1. 출가에는 세 가지가 있다. 첫 번째는 어버이를 여의니 세속의 집을 나서는 것이요, 두 번째는 도를 깨우치니 오온五蘊의 집을 나서는 것이요, 세 번째는 불과를 증득하니 삼계三界의 집을 나서는 것이다. 여기에 해당하는 출가는 첫 번째에 속한다.〔出家有三 一 辭親 出世俗家 二 悟道 出五蘊家 三 證果 出三界家 此卽初也〕
2. 발족초방發足超方 : 세간을 방方이라 하니 걸음을 옮겨 세간을 초월하는 것이다.
3. 성종聖種은 성스러운 부처님의 씨앗이니 승보僧寶를 말한다.
4. 예전에 경론을 번역할 때는 마魔자는 모두 '석石'에서 비롯한 글자 '마磨'로 하였는데, 양무제 이래 마귀가 사람을 번뇌케 한다 하여 글자를 '귀鬼'에서 비롯한 글자 '마魔'로 해야 한다고 하였다.〔古譯經論 魔字皆從石 自梁.武以來 謂魔能惱人 字宜從鬼〕
5. 사은四恩은 부모·중생·국왕·삼보의 은혜를 말하거나[심지관경心地觀經], 또는 스승·부모·시주·국가의 은혜를 말하기도 한다.[석씨요람釋氏要覽]
6. 남측濫厠은 외람되게 섞여 있는 것을 말한다.
7. 당당堂堂은 스스로 자부심을 높이 가지는 모습이다.
8. 선근善根은 좋은 결과를 가져올 뿌리이니 좋은 마음을 말한다.
9. 촌음寸陰은 금방 지나가 버리는 짧은 시간을 말하니, 불귀촌음不貴寸陰은 시간을 귀하게 여기지 않고 어정쩡하게 보내버리는 것을 말한다.

출가는 세간을 초월하여 쓰는 마음과 모습이 세상 사람과는 다른 것을 말한다. 거룩한 부처님의 씨앗을 꽃피워 마군을 떨게 하고, 스승· 부모· 시주· 국가 이 네 가지 은혜에 보답하며, 모든 중생을 남김없이 구제하는 것이다.

이와 같지 않다면 함부로 출가한 것이니, 말과 행동이 거칠고 서툴러서 신도들의 시주를 헛되이 받아쓰는 것이다.

예전 처신이 조금도 바뀌지를 않아 아무 생각이 없이 그냥저냥 한평생 보내는 것이니, 뒷날 어디에 믿고 다음 생을 기댈 수 있겠는가.

더구나 당당한 스님들의 볼만한 모습은 다 전생에 선근을 심어 남다른 과보를 불러일으킨 것이다. 그렇지만 가만히 두 손이나 마주잡고 시간을 귀하지 않게 어정쩡하게 보내면서 부지런히 공부하지 않는다면, 깨달음은 이룰 길이 없다. 어찌 일생을 헛되이 보낸단 말인가.

일생을 헛되이 보낸다면 지금의 삶은 다음 세상에서 받을 업보에 조금도 도움이 되지 않는다.

辭親決志被緇[1]하여 意欲等超何所리오.
사친결지피치 의욕등초하소

曉夕思忖하면 豈可遷延過時리오.
효석사촌 기가천연과시

心期佛法棟樑[2] 用作後來龜鏡[3]하라
심기불법동량 용작후래귀경

常以如此라도 未能少分相應이라.
상이여차 미능소분상응

出言에 須涉於典章하고
출언 수섭어전장

談說에 乃傍於稽古[4]하며
담설 내방어계고

形儀挺特하고 意氣高閒이라.
형의정특 의기고한

---

1. 치의緇衣는 검은 물을 들인 옷이니 수행자의 복장을 말한다.
2. 동량棟樑은 건물의 중추를 이루고 있는 용마루와 대들보이니 나라를 맡아 다스릴만한 훌륭한 사람을 말한다.
3. 귀경龜鏡은 본보기가 될 만한 것을 말한다. 거북의 등껍데기는 태워서 갈라지는 방향에 따라 길흉을 판단할 수 있고, 거울로는 사물의 아름답고 추한 모습을 분별할 수 있기 때문이다.[龜所以決猶豫 鏡所以辨姸媸]
4. 『우모禹謨』에서 이르기를 "옛일을 가만히 생각해 볼 것이 없는 말은 듣지 말라." 하고는 그 주석에서 "가만히 생각해 볼 일이 없는 것은 믿거나 검증할 것이 없다." 라고 하였다. 모든 사람의 입으로 전해진 것은 '고古'가 된다.〔禹謨云 無稽之言 勿聽. 註云 無考 無信驗也. 十口所傳 爲古〕

부모를 떠나서 결연한 의지로 먹물 옷을 입은 뜻이 어떤 곳을 벗어나려고 한 것인가.

아침저녁으로 그 일을 생각하면 뭉그적거리면서 어찌 세월을 그냥 보낼 수 있단 말인가.

불법의 대들보로서 뒷날 모든 사람의 귀감이 되기를 마음속으로 기약해야 한다.

늘 이 마음을 지니더라도 아직은 조금도 출가한 뜻에 맞추어 사는 것은 아니다.

말을 할 때 모름지기 부처님의 법에 근거가 있는 말이어야 하고, 이야기를 할 때 예전에 그 내용이 증명된 것들이어야 한다.

드러난 모습에서 위의가 뛰어나야 하고 품은 뜻은 높고 여유가 있어야 한다.

遠行要仮良朋하여 數數淸於耳目하고
원행요가양붕 삭삭청어이목

住持必須擇伴하여 時時聞於未聞이라.
주지필수택반 시시문어미문

故로 云에 生我者 父母요 成我者 朋友라하니 親附善者 如霧露中
고 운 생아자 부모 성아자 붕우 친부선자 여무로중

行이듯 雖不濕衣라도 時時有潤하며 狎習惡者 長惡知見이어 曉夕造
행 수불습의 시시유윤 압습악자 장악지견 효석조

惡일새[1] 卽目交報하고 沒後沈淪하리라. 一失人身이면 萬劫不復이니
악 즉목교보 몰후침륜 일실인신 만겁불복

忠言逆耳라도[2] 豈不銘心者哉리오.[3]
충언역이 기불명심자재

1.『부법장경』에서 부처님은 "모든 중생의 품성은 결정된 것이 없다. 악을 가까이 하면 악해지고 선을 가까이 하면 선해진다."라고 말씀하셨다. 옛날 어떤 왕에게 포악한 코끼리가 있었다. 죽여야 할 죄인을 묶어 코끼리 앞에 던져 짓밟아 죽이고는 하였다. 그런데 코끼리 우리에 불이 나서 근처 사찰에 며칠 동안 옮겨 두었더니 그 뒤로는 사람을 죽이지 않았다. 왕이 괴이하게 여겨 물으니 지혜로운 신하가 대답하기를 "절에 있으면서 좋은 말을 들었기에 그러할 것입니다."라고 하였다. 또 다시 코끼리를 도살장에 옮겨 두었더니 그 포악함이 예전과 같았다. 짐승도 이와 같은데 사람이 되어 착한 벗을 가까이 하지 않을 수 있겠는가.〔付法藏經云. 佛言 一切衆生 志性無定 近惡則惡 近善則善. 昔 王有惡象 罪人當死者 繫投象前 蹍踐殺之. 象廐失火 移象近寺累日 後不殺人. 王怪問之 智臣對曰 在寺中 聞善言故然耳. 又移置屠肆中 其惡如前. 獸旣如是 人而不親近善友者乎〕

2.『공자가어』에서 말하였다. "충성스런 말은 귀에 거슬리나 행함에는 이로우며, 좋은 약은 입에 쓰나 병에는 이롭다."〔家語 忠言逆耳 利於行 良藥苦口 利於病〕

3. 마음에 두고 잊지 않기를 다치 쇠와 돌에 새겨 놓은 듯하다.〔存心不忘 如刻金石〕

먼 길을 갈 때는 반드시 좋은 벗과 함께하여 자주 귀와 눈을 맑게 해야 하고, 한곳에 오래 머물러 있을 때는 반드시 도반을 가려 그 옆에서 일찍이 듣지 못했던 것을 끊임없이 묻고 듣고 공부해야 한다.

그런 까닭에 "나를 낳아 준 이는 부모요 나를 완성시켜 주는 이는 벗이다."라고 말한다.

좋은 사람을 가까이 하면, 안개 속을 걷는 것처럼 금방 촉촉이 젖지 않더라도 조금씩 젖어 들어가는 옷과 같이, 점차 좋은 사람으로 변해갈 것이다. 나쁜 사람들과 친해지면 나쁜 지견만 늘어 아침저녁으로 못된 짓만 일삼기에, 눈앞에서 바로 과보를 받고 죽은 뒤에는 고통의 바다로 깊이 빠져 들어갈 것이다.

한번 사람의 몸을 잃으면 오랫동안 다시 사람 몸 받기가 어려운 것이니, 충고하는 말이 귀에 거슬리더라도 어찌 마음에 깊이 새겨듣지 않을 수 있겠는가.

便能澡心育德하며[1] 晦迹韜名하고[2]
변능조심육덕 회적도명

蘊素精神[3]해야 喧囂止絶하리라.
온소정신 훤효지절

若欲參禪學道 頓超方便之門하여 心契玄津[4]하려면
약욕참선학도 돈초방편지문 심계현진

研幾[5]精妙 決擇深奧하고 啓悟眞源하여 博問先知 親近善友어다.
연기 정묘 결택심오 계오진원 박문선지 친근선우

此宗 難得其妙이니 切須仔細用心이어다. 可中[6]에 頓悟正因[7]이면
차종 난득기묘 절수자세용심 가중 돈오정인

便是出塵階漸이니 此則 破三界二十五有니라.
변시출진계점 차즉 파삼계이십오유

---

1. 마음의 번뇌를 씻어내고 덕스러운 일을 해나가고 키워 간다.〔洗滌心塵 保育德業〕
2. 그 자취를 숨겨 부드럽게 중생들과 어울리며 화려한 명성을 드러내지 않고 실속 있게 살아간다.〔隱晦其跡而和光同塵 不市其名而去華就實〕
3. 온蘊은 쌓아 모으는 것이고 소素는 깨끗한 것을 말한다. 정精은 사람의 원기이고 이 원기가 펴지는 것이 신神이다. 온소정신蘊素精神은 그 신기神氣를 모아 깨끗하게 만드는 것을 말한다.〔蘊 積也蓄也 素 皎也潔也. 精者人之元氣 氣之伸者曰神 言藏蓄而潔白其神氣也〕
4. 현진玄津에서 현玄은 깊고 깊은 이치를 의미하고 진津은 그 이치는 있는 곳이니, 현진은 곧 부처님의 깊은 깨달음이 있는 곳이다.
5. 연기研幾는 오묘하고 정밀한 곳을 남김없이 연구하는 것이다.
6. 가중可中은 개중箇中이나 차중此中과 같다. 이 가운데, 이런 가운데로 번역하면 된다.
7. 정인正因은 부처님의 마음자리를 바로 알기 시작하는 때이다.

마음을 깨끗이 하여 덕을 기르면서 자신을 드러내지 말고, 맑은 정신을 모아야만 세속의 시끄러움이 끊어질 것이다.

참선으로 도를 배워 단숨에 방편 너머 깊은 깨달음에 들어가려면, 오묘하고 정밀한 곳을 남김없이 연구하여 깊은 이치를 결택決擇하고, 진리의 근원을 깨우쳐 두루 선지식을 찾아 묻고 가까이 해야 한다.

이 종지는 그 오묘함을 얻기 어려우니 간절하고 세밀하게 마음을 써야 한다.

이런 가운데 문득 올바른 인因을 깨달으면 바로 이것이 티끌번뇌를 벗어나는 과정이니, 이대로라면 모든 중생계[1]의 번뇌를 타파한다.

---

1. '삼계三界'는 우리 중생들이 사는 세상을 셋으로 나눈 욕계欲界·색계色界·무색계無色界를 말한다. '욕계'는 음욕淫欲이나 식욕食欲과 같은 세속의 욕망을 품고 사는 중생들의 세계이다. '색계'는 음욕과 식욕을 벗어나 맑고 깨끗한 모습만 가지고 사는 중생들의 세계이다. '무색계'는 욕망이나 물질로 이루어진 세계가 아니고 오직 수受·상想·행行·식識 네 마음만 남아 있는 세상이다. 모든 집착이 떨어졌지만 아직 미세망상이 남아 있는 곳이다. 삼계는 삼유三有라고도 하며 이를 세분하여 25유라고도 한다. 이를 형계의 게송에서 이르기를 "4주州, 4악취惡趣와 6욕欲과 범천梵天, 4선禪, 4공처空處와 무상無想과 나함那含"이라 하였다. 〔荊溪頌曰 四州四惡趣 六欲並梵天 四禪四空處 無想及那含〕

內外諸法 盡知不實 從心變起 悉是假名하고
내외제법 진지불실 종심변기 실시가명

不用將心湊泊이어다.
불용장심주박

但情不附物이면 物豈礙人이리오.
단정불부물 물기애인

任他法性周流하고 莫斷莫續이어다.
임타법성주류 막단막속

聞聲見色 盖是尋常이나 遮邊那邊 應用不闕이라.
문성견색 개시심상 차변나변 응용불궐

如斯行止라면 實不枉被法服이며
여사행지 실불왕피법복

亦乃酬報四恩하고 拔濟三有하리라.
역내수보사은 발제삼유

生生 若能不退이면 佛階決定可期리니
생생 약능불퇴 불계결정가기

往來에 三界之賓이요 出沒에 爲他作則하리라.
왕래 삼계지빈 출몰 위타작칙

此之一學이 最妙最玄이니 但辨肯心이면 必不相賺하리라.
차지일학 최묘최현 단판긍심 필불상잠

안팎의 모든 법이 실제 경계가 아니고 자신의 마음에서 일어나 모두 임시로 갖다 붙인 이름인 줄 알고 거기에 조금도 집착하지 말아야 한다.

경계에 알음알이를 갖다 붙이지 않는다면, 경계가 어찌 사람을 장애할 수 있겠는가.

저 법의 성품이 흐르는 대로 두루 맡겨두고 그 흐름을 의도적으로 끊거나 잇지 말아야 한다. 소리를 듣고 색을 보는 것은 대개 평범한 일이지만 이렇게 하건 저렇게 하건 그 쓰임에는 조금도 부족함이 없다.

이처럼 움직이고 멈출 수 있다면 참으로 법복을 그릇되게 입은 것이 아니며, 또한 스승·부모·시주·국가 이 네 가지 은혜에 보답하고 모든 중생을 제도할 것이다.

세세생생 여기에서 물러나지 않는다면 부처님의 자리를 반드시 기약할 수 있다. 오고 가는 삶 속에서 중생계의 귀빈이요 나고 죽는 삶 속에서는 다른 이의 본보기가 된다. 이 한 가지 배움이 가장 오묘하고 깊은 이치이니, 이 한 가지 배움에 '옳다'라고 하는 마음만 갖추고 있으면 반드시 속지 않을 것이다.

若有中流之士이어 未能頓超라면 且於教法留心하여 溫尋[1] 貝葉[2] 하라.
약유중류지사 미능돈초 차어교법유심 온심 패엽

精搜義理하여 傳唱敷揚하며 接引後來하여야 報佛恩德하고 時光 亦
정수의리 전창부양 접인후래 보불은덕 시광 역

不虛棄리라.
불허기

必須以此扶持하면 住止威儀일새 便是僧中法器[3] 니라.
필수이차부지 주지위의 변시승중법기

豈不見가. 倚松之葛이 上聳千尋이듯 附託勝因해야 方能廣益하리니
기불견 의송지갈 상용천심 부탁승인 방능광익

懇修齋戒[4] 하여 莫謾虧瑜어다.
간수재계 막만휴유

世世生生 殊妙因果이니 不可 等閒過日 兀兀度時어다.
세세생생 수묘인과 불가 등한과일 올올도시

可惜光陰인데 不求升進하고 徒消十方信施하니 亦乃孤負四恩이라
가석광음 불구승진 도소시방신시 역내고부사은

積累轉深하고 心塵易壅하여 觸途成滯일새 人所輕欺하리라.
적누전심 심진이옹 촉도성체 인소경기

---

1. 온심溫尋은 온습溫習과 같으니 이미 배운 것을 다시 익히는 것이다.
2. 패엽貝葉은 '패다라엽貝多羅葉'의 약칭이다. 옛날 인도에서 바늘로 경문을 새기는 다라수多羅樹 잎을 말한다.
3. 법기法器는 불도를 이룰만한 훌륭한 사람을 말한다.
4. 재계齋戒는 몸과 마음을 깨끗이 하여 정갈한 몸과 마음가짐을 갖는 것이다.

방편을 단숨에 뛰어넘지 못하는 범부라면, 우선 부처님의 가르침을 마음에 두어 경전을 읽어야 한다. 그 뜻과 이치를 자세히 알고 널리 전파하며 뒷사람을 이끌어 주어야 한다. 그래야 부처님의 은덕에 보답하고 세월도 헛되이 보내지 않는다.

이것으로 자신을 챙겨 나간다면 살아가는 모습에 품위가 있으므로 승려 가운데에서도 법을 성취할 수 있는 대장부이다.

어찌 보지를 못했는가. 소나무에 기댄 칡넝쿨이 천 길을 솟아오르듯 경전을 공부하는 수승한 인연을 따라가야 중생들에게 많은 이익을 줄 수 있으니, 정성껏 아름다운 삶을 살아 부질없이 남을 속이거나 자신의 인생을 망가뜨리지 말아야 한다.

이것이 세세생생 수승하고 오묘한 삶을 보장하는 인과도리이니, 우두커니 멍청하게 시간을 보내서는 안 된다.

일분일초를 아껴야 하는데 공부를 하지 않고 한갓 시주의 믿음이 담긴 시물施物만 받아 쓰니, 이 또한 네 가지 은혜를 저버리는 짓이다. 쌓여가는 업이 더욱 깊어지고 번뇌가 쉽게 앞길을 막아, 하는 일마다 막히므로 사람들이 업신여길 것이다.

古云하되 彼旣丈夫라면 我亦爾라 不應自輕而退屈이어다.[1]
고운 피기장부 아역이 불응자경이퇴굴

若不如此라면 徒在緇門이라 荏苒一生이니 殊無所益하리라.
약불여차 도재치문 임염일생 수무소익

伏望하건대
복망

興決烈之志하고 開特達之懷하여
흥결렬지지 개특달지회

擧措看他上流이지 莫擅隨於庸鄙어다.
거조간타상류 막천수어용비

今生에 便須決斷想料하니 不由別人이라
금생 변수결단상료 불유별인

息意忘緣하여 不與諸塵作對하고 心空境寂이라.
식의망연 불여제진작대 심공경적

只爲久滯不通에는 熟覽斯文하고 時時警策하여 强作主宰이지 莫徇
지위구체불통 숙람사문 시시경책 강작주재 막순

人情이어다. 業果所牽은 誠難逃避라. 聲和響順하고 形直影端하듯 因
인정 업과소견 성난도피 성화향순 형직영단 인

果歷然인데 豈無憂懼리오.
과역연 기무우구

1. 부처님께서 아들인 라후라에게 훈계해 준 게송이다.

옛적 부처님께서 "그들이 장부라면 나 또한 그러하니 '스스로 능력이 없다.' 하여 공부에서 한 발도 물러나서는 안 된다."라고 말씀하셨다. 이처럼 살지 않는다면 쓸데없이 '스님 가는 길'에 있는지라 그럭저럭 한평생을 보내게 되니 조금도 이익 될 것이 없다.

간절히 바라건대, 꼭 해내고야 말겠다는 굳은 결심으로 특별히 공부하는 삶을 부처님이나 조사 스님의 삶에서 보고 취할 일이지, 천하고 못난 사람들의 말을 듣고 제멋대로 따라가서는 안 된다.

금생에 바로 공부를 마치려고 생각해 보니 이 공부는 다른 사람의 도움으로 되는 것이 아니다. 시비분별을 끊고 헛된 인연을 잊어 모든 번뇌가 사라지고 마음이 텅 비어 온갖 경계가 고요해져야 한다.

다만 오래도록 막혀 공부가 통하지 않을 때에는, 이 글을 열심히 읽고 끊임없이 경책하여 기어이 깨달아야지 인정에 끌려서는 안 된다.

지은 업의 과보를 받는다는 것은 참으로 피하기 어렵다. 소리가 부드러우면 메아리도 순하고 형체가 곧으면 그림자가 단정하듯, 인과가 분명한 것인데 어찌 근심과 두려움이 없겠는가.

故 經云하되
고 경운

仮使百千劫이라도 所作業不亡이니 因緣會遇時 果報還自受니라.
가사백천겁 소작업불망 인연회우시 과보환자수

故知 三界刑罰 縈絆殺人하고 努力勤修하여 莫空過日이어다.
고지 삼계형벌 영반살인 노력근수 막공과일

深知過患이어야 方乃相勸行持하니
심지과환 방내상권행지

願컨대 百劫千生에 處處 同爲法侶어다.
원 백겁천생 처처 동위법려

乃爲銘[1]曰
내위명 왈

幻身夢宅 空中物色[2]
환신몽택 공중물색

前際無窮 後際寧剋.
전제무궁 후제영극

1. 명銘은 문체의 이름이다. 돌이나 나무 같은 데에 자계自戒의 뜻이나 다른 사람의 공적 또는 사물의 내력을 새긴 문구이다. 보통 넉 자를 한 구절로 하여 운韻을 단다.
2. 물색物色은 드러난 모습이다.

그러므로 『일체유부경一切有部經』에서 이르기를 "설사 백천겁百千劫이 지난다 할지라도 지은 업은 사라지지 않는 것이니, 그 업을 드러낼 인연이 모아질 때 그 과보는 자신이 받아야만 한다."라고 하였다.

이 때문에 삼계의 형벌이 촘촘히 죄여와 사람들을 죽인다는 사실을 알고, 부지런히 노력하여 세월을 헛되이 보내지 말아야 한다.

생사의 허물과 근심을 깊이 알아야 비로소 서로 간에 부처님의 공부를 권하게 되니, 이 인연으로 백겁百劫 천생千生 어느 곳이든 함께 법의 도반이 되기를 바란다. 이에 마음에 새겨둘 글을 말하겠다.

허망한 이 몸뚱이 꿈결 속의 저택이요
알고 보면 실체 없는 허공 속의 꽃이러니
이 몸으로 윤회하는 그 세월은 끝이 없어
어느 세월 이 몸 벗고 부처님 전 다가가리.

出此沒彼　昇沈疲極
출차몰피　승침피극

未免三輪　何時休息.[1]
미면삼륜　하시휴식

貪戀世間　陰緣[2]成質
탐연세간　음연 성질

從生至老　一無所得.
종생지로　일무소득

根本無明　因玆被惑
근본무명　인자피혹

光陰可惜　刹那不測.
광음가석　찰나불측

今生空過　來世窒塞
금생공과　내세질색

從迷至迷　皆因六賊.[3]
종미지미　개인육적

---

1. 영원히 그만두면 휴休가 되고 잠시 내버려두면 식息이 된다.〔永捨爲休 暫廢爲息〕
2. 음연陰緣은 오음과 십이인연이다. 중생의 몸과 그 바탕은 오음五陰과 12인연으로 만들어진다.〔衆生形質 從五陰十二因緣而成〕
3. 육적은 색·성·향·미·촉·법 여섯 가지 경계를 말하는데, 이 경계가 중생의 마음을 빼앗아 마음의 보배를 얻을 수 있는 기회를 훔쳐가므로 도적이라 비유한다.

이곳에서 태어나서 저곳에서 죽어가며
끊임없이 돌고 돌며 지칠 대로 지친 상태
아직까지 중생계를 벗어나지 못했으니
어느 때에 육도윤회 마칠 수가 있겠느냐.

티끌세상 욕심내고 내 못 잊어 하는 것은
몸과 마음 인연 삼아 그 바탕을 삼았기에
이 내 몸이 태어나서 늙어 죽어질 때까지
그 어느 것 한 가지도 취할 것이 전혀 없네.

속속들이 뿌리 깊은 무명이라 하는 것들
이놈으로 인하여서 어리석음 많아지니
스쳐가는 한 순간도 놓지 말고 아껴 둘 것
찰나 간에 한 순간도 예측할 수 없는 죽음.

지금 이때 주어진 삶 부질없이 보낸다면
다음 세상 받게 되는 중생 삶은 질색이라
어리석음 그 속에서 돌고 도는 우리 삶은
그 모든 것 이 몸뚱이 시비 분별 때문이네

六道[1] 往還　三界匍匐
육도 왕환　삼계 포복

早訪明師　親近高德.
조방명사　친근고덕

決擇身心　去其荊棘
결택신심　거기형극

世自浮虛　衆緣豈逼.
세자부허　중연기핍

硏窮法理　以悟爲則
연궁법리　이오위칙

心境俱捐　莫記莫憶.
심경구연　막기막억

六根怡然　行住寂默
육근이연　행주적묵

一心不生　萬法俱息.
일심불생　만법구식

---

1. 육도六道는 중생의 여섯 갈래 길이니 지옥·아귀·축생·아수라·인간·천상을 말한다.

지옥 아귀 축생 수라 인간 천상 모든 삶이
업에 매여 쩔쩔매니 모든 중생 서글프다
일찌감치 눈 밝은 이 스승으로 모셔놓고
높은 덕을 지닌 사람 친근하게 사귀어라.

몸과 마음 잘잘못을 빠짐없이 잘 알고서
그 과보로 오는 고통 남김없이 제거하라
이 세상은 그 본질이 들뜨고도 허황되니
무리 지은 온갖 인연 핍박할 수 있겠는가.

법의 이치 남김없이 연구하여 다 알려면
무엇보다 깨달음을 법칙으로 삼을지라
이 마음과 모든 경계 남김없이 모두 버려
기억 또한 하지 말고 모든 인연 다 놓아라.

모든 인연 다 놓으니 이 몸뚱이 편안하고
가고 오는 모든 일에 그 마음이 고요하여
한가로운 모든 삶에 한 생각도 내질 않아
온갖 법이 사라지니 시비 분별 필요 없네.

2. 長蘆慈覺賾[1]禪師 龜鏡文[2]
장로자각색 선사 귀경문

夫兩桂垂蔭[3] 一華現瑞하니
부양계수음 일화현서

自爾로 叢林之設 要之 本爲衆僧이라.
자이 총림지설 요지 본위중승

是以로
시이

開示衆僧故로 有長老하고 表儀衆僧故로 有首座하며
개시중승고 유장로 표의중승고 유수좌

---

1. 장로자각長蘆慈覺은 29세 때 진주眞州 장로사長蘆寺에 있는 원통법수圓通法秀에게 출가하고, 응부應夫의 법을 이었으며 여기에 오래 머물렀던 인연으로 '장로'라 부르게 되었다. '자각'은 시호이다. 색賾은 종색宗賾을 줄인 말이니 사師의 이름이다. 송나라 정토종과 운문종 계통의 스님이다. 생몰연대는 정확하지가 않다. 어려서 아버지를 여의고 어머니에게 효도를 다하였다. 유교 경전에 널리 통하고 문장에도 능했다. 어머니를 방장실 동쪽 방에 모시고 부지런히 염불하다가 만년에 사부대중을 거느리고 연사蓮社를 맺어 극락왕생하는 법을 닦았다. 저서에는『좌선의』,『선원청규』등이 있다.
2. 거북이 등껍질은 예측하지 못할 일을 결정할 때 쓰고 거울은 예쁘고 추한 것을 분별할 때 쓴다. 따라서 귀경문龜鏡文은 거북이 등껍질처럼 수행자가 수행의 결과를 예측하고, 항상 거울처럼 자신의 모습을 잘 살피고 살라는 글이다.
3. '두 그루 계수나무' 양계兩桂가 숭산 소림굴 앞에 있었기 때문에 이는 자연히 소림사를 일컫는다. 수음垂蔭은 '그늘을 드리운다'는 뜻으로 달마 대사가 소림사에서 9년 면벽하고 혜가 스님에게 법을 전한 것이 시초가 되어 천하에 선종이 널리 퍼졌으니 이것이 법의 그늘을 드리운 것이다.

2. 총림 스님들이 귀감 삼아야 할 글 _ 자각종색

두 그루 계수나무 울창한 소림사 그늘 아래 조사 스님들의 음덕으로 백장 스님께서 한 송이 꽃과 같은 상서로운 일을 드러내니, 그때부터 총림[1]의 모든 시설들은 요약해 말하자면 본디 대중 스님들을 위한 것이었다.

이 때문에 총림에는 대중 스님들에게 큰 가르침을 주기 위하여 장로長老[2]가 있고, 절집 안팎으로 스님들의 위의를 보여주기 위하여 수좌首座[3]가 있다.

---

1. 달마 대사가 양나라로 와서 위나라 땅에 은거하면서부터 6대 동안 법이 계승되며 대적大寂에 이르기까지 250년간 선종의 사찰이 없었다고 한다. 백장 스님이 처음 뜻을 내어 선찰을 만드니 총림이라 하여 참선하는 대중들의 수행처가 되었다.
2. 선종의 주지는 반드시 장로라고 부른다. 『아함경』에는 세 종류 장로가 나와 있다. 첫째는 기년耆年장로이니 승랍이 많은 스님이다. 둘째는 법法장로이니 법의 성품을 깨달아 지혜와 덕행을 갖춘 스님이다. 셋째는 작作장로이니 임시로 그렇게 호칭하는 스님이다. 지금은 두 번째 장로를 취한다. 또 덕이 높으면 '장長'이 되고 승랍이 많으면 '로老'가 된다.〔禪宗住持 必呼爲長老者 阿含有三長老 一 耆年長老 年臘多者 二 法長老 了達法性 內有智德 三 作長老 假號之者 今取第二. 又 德高爲長 年多爲老〕
3. 예전에는 윗자리에 앉는 스님을 이르는 말이었다. 지금의 선문에서는 수좌라면 반드시 자신의 일을 이미 해결하였고 대중들이 잘 따라 덕행이 갖추어진 스님에게 맡겨진 소임이다.〔卽古之上座也 今禪門 所謂首座者 必擇其己事已辦 衆所服從 德業兼備者充之〕

荷負衆僧故 有監院[1]하고
하부중승고 유감원

調和衆僧故 有維那하며 供養衆僧故로 有典座하니라.
조화중승고 유유나 공양중승고 유전좌

爲衆僧作務故 有直歲[2]하고
위중승작무고 유직세

爲衆僧出納故 有庫頭하며 爲衆僧主典翰墨故 有書狀하니라.
위중승출납고 유고두 위중승주전한묵고 유서장

爲衆僧守護正教故 有藏主하고 爲衆僧迎待檀越故 有知客하며
위중승수호정교고 유장주 위중승영대단월고 유지객

爲衆僧請召故 有侍者하고 爲衆僧看守衣鉢故 有寮主니라.
위중승청소고 유시자 위중승간수의발고 유요주

爲衆僧供侍湯藥故 有堂主[3]하고
위중승공시탕약고 유당주

爲衆僧洗濯故 有浴主水頭하며 爲衆僧禦寒故 有炭頭爐頭니라.
위중승세탁고 유욕주수두 위중승어한고 유탄두노두

---

1. 감원監院은 절을 관리하는 사람이다. 『대집경』에 이르기를 "승물僧物은 잘 관리하기 어렵고 불법에 주인이 없지만 내가 두 종류의 사람에게 삼보의 재물을 맡아 관리하도록 허락한다. 첫째는 업보를 아는 사람이요, 둘째는 부끄러움을 아는 사람이다."라고 하였다.[大集經云 僧物難掌 佛法無主 我聽二種人掌三寶物 一知業報者 二知慙愧者]
2. 직세直歲에서 직直은 당當의 뜻이니 한 해 동안 대중들을 위하여 일을 맡아 보는 소임을 말한다.
3. 당주堂主는 특히 선림禪林에서 연수당延壽堂을 맡아 보는 소임을 말한다.

대중 스님들의 일처리를 총괄하기 위하여 감원監院이 있고, 대중 스님을 잘 다스리고 화합시키기 위하여 유나維那[1]가 있으며, 대중 스님에게 공양을 잘 올리기 위하여 전좌典座가 있다.

대중 스님들의 잡무를 처리하기 위하여 직세直歲가 있고, 대중 스님이 써야 할 물품을 관리하기 위하여 고두庫頭가 있으며, 대중 스님이 써야 할 글을 대신 맡아 써주기 위하여 서장書狀이 있다.

대중 스님들이 보아야 할 경전을 관리하기 위하여 장주藏主가 있고, 대중 스님을 대신하여 시주들을 맞이하기 위하여 지객知客이 있다.

대중 스님의 심부름을 하기 위하여 시자侍者가 있고, 대중 스님의 가사와 발우를 관리하기 위하여 요주寮主가 있다.

대중 스님에게 탕약을 공급하고 시봉하기 위하여 당주堂主가 있고, 대중 스님이 쓸 욕실과 세면장을 깨끗이 청소하고 관리하기 위하여 욕주浴主와 수두水頭가 있으며, 대중 스님의 추위를 막고자 불을 관리하기 위하여 탄두炭頭와 노두爐頭가 있다.

---

1. 유나維那는 대중을 기쁘게 하는 열중悅衆이다. 『십송』에 이르기를 "절에 때를 알아 물 뿌리고 청소하는 사람이 없어 대중이 어지러울 때 그것을 지적하여 나무라는 사람이 없는 등의 이유로 부처님께서 유나를 세우도록 하였다."고 하였다. [十誦云 以僧坊中 無人知時灑掃 衆亂時 無人彈指等 佛令立維那]

爲衆僧乞丐故 有街坊化主하고
위중승걸개고 유가방화주

爲衆僧執勞故 有園頭磨頭莊主하며
위중승집로고 유원두마두장주

爲衆僧滌除故 有淨頭하고 爲衆僧給侍故 有淨人[1]하니라.
위중승척제고 유정두 위중승급시고 유정인

所以로 行道之緣 十分備足하고 資身之具 百色現成하니
소이 행도지연 십분비족 자신지구 백색현성

萬事無憂라 一心爲道하니 世間尊貴하고 物外[2]優閑이라.
만사무우 일심위도 세간존귀 물외 우한

淸淨無爲 衆僧爲最이니
청정무위 중승위최

廻念多人之力하면 寧不知恩報恩이리오.
회념다인지력 영부지은보은

晨參暮請 不捨寸陰해야 所以報長老也라.
신참모청 불사촌음 소이보장로야

尊卑有序 擧止安詳해야 所以報首座也라.
존비유서 거지안상 소이보수좌야

外遵法令 內守規繩해야 所以報監院也라.
외준법령 내수규승 소이보감원야

---

1. 정인淨人은 깨끗한 마음으로 대중 스님들에게 필요한 물품을 공급해 주는 세상 사람들을 말한다.
2. 물외物外는 중생계의 밖이니 출세간을 말한다.

대중 스님의 양식을 마련하고자 거리로 나가 탁발하기 위하여 가방화주街坊化主가 있고, 대중 스님 대신 밭을 돌보고 방앗간 일을 맡아하기 위하여 원두園頭와 마두磨頭와 장주莊主가 있다. 대중 스님 대신 화장실을 청소하기 위하여 정두淨頭가 있고, 대중 스님에게 필요한 물품을 공급하고 도와주기 위하여 정인淨人이 있다.

이렇게 함으로써 공부할 인연이 충분히 갖추어지고 필요한 온갖 물품들이 남김없이 눈앞에 있게 되니, 대중 스님들은 어떠한 일에도 걱정할 일이 없다. 한마음으로 도만 닦게 되니 세간에서 존귀하고 출세간에서도 한가롭고 넉넉하다.

맑고 깨끗하여 더 할 일이 없는 대중 스님들의 삶이 내 공부에 일등공신이니, 많은 사람들의 노력을 생각하면 어찌 은혜를 입고 그 은혜에 보답하지 않을 수 있겠느냐.

아침저녁으로 부지런히 공부에 대해 묻고 조금도 시간을 헛되이 버리지 않아야 장로의 은혜에 보답하는 것이다.
위아래에 순서가 있고 움직임이 편안하고 침착해야 수좌의 은혜에 보답하는 것이다.
절집 밖의 법규를 준수하고 절집 안의 청규를 지켜야 감원의 은혜에 보답하는 것이다.

六和[1] 共聚 水乳相參해야 所以報維那也라.
육화 공취 수유상참 소이보유나야

爲成道故 方受此食해야 所以報典座也라.
위성도고 방수차식 소이보전좌야

安處僧房 護惜什物해야 所以報直歲也라
안처승방 호석집물 소이보직세야

常住之物 一毫無犯하야 所以報庫頭也라.
상주지물 일호무범 소이보고두야

手不把筆 如救頭燃해야 所以報書狀也라.
수불파필 여구두연 소이보서장야

明窓淨案 古敎照心해야 所以報藏主也라.
명창정안 고교조심 소이보장주야

韜光晦跡 不事追陪해야 所以報知客也라.
도광회적 불사추배 소이보지객야

居必有常 請必先到해야 所以報侍者也라.
거필유상 청필선도 소이보시자야

---

1. 육화六和에서 첫 번째 계화동수戒和同修는 불자가 지켜야 할 계율로 함께 어울려서 수행하는 것이요, 두 번째 신화동주身和同住는 단정한 몸가짐으로 함께 어울려서 머무르는 것이요, 세 번째 구화무쟁口和無諍은 부드럽고 진실된 말로 함께 어울려서 다툼이 없는 것이요, 네 번째 의화동열意和同悅은 도를 닦는 마음으로 함께 어울려서 기뻐하는 것이요, 다섯 번째 견화동해見和同解는 올바른 견해로 함께 어울려서 이해하는 것이요, 여섯 번째 이화동균利和同均은 이익이 있을 때 함께 어울려서 똑같이 그 혜택이 돌아가게 하는 것이다. 구마라집은 이르기를 "대중이 화합하지 못한다면 대중을 공경하고 따르는 도리가 아니다." 라고 하였다.[什師云 如衆不和 非敬順之道也]

대중들이 화합하여 젖과 물처럼 서로 부드럽게 어울려야 유나의 은혜에 보답하는 것이다.
도를 이루기 위하여 정성껏 음식을 받아 먹어야 전좌의 은혜에 보답하는 것이다.

승방에 편안히 거처하며 모든 생활용품들을 아끼고 보호해야 직세의 은혜에 보답하는 것이다.
모든 스님들이 써야 할 물품을 사적으로 털끝만큼도 취하는 것이 없어야 고두의 은혜에 보답하는 것이다.

붓을 잡지 않고 머리에 붙은 불을 끄듯 공부를 해야 서장의 은혜에 보답하는 것이다.

밝은 창 아래에 있는 깨끗한 책상에서 옛 사람의 가르침을 마음에 비추어 볼 줄 알아야 장주의 은혜에 보답하는 것이다.

조용히 살면서 모습을 드러내지 않고, 공부에 도움이 되지 않는 사람들은 따라다니지 않아야 지객의 은혜에 보답하는 것이다.

일정한 장소에서 머물다가 찾으면 반드시 서둘러 도착해야 시자의 은혜에 보답하는 것이다.

一甁一鉢 處衆如山해야 所以報寮主也라.
일병일발 처중여산 소이보요주야

寧心病苦 粥藥隨宜해야 所以報堂主也라.
영심병고 죽약수의 소이보당주야

輕徐靜默 不昧水因해야 所以報浴主水頭也라.
경서정묵 불매수인 소이보욕주수두야

緘言拱手 退己讓人해야 所以報炭頭爐頭也라.
함언공수 퇴기양인 소이보탄두노두야

忖己德行 全闕應供해야 所以報街坊化主也라.
촌기덕행 전궐응공 소이보가방화주야

計功多少 量彼來處해야 所以報園頭磨頭莊主也라.
계공다소 양피래처 소이보원두마두장주야

酌水運籌 知慚識愧해야 所以報淨頭也라.
작수운주 지참식괴 소이보정두야

寬而易從 簡而易事 所以報淨人也라.
관이이종 간이이사 소이보정인야

깨끗한 물병과 발우 하나로 만족하고 대중과 함께 사는 마음가짐이 태산 같아야 요주의 은혜에 보답하는 것이다.

편안한 마음으로 병고를 받아들이고 죽과 약은 적절한 시기에 받아서 먹어야 당주의 은혜에 보답하는 것이다.

욕실과 세면장에서는 조용히 천천히 움직이며 그 물을 쓰게 된 인과에 어둡지 않아야 욕주와 수두의 은혜에 보답하는 것이다.

따뜻한 장소를 말없이 겸손하게 남에게 양보할 줄 알아야 탄두와 노두의 은혜에 보답하는 것이다.

자신의 덕행이 공양을 받아 먹기에 떳떳한가를 헤아릴 줄 알아야 가방화주의 은혜에 보답하는 것이다.
공양을 받기까지 많은 사람의 노력과 그 과정을 헤아릴 줄 알아야 원두와 마두, 장주의 은혜에 보답하는 것이다.

화장실을 깨끗이 쓰고 물을 절약하며 자신의 공부가 시원찮음을 부끄러워할 줄 알아야 정두의 은혜에 보답하는 것이다.
마음 씀이 관대하고 담백해서 사람들이 쉽게 따르고 섬길 수 있어야 정인의 은혜에 보답하는 것이다.

所以로 叢林之下 道業惟新이라. 上上之機 一生取辦하고 中流之
소이 총림지하 도업유신 상상지기 일생취판 중류지

士 長養聖胎[1]일새 至如未悟心源이라도 時中 亦不虛棄니라.
사 장양성태 지여미오심원 시중 역불허기

是眞僧寶이니 爲世福田이어
시진승보 위세복전

近爲末法之津梁[2]하고 畢證二嚴[3]之極果[4]하리라.
근위말법지진량 필증이엄 지극과

若或叢林不治하고 法輪[5]不轉하면 非長老所以爲衆也라.
약혹총림불치 법륜 부전 비장로소이위중야

三業[6]不調하고 四儀[7]不肅하면 非首座所以率衆也라.
삼업 부조 사의 불숙 비수좌소이솔중야

---

1. 장양성태長養聖胎는 뱃속의 아이가 자라 성인이 되듯 수행하는 사람은 부처님이 될 마음을 품고 기르고 있다는 것이다.
2. 진량津梁은 강을 건너는 나루터 하진河津과 뗏목인 양벌梁筏을 합한 것이다. 부처님의 법은 중생들이 고통의 바다를 뛰어넘도록 도와주는 중간다리로 임시방편임을 비유한 것이다.
3. 이엄二嚴은 지혜와 복덕으로 부처님의 세상을 장엄하는 것이다.
4. 극과極果는 올바른 수행의 끝에서 얻는 최고의 깨달음을 말한다.
5. 법륜法輪은 부처님의 법이 끊임없이 전파되어야 한다는 것을 강조한다. 법法은 부처님의 법이요 윤輪은 끊임없이 굴러가는 바퀴처럼 부처님의 법은 전파된다는 것이다.
6. 삼업三業은 몸과 입과 뜻으로 짓는 모든 행위를 말한다.
7. 사의四儀는 행行·주住·좌坐·와臥를 말하니, 오가며 앉고 눕는 삶으로서 일상생활의 모든 삶을 뜻한다.

이렇게 함으로써 총림 안에서 대중들이 도를 닦는 공부가 더욱 새로워진다.

아주 뛰어난 근기의 수행자는 한 생에 공부가 끝나고, 보통 사람이라도 수행자는 성인이 될 마음을 품고 기르고 있으므로, 마음의 근원을 깨닫지 못할지라도 그 세월을 헛되이 보내는 것은 아니다.

이것이야말로 참된 승보이니 세상의 복밭[1]이다.

가까이는 말법시대에 중생의 공부를 도와주는 중간다리 역할을 하고, 마침내는 완전한 지혜와 복덕을 갖춘 부처님의 참된 세상을 증득하게 될 것이다.

만약 총림을 잘 다스리지 못하고 부처님의 법을 드러내지 못한다면 장로의 소임으로 대중을 위하는 것이 아니다.

몸과 입과 뜻이 따로 놀고 오가며 앉고 눕는 삶이 엄숙하지 못하다면 수좌의 소임으로 대중을 통솔하는 것이 아니다.

---

1. 복전福田은 복이 나오도록 만들어주는 밭을 말한다. 공양 받을만한 분에게 공양을 올리면 농부가 밭에 씨를 뿌려 수확물을 얻듯 온갖 복이 생긴다는 뜻이다.

容衆之量不寬하고 愛衆之心不厚하면 非監院所以護衆也라.
용중지량불관 애중지심불후 비감원소이호중야

修行者不安하고 敗群者不去하면 非維那所以悅衆也라.
수행자불안 패군자불거 비유나소이열중야

六味[1]不精하고 三德[2]不給하면 非典座所以奉衆也라.
육미 부정 삼덕 불급 비전좌소이봉중야

寮舍不修하고 什物不備하면 非直歲所以安衆也라.
요사불수 집물불비 비직세소이안중야

畜積常住하고 減剋衆僧하면 非庫頭所以贍衆也라.
축적상주 감극중승 비고두소이섬중야

書狀不工하고 文字滅裂하면 非書狀所以飾衆也라.
서장불공 문자멸렬 비서장소이식중야

---

1. 육미六味는 음식의 쓴맛·신맛·단맛·매운맛·짠맛·싱거운 맛 등 여섯 가지를 말한다.
2. 삼덕三德은 음식물이 갖추어야 할 청정清淨함과 유연柔軟함, 여법如法함 이 세 가지 공덕을 말한다.

대중을 받아들이는 아량이 너그럽지 못하고 대중을 사랑하는 마음이 두텁지 못하다면 감원의 소임으로 대중을 보호하는 것이 아니다.

공부하는 사람들이 불편해 하고 대중의 화합을 깨뜨리는 사람을 절 밖으로 보내지 않는다면 유나의 소임으로 대중을 기쁘게 하는 것이 아니다.

음식의 맛이 고르지 않으며 깨끗하고 부드럽고 여법하지 않다면 전좌의 소임으로 대중을 받드는 것이 아니다.

집을 수리하지 않고 일상용품을 잘 갖추어 놓지 않았다면 직세의 소임으로 대중을 편안하게 하는 것이 아니다.

모든 스님들이 써야 할 물품을 창고에 모아 놓기만 하고 대중 스님들을 줄여나간다면 고두의 소임으로 대중을 거두고 도와주는 것이 아니다.

글이 서투르고 엉망이면 서장의 소임으로 대중의 품위를 드러내는 것이 아니다.

几案不嚴하고 喧煩不息하면 非藏主所以待衆也라.
궤안불엄 훤번불식 비장주소이대중야

憎貧愛富하고 重俗輕僧하면 非知客所以贊衆也라.
증빈애부 중속경승 비지객소이찬중야

禮貌不恭하고 尊卑失序하면 非侍者所以命衆也라.
예모불공 존비실서 비시자소이명중야

打疊不勤하고 守護不謹하면 非寮主所以居衆也라.
타첩불근 수호불근 비요주소이거중야

不閒供侍하고 惱亂病人하면 非堂主所以恤衆也라.
불한공시 뇌란병인 비당주소이휼중야

湯水不足하고 寒煖失儀하면 非浴主水頭所以浣衆也라.
탕수부족 한난실의 비욕주수두소이완중야

預備不前하여 衆人動念하면 非爐頭炭頭所以向衆也라.
예비부전 중인동념 비노두탄두소이향중야

책상이 깨끗하지도 않고 주변이 계속 시끄럽고 번잡하면 장주의 소임으로 대중을 모시는 것이 아니다.

가난을 싫어하고 부귀영화를 좋아하기에 세속 사람을 소중하게 여기고 스님들을 업신여긴다면 지객의 소임으로 대중을 돕는 것이 아니다.

공손하지 못하고 위아래 순서를 잃는다면 명을 받은 시자의 소임으로 대중을 모시는 것이 아니다.

부지런히 승방을 정리정돈하며 살피지 않는다면 요주의 소임으로 대중을 편안하게 모시는 것이 아니다.

죽과 약을 때맞추어 공급하고 챙겨주지 않아 병든 사람을 힘들게 하면 당주의 소임으로 대중의 병을 잘 보살피는 것이 아니다.

더운물이 부족하다거나 쓰는 물의 온도가 일정하지 않다면 욕주와 수두의 소임으로 대중의 몸을 잘 씻도록 보살피는 것이 아니다.

난방을 미리 준비하지 못하여 대중들이 불편하면 노두와 탄두의 소임으로 대중들을 보살피는 것이 아니다.

臨財不公하고 宣力不盡하면 非街坊化主所以供衆也라.
임재불공 선력부진 비가방화주소이공중야

地有遺利하고 人無全功하면 非園頭磨頭莊主所以代衆也라.
지유유리 인무전공 비원두마두장주소이대중야

懶惰併除하고 諸緣不具하면 非淨頭所以事衆也라.
나타병제 제연불구 비정두소이사중야

禁之不止하고 命之不行하면 非淨人所以順衆也라.
금지부지 명지불행 비정인소이순중야

如其衆僧 輕師慢法하고 取性隨緣하면 非所以報長老也라.
여기중승 경사만법 취성수연 비소이보장로야

坐臥參差하고 去就乖角하면 非所以報首座也라.
좌와참차 거취괴각 비소이보수좌야

재물에 욕심을 내고 최선을 다하지 않으면 가방화주의 소임으로 대중을 공양하는 것이 아니다.

땅을 묵히고 정성껏 공을 들여 일을 하지 않는다면 원두와 마두와 장주의 소임으로 대중을 대신하여 살림을 꾸려나가는 것이 아니다.

게을러서 화장실에 필요한 물품들을 모두 갖추어 놓지 않았다면 정두의 소임으로 대중을 섬기는 것이 아니다.

하지 말라는 일을 하고 하라는 일을 하지 않으면 정인의 소임으로 대중을 따르는 것이 아니다.

만일 대중 스님들이 스승이나 법을 가볍게 여기고 제멋대로 처신한다면 장로의 은혜에 보답하는 것이 아니다.

제멋대로 앉고 누워 대중들의 눈에 벗어나는 행동을 하면 수좌의 은혜에 보답하는 것이 아니다.

意輕王法하고 不顧叢林하면 非所以報監院也라.
의경왕법　불고총림　비소이보감원야

上下不和하고 鬪諍堅固하면 非所以報維那也라.
상하불화　투쟁견고　비소이보유나야

貪婪[1] 美膳하고 毁呰麤飡하면 非所以報典座也라.
탐람 미선　훼자추손　비소이보전좌야

居處受用 不思後人하면 非所以報直歲也라.
거처수용 불사후인　비소이보직세야

多貪利養[2] 하고 不恤常住하면 非所以報庫頭也라.
다탐이양　불휼상주　비소이보고두야

事持筆硯하고 馳騁文章하면 非所以報書狀也라.
사지필연　치빙문장　비소이보서장야

慢易金文하고 看尋外典[3] 하면 非所以報藏主也라.
만이금문　간심외전　비소이보장주야

---

1. 『좌전』에 "탐하고 탐해도 물리는 것이 없다." 하고는 풀이하기를, 재물을 좋아하는 것을 탐貪이라 하고 음식을 좋아하는 것을 람婪이라 한다고 하였다.〔左傳 貪婪無饜 注 愛財曰貪 愛食曰婪〕
2. 재물에 욕심 부리는 것을 이利라 하고 그 이익을 즐기는 것을 양養이라 한다.〔財之所欲曰利 利之所樂曰養〕
3. 외전外典은 부처님의 법을 떠나 있는 다른 가르침이고 내전內典은 부처님의 가르침이다.

나라의 법을 업신여기고 총림의 법도를 무시하면 감원의 은혜에 보답하는 것이 아니다.

위아래가 서로 헐뜯고 다툼이 심하다면 유나의 은혜에 보답하는 것이 아니다.

좋은 음식을 탐내고 나쁜 음식을 불평한다면 전좌의 은혜에 보답하는 것이 아니다.

머무르는 처소에서 받아 쓰는 물품에 대해 뒷사람을 배려하지 않는다면 직세의 은혜에 보답하는 것이 아니다.

자신의 이양利養만 지나치게 내세우고 모든 스님들이 써야 할 상주물을 아끼지 않는다면 고두의 은혜에 보답하는 것이 아니다.

붓과 벼루를 갖고 문장을 짓거나 다듬는 일에 전념한다면 서장의 은혜에 보답하는 것이 아니다.

오만하게 부처님의 말씀을 쉽게 생각하고 외전外典만 보고 있다면 장주의 은혜에 보답하는 것이 아니다.

追陪俗士하고 交結貴人하면 非所以報知客也라.
추배속사　교결귀인　비소이보지객야

遺忘召請하고 久坐衆僧하면 非所以報侍者也라.
유망소청　구좌중승　비소이보시자야

以己妨人하고 慢藏誨盜[1]하면 非所以報寮主也라.
이기방인　만장회도　비소이보요주야

多嗔小喜하며 不順病緣하면 非所以報堂主也라.
다진소희　불순병연　비소이보당주야

桶杓作聲하고 用水無節하면 非所以報浴主水頭也라.
통표작성　용수무절　비소이보욕주수두야

身利溫煖하려 有妨衆人하면 非所以報爐頭炭頭也라.
신이온난　유방중인　비소이보노두탄두야

不念修行하고 安然受供하면 非所以報街坊化主也라.
불념수행　안연수공　비소이보가방화주

1. 『계사』에서 “좋은 물건을 잘 갈무리하지 않는 것은 다른 사람에게 도적질을 가르치는 것이요, 아름답게 용모를 꾸미는 것은 음탕한 마음을 갖게 하는 것이다.”고 하였다.〔係辭 慢藏誨盜 冶容誨淫〕

절 안에서 세속 사람을 따라다니며 신분 높은 사람들과 인연을 맺으려 한다면 지객의 은혜에 보답하는 것이 아니다.

시자를 불러 놓고도 그 사실을 잊고 대중 스님들과 오래 앉아 이야기만 하고 있다면 시자의 은혜에 보답하는 것이 아니다.

다른 사람이 승방 쓰는 것을 방해하고 물품 갈무리를 게을리 함으로써 도적질을 가르친다면 요주의 은혜에 보답하는 것이 아니다.

화를 많이 내고 찡그리며 병의 인연을 따르지 않는다면 당주의 은혜에 보답하는 것이 아니다.

물을 쓰면서 소리를 내거나 절약하지 않는다면 욕주와 수두의 은혜에 보답하는 것이 아니다.

따뜻한 장소를 자기 혼자 이용하기 위하여 다른 사람들이 쓰는 것을 방해한다면 노두와 탄두의 은혜에 보답하는 것이 아니다.

공부할 마음이 없는데도 태평스럽게 공양을 받는다면 가방화주의 은혜에 보답하는 것이 아니다.

飽食終日하고 無所用心하면 非所以報園頭磨頭莊主也라.
포식종일 무소용심 비소이보원두마두장주야

涕唾墻壁하고 狼藉東司[1]하면 非所以報淨頭也라.
체타장벽 낭자동사 비소이보정두야

專尙威嚴하고 宿無善教하면 非所以報淨人也라.
전상위엄 숙무선교 비소이보정인야

盖以旋風千匝이라도 尙有不周이니
개이선풍천잡 상유부주

但知 捨短從長하여 共辦出家之事하라.
단지 사단종장 공판출가지사

所冀는 獅子窟中 盡成獅子하고 栴檀[2]林下 純是栴檀이니
소기 사자굴중 진성사자 전단림하 순시전단

令斯後五百年 再覩靈山[3]之會리라.
영사후오백년 재도영산지회

---

1. 선림禪林의 서쪽 담에 있는 뒷간을 서정西淨이라 하는 것에 대하여 동쪽 담에 있는 뒷간을 동사東司 또는 동정東淨이라고도 한다. 제예명왕除穢明王이 동쪽에서 불법을 지키며 사람을 보호하고 있으므로 뒷간은 동쪽에 짓는다고 한다.
2. 전단栴檀은 '약을 주다'는 뜻인데, 흰 전단나무는 열병을 치료하고 붉은 전단나무는 중풍이나 종기를 제거하며 몸을 편안케 해준다.
3. 영산靈山은 범어 기암굴耆闍崛의 번역인데 영취靈鷲라고 말하기도 한다. 중인도 마갈타국 왕사성 부근에 있는 산이다. 산의 모양이 독수리처럼 생기고 산 위에 독수리가 많기 때문에 영취산이라 부르기도 한다. 석가모니 부처님이 1,200 아라한 제자와 함께 이곳에 상주하면서 법을 설하였다. 이 법회를 영산회상靈山會上이라고 한다.

온종일 배불리 먹으면서도 수행자로서 마음 쓰는 것이 없다면 원두와 마두와 장주의 은혜에 보답하는 것이 아니다.

벽에다 코를 풀고 침을 뱉으며 화장실을 지저분하게 만든다면 정두의 은혜에 보답하는 것이 아니다.

오로지 대접만 받고 좋은 가르침을 주는 것이 없다면 정인의 은혜에 보답하는 것이 아니다.

회오리바람이 천 번을 돈다 해도 그 힘이 미치지 못하는 곳이 있을 것이니, 다른 사람의 단점은 놓아두고 장점만 찾아 출가한 본분本分에 다함께 힘을 써야 한다는 것을 알아야 한다.

사자굴 안의 새끼가 모두 사자가 되고 전단 숲에 자라는 나무가 모두 전단나무가 되기를 바랄 뿐이다.

그래야 오백년 뒤 다시 영산靈山법회를 볼 수 있을 것이다.

然則 法門興廢는 係在僧徒일새 僧是敬田이니 所應奉重이라.
연즉 법문흥폐 계재승도 승시경전 소응봉중

僧重則法重이요 僧輕則法輕이니
승중즉법중 승경즉법경

內護旣嚴이라야 外護必謹하리라.
내호기엄 외호필근

設使粥飯主人[1] 一期王化하여 叢林執事 偶爾當權이라도
설사죽반주인 일기왕화 총림집사 우이당권

常宜敬仰同袍[2]하고 不得妄自尊大어다.
상의경앙동포 부득망자존대

若也貢高我慢하여 私事公酬이면 萬事無常인데 豈能長保리오.
약야공고아만 사사공수 만사무상 기능장보

一朝歸衆하면 何面相看이리오.
일조귀중 하면상간

因果無差이니 恐難回避니라.
인과무차 공난회피

---

1. 죽반주인粥飯主人은 죽과 밥만 먹고 지내는 사람이니 무능한 사람을 업신여겨 하는 말이다.
2. 동포同袍에서 포袍는 두루마기이니 같은 옷을 입고 공부했던 도반들을 말한다.

그렇다면 부처님 법문의 흥폐는 스님들의 삶에 달려 있으니, 스님들은 공경해야 할 복밭이므로 소중히 받들어 모셔야 한다.

스님들이 소중하면 법도 소중하고 스님들이 가벼우면 법도 가볍다. 절집에서 스님들을 엄하게 보호해야 절집 밖에서도 스님들을 정중하게 보호할 것이다.

절에서 밥이나 축내던 사람들이 한때 왕의 덕화를 입어 우연히 총림을 관리할 책임을 맡더라도, 같이 공부하던 도반들을 항상 받들고 공경해야 한다. 절대로 망령되게 스스로를 높여서는 안 된다.

만일 잘난 체하는 마음에서 사사로이 공적公的인 일을 처리한다면, 온갖 일이 덧없는 꿈과 같은 것인데 어찌 그 자리를 오래 보전할 수 있겠느냐.

하루아침에 맡은 일을 그만두고 대중으로 돌아오게 되면 그때 무슨 면목으로 도반을 마주 볼 수 있겠느냐.

인과는 한 치의 오차도 없으니 아마 그 과보를 피하기 어려울 것이다.

僧爲佛子일새 應供[1]無殊이니 天上人間 咸所恭敬이라.
승위불자 응공 무수 천상인간 함소공경

二時粥飯[2]도 理合精豊하고 四事供須[3] 無令闕少하라.
이시죽반 이합정풍 사사공수 무령궐소

世尊[4]二十年遺蔭이 盖覆兒孫이나
세존 이십년유음 개복아손

白毫相[5]一分功德도 受用不盡이니 但知奉衆이지 不可憂貧이어다.
백호상 일분공덕 수용부진 단지봉중 불가우빈

僧無凡聖이어 通會十方일새 旣曰招提[6]라하면
승무범성 통회시방 기왈초제

悉皆有分인데 豈可妄生分別 輕厭客僧이리오.
실개유분 기가망생분별 경염객승

---

1. 응공應供은 부처님의 다른 이름이니 중생들에게 '공양 받을 자격이 있는 분'이라는 뜻이다.
2. 이시죽반二時粥飯은 아침에 죽을 먹고 점심에 밥을 먹는다는 뜻이다.
3. 사사공수四事供須은 의복, 음식, 방사, 탕약 네 가지를 대중들에게 공급하는 것이다.
4. 세존世尊은 '세간에서 존중 받을만한 분'이라는 뜻이니 부처님은 온갖 덕을 갖추었기 때문이다.
5. 백호상白毫相은 여래가 갖추어야 할 삼십이상 가운데 하나이다. 부처님의 두 눈썹 사이에 난 희고 빛나는 가는 터럭인데 여기에서 나오는 광명이 헤아릴 수 없이 많은 세계를 비춘다.
6. 초제招提는 절의 다른 이름이다.

스님들은 부처님의 아들이므로 평등하게 공양 받을 자격이 있으니 천상이나 인간 세계 모두 스님들을 공경해야 한다.

두 때의 죽과 밥도 사리에 맞게 정갈하고 풍족하게 해야 하고, 의복·음식·잠자리·탕약 등을 조금도 부족함이 없이 공급해 주어야 한다.

세존이 남기신 20년 음덕이 그 제자들을 덮어 주고 있다. 그러나 백호상白毫相 공덕 십분의 일도 우리들은 다 받아 쓰지 못하고 있으니 오직 대중을 받들어 모실 줄 알아야지 절이 가난해질까 걱정을 해서는 안 된다.

승려들은 범부이든 성인이든 상관없이 공양을 받을 수 있는 자격이 온 세상에서 두루 통한다.

그러므로 이미 절이라고 일컬어지면 이것을 쓸 수 있는 권한이 승려 모두에게 동등한 자기 몫이 있는 법인데, 어찌 허망하게 객승을 분별하여 싫어하고 업신여길 수 있겠느냐.

旦過寮[1] 三朝權住이니 盡禮供承하라.
단과료 삼조권주 진예공승

僧堂前에 暫爾求齋[2]라도 等心供養하라. 俗客尙猶照管인데 僧家
승당전 잠이구재 등심공양 속객상유조관 승가

忍不逢迎이리오. 若無有限之心이면 自有無窮之福하리라.
인불봉영 약무유한지심 자유무궁지복

僧門和合하여 上下同心으로 互有長短 遞相盖覆하여 家中醜惡 莫
승문화합 상하동심 호유장단 체상개복 가중추악 막

使外聞하라. 雖然於事無傷이라도 畢竟에 減人瞻仰이니 如獅子身中
사외문 수연어사무상 필경 감인첨앙 여사자신중

蟲 自食獅子肉이듯 非外道天魔[3] 所能壞也[4]니라.
충 자식사자육 비외도천마 소능괴야

若欲道風不墜하고 佛日常明 壯祖域之光輝하며 補皇朝之聖化라면
약욕도풍불추 불일상명 장조역지광휘 보황조지성화

願以斯文으로 爲龜鏡焉이어다.
원이사문 위구경언

---

1. 단과료旦過寮는 행각하는 스님들이 저녁에 와서 머물다 아침이 되면 떠나는 절집에 있는 객실을 말한다. 객당客堂이라고도 한다.
2. 재齋의 본뜻은 몸과 마음가짐을 깨끗이 하는 것이다. 뒷날 깨끗한 음식을 스님들에게 공양 올리는 재식齋食을 뜻하기도 하며, 법회를 열 때 모든 대중들에게 정갈한 음식을 대접하는 것을 말하기도 한다. 또 죽은 이를 위하여 정성껏 불공을 드리고 천도하는 법회를 말하기도 한다.
3. 천마는 좋은 경계로 나타나지만 올바른 깨달음을 방해하는 마구니를 말한다.
4. 『연화면경』에서 말하였다. "부처님께서 아난에게 말씀하셨다. 비유컨대 사자가 죽더라도 모든 중생들이 두려워 감히 그 고기를 먹지 못한다. 오직 사자의 몸에서 저절로 생긴 벌레들만이 사자의 고기를 다 먹어 버린다. 아난아! 나의 불법은 파괴될 것이 아니지만 거짓 비구들이 나의 모든 법을 파괴하리라."[蓮華面經 佛告阿難 譬如獅子 命終身死 所有衆生 不敢食肉 惟獅子身 自生諸虫 還自食盡獅子之肉 阿難 我佛法中 非餘破壞 是諸比丘 破我三大阿僧祇法]

승려들은 객실에서 사흘 머물 권리가 있는 것이니 예를 갖추어 정성껏 받들어 모실 일이다.

승당僧堂 앞에서 갑자기 먹을 것을 구하더라도 평등한 마음으로 공양해야 한다. 세상 손님들도 보살피는 법인데 승려들을 어찌 영접하지 않을 수 있겠느냐. 차별하는 마음이 없다면 저절로 끝이 없는 무궁한 복덕이 있을 것이다.

승려들이 화합하여 위아래 같은 마음으로 서로 장단점을 알고 감싸 주어, 추하고 흉한 절집 일들이 밖으로 새나가지 않게 해야 한다.

그런 일이 아무런 해가 없더라도 마침내 사람들의 존경심이 줄어들 것이니, 사자의 몸에 있는 벌레가 사자의 고기를 먹는 것과 같이 불법은 외도外道나 하늘의 마귀가 무너뜨릴 수 있는 것이 아니기 때문이다.

수행 풍토를 조성하고 부처님의 광명이 늘 조사들의 영역을 빛나게 하며 나라의 은덕에 보탬이 되려면 삼가 이 글로 귀감 삼기를 바란다.

自警文
자 경 문

神心洞照는 聖默[1] 爲宗이니
신 심 통 조　성 묵 위 종

旣啓三緘이면 宜遵四實[2] 이라.
기 계 삼 함　　의 준 사 실

事關聖說하고 理合金文[3] 해야
사 관 성 설　　이 합 금 문

方能輔翼教乘[4] 하여 光揚祖道하고
방 능 보 익 교 승　　광 양 조 도

利他自利 功不浪施니라.
이 타 자 리 공 불 랑 시

---

1. 성묵聖默은 부처님이 마갈타에서 7일 동안 빗장을 걸어 닫은 일, 유마 거사가 바이샬리에서 입을 다문 일, 달마가 소림에서 9년 동안 면벽한 일 등이다.
2. 사실四實은 여여한 말, 진실한 말, 거짓이 아닌 말, 다르게 하지 않는 말이다.
3. 금문金文은 부처님의 가르침을 기록한 글이니 경전을 말한다.
4. 교승教乘은 부처님의 가르침을 중생들에게 펼쳐 부처님의 세상으로 데려가는 것이다.

스스로 경책하는 글

신령스러운 마음으로 환히 아는 일은 성스러운 침묵이 으뜸이니 입을 연다면[1] 그 말은 여여하고 진실 되며 거짓이 없고 다른 말이 없어야 한다.

뜻한 바는 부처님의 가르침과 연관이 있고 그 이치는 경전의 뜻에 맞아야 한다.

그래야 부처님의 가르침을 펼쳐 조사 스님들의 도를 빛내고, 나와 남이 함께 이로워 공부가 헛되지 않을 것이다.

---

1. 『공자가어』에서 "공자께서 주나라를 살펴볼 때 태조 후직을 모신 사당에 들어갔다. 사당 오른쪽 계단 앞에 금인金人이 있었는데 그 입을 세 겹이나 꿰매놓았다. 그 등에는 '예전에 말을 삼가던 사람이다.'라고 명문이 새겨져 있었다."[孔子家語 觀周篇 孔子觀周 遂入太祖 后稷之廟 堂右階之前 有金人焉 三緘其口 而銘其背曰 古之愼言人也] 삼함三緘은 세 번 입을 봉했다는 것이니 말을 삼가 해야 한다는 의미이다.

若乃竊議朝廷政事[1] 私評郡縣官僚하거나 講國土之豊凶 論風俗
약내절의조정정사 사평군현관료 강국토지풍흉 논풍속

之美惡하며 以至工商細務 市井閑談 邊鄙[2] 兵戈 中原寇賊[3] 文章
지미악 이지공상세무 시정한담 변비 병과 중원구적 문장

技藝 衣食貨財하여 自恃己長 隱他好事하고 揄揚顯過하여 指摘微
기예 의식화재 자시기장 은타호사 유양현과 지적미

瑕하면 旣乖福業이니 無益道心이라.
하 기괴복업 두익도심

如此游言 並傷實德인데 坐消信施하니 仰愧龍天[4] 이로다.
여차유언 병상실덕 좌소신시 앙괴용천

罪始濫觴 禍終滅頂[5] 하니 何也오.
죄시남상 화종멸정 하야

衆生苦火 四面俱焚일새 豈可晏然 坐談無義리오.
중생고화 사면구분 기가안연 좌담무의

---

1. 기강을 잡고 법도가 있는 것을 정政이라 하고, 그것에 의해 움직이고 일을 만들어 나가는 것을 사事라 한다. 또 해야 할 일이 임금에게 있는 것이 정政이 되고 신하에게 있는 것이 사事가 된다. 또 큰 통치를 정政이라 하고 작은 행정을 사事라 한다.〔紀綱法度曰政 動作云爲 曰事 又 在君爲政 在臣爲事 又 大 曰政 小 曰事〕
2. 『주기』에 "4리가 찬이 되고 5찬이 비가 되니 5백가이다."라고 하였으니[周紀 四里爲鄼 五鄼爲鄙 五百家也], 변비邊鄙는 변두리에 해당하는 국경지대이다.
3. 구적寇賊에서 구寇는 물건을 강제로 빼앗는 도적질이고 적賊은 사람을 죽이는 노략질이다.〔劫奪曰寇 殺人曰賊〕
4. 용천龍天은 하늘에 사는 용신과 천신을 말한다.
5. 멸정滅頂은 정수리를 없앤다는 것이니 곧 죽음을 말한다.

만약 승려로서 나랏일이나 관료들을 은밀하게 사사로이 비평하거나, 국가 한 해 농사의 풍년과 흉년을 따지거나, 세상풍속의 좋고 나쁨을 논하거나, 공장을 돌리고 장사를 하는 일, 저잣거리의 쓸데없는 이야기, 먼 국경지대 변방에서 일어나는 전쟁, 나라 안에서 일어나는 겁탈과 살인, 기교와 멋을 부린 글 그리고 옷가지나 먹을거리 재물에만 관심을 보여, 자신의 장점만 기대 다른 사람의 좋은 일을 숨기고 허물만 드러내어 작은 흠마저 지적하고 있다면 이미 복을 짓는 일과는 어긋나니 도를 닦는 마음에 조금도 이익이 없다.

이처럼 쓸데없이 떠도는 말들로 참된 공덕을 해치면서, 편안히 앉아 신도의 정성과 믿음이 담긴 시물施物을 받아 쓰니 하늘을 우러러 부끄러울 뿐이다. 허물은 아주 작은 데서[1] 시작되어 그 화는 마침내 죽음까지 불러들이는 것이니 무슨 까닭이겠느냐. 활활 타오르는 번뇌로 중생의 고통이 사방에 가득 차 있기 때문이니, 어찌 태연하게 앉아 의롭지 않은 일만 주저리주저리 늘어놓을 수 있단 말인가.

---

1. 남상濫觴은 양자강 같은 큰 강물도 그 시작은 술잔을 채울 정도의 적은 물에서 시작되었다는 것이니, 죄시남상罪始濫觴은 커다란 죄도 아주 작은 허물에서 시작된다는 말이다. 『서경』에서는 "세 강물의 시작은 작은 술잔 정도의 작은 곳에서 넘치기 시작한다."고 말하고는, 풀이하기를 "샘물이 처음 흐를 때는 한 잔의 물에 불과하지만 이 물이 불어나며 점차 기다랗게 흐르는 강물이 된다고 했다." [書三江濫觴 註言 泉始流 不過杯水 泛溢而漸 至于橫流也]

3. 永明智覺[1] 壽禪師 垂誡
영명지각 수선사 수계

學道之門 別無奇特이라. 只要洗滌 根塵下 無量劫來 業識種子
학도지문 별무기특 지요세척 근진하 무량겁래 업식종자

니라. 汝等 但能消除情念 斷絕妄緣하고 對世間一切愛欲境界 心
여등 단능소제정념 단절망연 대세간일체애욕경계 심

如木石相似라면 直饒[2] 未明道眼이라도 自然成就淨身하리라.
여목석상사 직요 미명도안 자연성취정신

---

1. 영명지각永明智覺(904-975) '영명'은 절 이름이고 '지각'은 시호이며 법명은 연수延壽이다. 속성이 왕王씨이고 자字는 중현仲玄이며 호는 포일자抱一子이다. 법안종의 제3조이다. 스무 살 때부터 파, 마늘 같은 오신채를 먹지 않았다. 30세에 취암령삼翠岩令參에게 출가하고 뒷날 천태덕소天台德韶를 뵙고 깨달음을 얻었다. 49세 때부터 명주 설두산 자성사의 주지로 있다가 57세에 오월 충의왕 전숙의 청을 받아 항주 영은사 주지를 맡았다. 다음 해에 영명사 주지로 부임하니 따르는 학인들이 2,000여 명이나 되었다. 이 무렵에 『종경록』이 영명사의 연법당演法堂에서 편집되니, 뒷날 이 인연으로 연법당은 종경당宗鏡堂으로 개칭이 된다. 67세에는 전당강의 야트막한 언덕 월륜봉에 육화탑 9층을 세웠는데, 큰 강을 따라서 보는 주변의 경치가 좋아 지금은 항주 전당강의 전망탑으로 유명하다. 영명연수는 일생 동안 『법화경』을 일만삼천 번이나 독송하였고, 선종과 교종을 통합하였으며, 아울러 마음의 정토에 귀의하는 것을 소중하게 여겼다. 그의 저서 『만선동귀집萬善同歸集』은 선종과 정토의 합일사상에 중점을 둔 것으로 후세 불교계에 심대한 영향을 끼친 책이다. 그의 저서는 『종경록』과 『만선동귀집』 이외에 『유심결唯心訣』과 『심부주心賦註』와 『정혜상자가定慧相資歌』와 『신서안양부神栖安養賦』 등이 있다. 고려의 광종과 문필 왕래가 있었으며 고려 승려로 그의 문하에 가서 인가를 받은 사람이 원공圓空 선사 외에 368인이 있다. 그 인연으로 고려에도 한때 법안종이 성하였다.
2. 직요直饒는 '가요假饒, 종요縱饒, 가령假令, 설사設使'와 뜻이 같다. 설사 ~하더라도. 가령 ~하더라도.

3. 올바른 가르침을 내리고자 _ 영명연수

도를 배우는 길에 따로 특별한 것이 없다.

다만 보고 듣는 경계에서[1] 오랜 세월 잘못 길들여진 '업식종자業識種子'[2]를 씻어 없앨 뿐이다.

단지 알음알이를 없애 헛된 인연을 끊고 세간의 모든 애욕 경계에 나무나 돌처럼 무심할 수 있다면, 설사 도에 대한 안목을 밝히지 못했더라도 자연스럽게 '맑고 깨끗한 몸'을 가질 수 있다.

---

1. 근진根塵은 안眼·이耳·비鼻·설舌·신身·의意의 육근과 색色·성聲·향香·미味·촉觸·법法의 육진을 말한다. 육진은 육경六境이라 말하기도 한다.
2. 업식종자業識種子에서 '업식'은 중생의 행위를 일으키는 마음이다. 중생의 마음에 중생의 행위를 일으키는 종자가 심어져 있으므로 '업식종자'라고 한다.

若逢眞正導師이면 切須勤心親近이어다.
약봉진정도사 절수근심친근

仮使參而未徹 學而未成이라도 歷在耳根이면 永爲道種하여 世世
가사참이미철 학이미성 역재이근 영위도종 세세

不落惡趣[1]하고 生生不失人身하며 纔出頭來에 一聞千悟하리라.
불락악취 생생불실인신 재출두래 일문천오

須信道어다.
수신도

眞善知識 爲人中最大因緣이니 能化衆生 得見佛性일새니라.
진선지식 위인중최대인연 능화중생 득견불성

---

1. 악취惡趣는 나쁜 세상으로 가는 것이니 보통 삼악도를 말한다.

참되고 올바른 스승을 만나면 간절한 마음으로 가까이서 정성껏 모셔야만 한다.

그런다면 설사 깨치지 못하고 배움을 완성하지 못하더라도, 그 분의 가르침이 귀에 스치기만 해도 영원히 '도를 깨칠 씨앗'이 된다. 세세생생 나쁜 세상으로 떨어지지 않고 사람의 몸을 받아 태어나자마자 한 가지를 듣고도 천 가지를 깨우치게 된다.

모름지기 이 말을 믿을지어다.
참된 선지식은 사람들 인연 가운데 가장 큰 인연이니, 중생들이 부처님의 성품을 볼 수 있게 하기 때문이다.

深嗟라 末世誑說一禪이
심차 말세광설일선

只學虛頭하여 全無實解이니 步步行有하며 口口談空이라.
지학허두 전무실해 보보행유 구구담공

自不責業力所牽하고 更敎人撥無因果[1]라.
자불책업력소견 갱교인발무인과

便說 飮酒食肉 不礙菩提[2]하고 行盜行婬 無妨般若[3]라하니
변설 음주식육 불애보리 행도행음 무방반야

生遭王法하고 死陷阿鼻[4]로다.
생조왕법 사함아비

受得地獄業消하면 又入畜生餓鬼[5]하여
수득지옥업소 우입축생아귀

百千萬劫 無有出期이니 除非一念回光 立卽翻邪爲正이라.
백천만겁 무유출기 제비일념회광 입즉번사위정

若不自懺自悔自度自修하면 諸佛出來라도 也無救你處니라.
약부자참자회자도자수 제불출래 야무구니처

---

1. 발무인과撥無因果는 인과 자체가 없다고 부정하는 것이다.
2. 보리菩提는 범어 'Bodhi'의 음역인데 깨달음이라고 번역한다.
3. 반야般若는 범어 'Prajna'의 음역인데 지혜라고 번역한다. 보통 부처님의 세상을 알 수 있는 최상의 지혜를 말한다.
4. 아비阿鼻는 범어 'Avici'의 음역인데 무간지옥을 말한다.
5. 아귀餓鬼는 항상 굶주려 배가 고픈 귀신인데 배는 태산만 하고 목구멍은 바늘구멍 정도의 크기라고 한다.

참으로 애달프다.
말세에 거짓말을 일삼는 어떤 선객들은 헛된 것만 배워 참다운 이해가 조금도 없으니, 걸음걸음 하는 행동마다 시비와 갈등을 일으키며 입으로는 부질없는 공空만 이야기한다.

업력業力에 끌려 다니는 자신을 스스로 책망하지 않고, 다른 사람에게 '인과란 없는 것'이라고 가르친다.

술 마시고 고기 먹는 일이 깨달음에 걸림돌이 되지 않고, 도적질과 음행하는 일이 반야지혜에 방해되지 않는다고 말을 하니, 살아서는 재난 당할 형법에 저촉이 되고 죽어서는 끝이 없이 고통 받을 무간지옥에 떨어진다.

지옥에서 받을 업이 소멸되면 또 남은 업보로 축생계나 아귀도에 떨어지니, 백천만겁에 그 곳에서 빠져 나올 기약이 없다.

빠져 나올 길이 있다면 오직 한 생각에 마음의 빛을 돌이켜 서 있는 그 자리에서 삿된 법을 뒤집어 정법이 되어야 한다.

스스로 참회하고 제도하지 않는다면 어떤 부처님도 그들을 구원할 길이 없다.

若割心肝 如木石相似라면 便可食肉이라.
약할심간 여목석상사 변가식육

若喫酒 如喫屎尿相似라면 便可飮酒니라.
약끽주 여끽시뇨상사 변가음주

若見端正男女 如死尸相似라면 便可行婬이라.
약견단정남녀 여사시상사 변가행음

若見己財他財 如糞土相似라면 便可侵盜니라.
약견기재타재 여분토상사 변가침도

饒你鍊得到此田地라도 亦未可順汝意在이니
요니련득도차전지 역미가순여의재

直待證無量聖身이라야 始可行世間逆順事일새니라.
직대증무량성신 시가행세간역순사

古聖施設이 豈有他心이리오.
고성시설 기유타심

只爲末法僧尼[1] 少持禁戒하고
지위말법승니 소지금계

恐賺他向善俗子하여 多退道心일새 所以로 廣行遮護니라.
공잠타향선속자 다퇴도심 소이 광행차호

---

1. 승니僧尼에서 승僧은 비구를 니尼는 비구니를 가리킨다.

심장과 간을 도려내도 나무나 돌처럼 아무렇지 않을 수 있다면 고기를 마음대로 먹어도 좋다.

술을 마실 때 똥물이나 오줌을 마시는 것처럼 할 수 있다면 술을 마음껏 마셔도 좋다.

어여쁜 남자나 여자를 시체처럼 볼 수 있다면 음행을 해도 좋다.

자신의 재물이나 남의 재물을 똥 무더기처럼 여길 수 있다면 도둑질을 해도 좋다.

설사 그대가 공부하여 이 경지에 이르렀더라도 아직 그대의 뜻대로 따를 수 없으니, 곧장 '헤아릴 수 없는 성스러운 부처님의 몸〔無量聖身〕'을 증득해야 비로소 세간의 좋고 나쁜 경계에 걸림 없이 행할 수 있기 때문이다.

옛 성인들이 베푼 방편에 어찌 다른 마음이 있겠는가.

다만 말법 승려들이 지켜야 할 계율을 지니지 않고 선량한 사람들을 속여 '도 닦을 마음'이 퇴보할까 걱정되므로, 삿된 법을 막고 정법을 수호하는 방편을 널리 실행하려는 것이다.

千經所說 萬論所陳에 若不去婬이면 斷一切淸淨種하고 若不去
천경소설 만론소진 약불거음 단일체청정종 약불거

酒하면 斷一切智慧種하며 若不去盜하면 斷一切福德種하면 若不去
주 단일체지혜종 약불거도 단일체복덕종 약불거

肉하면 斷一切慈悲種이라하니
육 단일체자비종

三世諸佛이 同口敷宣하고 天下禪宗이 一音演暢인데
삼세제불 동구부선 천하선종 일음연창

如何後學 略不聽從하고 自毁正因[1]하며 反行魔說이오.
여하후학 약불청종 자훼정인 반행마설

只爲宿熏業種일새 生遇邪師 善力易消하고 惡根難拔이로다.
지위숙훈업종 생우사사 선력이소 악근난발

豈不見가. 古聖道하되
기불견 고성도

見一魔事 如萬箭攢心하고 聞一魔聲 如千錐箚耳라하니
견일마사 여만전찬심 문일마성 여천추차이

速須遠離하여 不可見聞이어다. 各自究心하되 愼莫容易어다.
속수원리 불가견문 각자구심 신막용이

---

1. 정인正因은 부처님의 마음자리 곧 부처님의 세상을 제대로 알고 난 뒤 수행을 하고 있는 곳이니 부처님이 될 인연에 서 있는 것이다.

많은 경전이나 논에서 "음행을 하면 '부처님이 될 맑고 깨끗한 모든 씨앗'을 없애고, 술을 마시면 '모든 것을 알 수 있는 지혜의 씨앗'을 없애고, 도둑질을 하면 '온갖 복덕의 씨앗'을 없앤다. 고기를 먹으면 '모든 자비의 씨앗'을 없앤다." 일렀으니, 이는 과거 현재 미래의 모든 부처님이 똑같이 말씀하시고 천하에 이름난 선종의 조사 스님들이 한 목소리로 널리 주장하신 것이다.

그런데 어찌 후학들이 따르지 않고 스스로 부처님이 될 인연을 비방하며 도리어 마귀의 말만 실천하고 있단 말인가.

이는 오직 전생에 뿌려놓은 업의 씨앗 때문이니, 그 업으로 세상에 태어나 삿된 스승을 만나 좋은 힘은 쉽게 사라지고 악의 뿌리는 뽑아내기 어려워진 것이다.

어찌 보지 못했겠느냐. 옛 성인께서 말씀하시기를 "마군의 한 가지 일은 만 개의 화살이 심장을 뚫는 것처럼 보아야 한다. 마군의 한 마디는 천 개의 송곳니로 귓구멍을 찌르는 것처럼 들어야 한다."고 하였으니, 서둘러 마군의 일을 멀리하고 보거나 들어서는 안 될 것이다. 저마다 본마음을 참구하되 삼가 공부를 쉽게 생각하지 말아야 한다.

八溢聖解脫門[1]
팔일성해탈문

禮佛者 敬佛之德也라.
예불자 경불지덕야

念佛者 感佛之恩也라.
염불자 감불지은야

持戒者 行佛之行也라.
지계자 행불지행야

看經者 明佛之理也라.
간경자 명불지리야

坐禪者 達佛之境也라.
좌선자 달불지경야

參禪者 合佛之心也라.
참선자 합불지심야

得悟者 證佛之道也라.
득오자 증불지도야

說法者 滿佛之願也니라.
설법자 만불지원야

1. 일溢은 가득하다는 뜻이다. 팔일성해탈문八溢聖解脫門은 여덟 가지 수행이 가득해야 성스런 해탈을 한다는 것이다.

여덟 가지 수행이 어울려야 해탈

'부처님께 예불을 올리는 것〔禮佛〕'은 부처님의 공덕을 공경하려는 것이요,
'부처님의 명호를 끊임없이 외우는 것〔念佛〕'은 부처님의 은혜에 늘 감사하려는 것이다.

'계율을 지녀 아름다운 삶을 산다는 것〔持戒〕'은 부처님의 삶을 실천하려는 것이요,
'경전을 보는 것〔看經〕'은 부처님의 이치를 환하게 알려는 것이다.

'앉아서 좌선을 하는 것〔坐禪〕'은 부처님의 고요한 마음 경계에 도달하려는 것이요,
'선을 참구하는 것〔參禪〕'은 부처님의 마음에 계합하려는 것이다.

'깨달음을 얻는 것〔得悟〕'은 부처님의 도를 증득하려는 것이요,
'법을 말하는 것〔說法〕'은 부처님의 원력을 이 세상에 가득 채우려는 것이다.

實際理地에 不受一塵이나 佛事門中에 不捨一法이라.
실제리지 불수일진 불사문중 불사일법

然이나 此八事 猶如四方四隅이어 闕一不可이니
연 차팔사 유여사방사우 궐일불가

前聖後聖 其揆一也이며 六波羅蜜[1] 亦須兼行이니라.
전성후성 기규일야 육바라밀 역수겸행

六祖[2]云에 執空之人은 滯在一隅하여 謂不立文字라하니
육조 운 집공지인 체재일우 위불립문자

自迷猶可이나 又謗佛經 罪障深重일새 可不戒哉인저.
자미유가 우방불경 죄장심중 가불계재

---

1. 바라밀波羅蜜은 'Paramita'의 음역인데 부처님 세상으로 건너간다는 뜻이다. 육바라밀은 보시·지계·인욕·정진·선정·지혜 이 여섯 가지 수행을 통하여 부처님 세상으로 간다는 것이다.
2. 육조혜능六祖慧能(638-712)은 중국 선종의 육대 조사이다. 세 살에 아버지를 여의고 집안이 매우 가난하여 땔나무를 팔아 어머니를 지극정성으로 모시고 살았다. 어느 날 장터에서 『금강경』 읽는 소리를 듣고서 출가할 뜻을 품고 오조 홍인五祖弘忍을 찾아가 방앗간에서 일하다가 "깨달음은 잡히는 존재 아니고 밝은 마음 이름뿐 실물 아니네. 본래가 한 물건도 있지 않거늘 일어날 번뇌가 어디 있을까.〔菩提本無樹 明鏡亦非臺 本來無一物 何處惹塵埃〕"라는 유명한 게송을 지었다. 676년 남방으로 가서 교화를 펼치다가 조계산에서 대법을 선양하였다. 그의 법을 이은 제자들이 40여 명이며 그중 하택신회荷澤神會, 남양혜충南陽慧忠, 영가현각永嘉玄覺, 청원행사靑原行思, 남악회양南嶽懷讓 등이 가장 뛰어났다. 당唐 헌종憲宗이 원화元和 10년(815)에 대감선사大鑑禪師의 시호를 내렸다.

부처님의 실제 영역에서는 한 티끌 경계도 받아들이지 않지만, 부처님의 일을 해나가는 데서는 한 법도 버리지 않는다.

그러나 이 여덟 가지 일은 네 방위 네 모서리와 같아 하나도 빠트려서는 안 되니, 앞서 가신 부처님이나 뒷날 오실 부처님도 그 법도는 똑같이 하나이며 육바라밀 또한 함께 닦아야만 한다.

육조 스님은 말씀하신다.

"공空에 집착하는 사람은 거기에만 매달려 '불립문자不立文字'라고만 주장하니, 자신의 어리석음이야 괜찮지만 부처님의 경전을 비방함으로써 그 죄가 깊고 무거워진다. 그러므로 어찌 경계하지 않을 수 있겠는가."

4. 雪竇明覺[1]禪師 壁間遺文
설두명각 선사 벽간유문

夫傳持[2] 祖燈 嗣續佛壽는 此非小任일새
부전지 조등 사속불수 차비소임

宜景前修 肅爾威儀 尊其瞻視하여 懲忿窒慾 治氣養心하라.
의경전수 숙이위의 존기첨시 징분질욕 치기양심

無以名利動於情하고 無以得失介於意하며
무이명리동어정 무이득실개어의

無隨世之上下하고 無逐人之是非하라.
무수세지상하 무축인지시비

黑白置之于胸하고 喜怒不形於色하며 樂人之樂 猶己之樂하고
흑백치지우흉 희노불형어색 요인지락 유기지락

憂人之憂 若己之憂하며 容衆尊賢하며 克己復禮하라.
우인지우 약기지우 용중존현 극기복례

---

1. 설두중현雪竇重顯(980-1052)은 송나라 운문종 스님이다. 집안이 부유하여 어릴 때 공부를 많이 했지만 뜻을 출가에 두었다. 절에 들어와 처음에는 경전과 율장을 보다가 계를 받은 뒤부터 오로지 참선만 하였다. 뒷날 크게 종풍을 떨쳐 운문종의 중흥조가 되었다. 설두산에 오래 머물러 후세에 '설두선사'라는 칭호를 얻었다. 시호는 명각明覺이고 저서로는 『명각선사어록明覺禪師語錄』 6권, 『벽암집백칙송碧巖集百則頌』 등을 남겼다.
2. 전지傳持에서 '전傳'은 대대로 이어져 전해 내려오는 것이고 '지持'는 가지고서 돌보면서 지켜 나가는 것이다. 조등祖燈은 조사의 마음 등불이다. 등불은 끝없이 타오르는 밝은 불빛으로 지혜를 상징하니 이것이 조사의 법이다.

4. 배움이란 본디 성품을 닦는 것 _ 설두명각

조사 스님의 법을 전하고 부처님의 혜명慧命을 잇는 것은 작은 일이 아니므로, 거룩한 조사 스님들의 삶을 환히 밝혀 엄숙한 위의로 존엄하게 지켜보고 성내고 욕심내는 일이 없이 마음을 잘 다스려야 한다.

명예와 이익으로 마음을 흔드는 일이 없고, 이익과 손실에 따라 자기 뜻을 개입시키는 일이 없어야 한다. 세상의 차별을 따르는 일이 없고, 다른 사람의 시비를 뒤쫓는 일이 없어야 한다. 검든지 희든지 가슴속에 모든 시비를 묻고, 기쁨이나 분노를 얼굴에 조금도 드러내지 않아야 한다. 다른 사람의 즐거움을 자신의 즐거움처럼 좋아하고, 다른 사람의 근심을 자신의 근심처럼 걱정해야 한다. 대중을 포용하면서 현명하고 어진 사람을 존경하며, 자신의 욕망을 극복하여 극진한 예禮로 돌아가야 한다.[1]

---

1. 『논어』에서 안회가 인仁에 대해 묻자 공자가 말하기를 "자신의 욕망을 극복하여 극진한 예로 돌아가는 것이 인仁이 된다."라고 하였다. 극기복례克己復禮에서 극克은 이기는 것이요, 기己는 자신의 사사로운 욕망이요, 복復은 돌아가는 것이요, 예禮는 하늘의 이치에 딱 들어맞는 것이다. 인仁이 된다는 것은 사사로운 욕망을 이기고 하늘의 이치에 딱 맞는 자리로 돌아가는 것이다.〔論語 顏回問仁 子曰 克己復禮爲仁 克勝也 己身之私慾也 復反也 禮天理之節文也 言爲仁者 勝私慾而反乎理之節文也〕

無因小隙으로 失素所善하고 無背公議하여 棄素所疎하라.
무인소극　실소소선　무배공의　기소소소

能不可矜이요 勢不可恃라.
능불가긍　세불가시

無護己短하고 無掩人長하라.
무호기단　무엄인장

見德에 不可忘身이요 在貴에 不可忘賤이니라.
견덕　불가망신　재귀　불가망천

且夫學本修性이니 豈慍人之不知리오.
차부학본수성　기온인지부지

道貴全生이니 無蘄世之爲用이니라.
도귀전생　무기세지위용

人或慕義이면 理固推餘하되
인혹모의　이고추여

必也 篤爾心誠 誨以規矩 博授群籍하여 深示妙宗이라.
필야 독이심성 회이구구 박수군적　심시묘종

사소한 일로 평소 잘 지내던 사람을 잃는 일이 없어야 하고, 대중의 여론을 무시하고 평소에 멀리했던 사람들을 내치는 일이 없어야 한다.

자신의 능력을 내세워 자랑해서도 안 되고, 자신의 세력을 믿고 행동해서도 안 된다.

자신의 단점을 변명하는 일도 없고, 다른 사람의 장점을 가리는 일도 없어야 한다.

덕망 있는 사람을 보고는 자신의 몸가짐을 잊어서도 안 되고, 부귀한 곳에 있을 때 빈천했던 삶을 잊어서도 안 된다.

배움이란 본디 자신의 성품을 닦는 것이니 사람들이 알아주지 않는다고 어찌 화를 내겠는가.

도道는 온전한 삶을 귀하게 여기니, 세상에서 어떤 역할도 하려는 마음이 없어야 한다.
사람들이 의로운 일을 흠모하면 이치대로 도움을 주되, 반드시 정성껏 법도 있게 여러 책에서 근거를 들어 보이며 오묘한 종지를 깊이 있게 보여주어야 한다.

慈室忍衣 不可須臾而離이며[1]
자실인의 불가수유이리

大方寶所[2]에 欲其造次必是니라.
대방보소 욕기조차필시

動息에 有常이고 嫌疑에 必愼이라.
동식 유상 혐의 필신

人不可侮이고 天不可欺라.
인불가모 천불가기

衆之去來 無追無拒라.
중지거래 무추무거

人之毁譽 無恚無貪이니 內無所慙하고 外無所恤하라.
인지훼예 무에무탐 내무소참 외무소휼

或若聲華溢美하여 利養豊多라도
혹약성화일미 이양풍다

畏四趣之果因하여 愼三寶之交互하라.
외사취지과인 신삼보지교호

---

1. 『법화경』에 이르기를 "여래의 방에 들어온다는 것은 모든 중생에게 큰 자비심을 베푼다는 것이요, 여래의 옷을 입는다는 것은 부드러운 마음으로 인욕한다는 것이다."라고 하였다.[法華云 入如來室者 於一切衆生 大慈悲心 是也 着如來衣者 柔和忍辱心 是也]
2. 대방보소大方寶所는 부처님이 계시는 곳이다. 부처님의 세상을 말한다.

자비와 인욕을 잠시도 떠나서는 안 되며, 부처님 계신 곳에 하루라도 빨리 가려는 것은 당연한 일이다.

앉고 서는 곳에서 언제나 흔들리지 않는 마음이 있어야 하고, 의심스러운 일들은 반드시 삼가야만 한다.

다른 사람들을 업신여겨서도 안 되고 하늘을 속여서도 안 된다.

대중들이 오고 감에 억지로 따라갈 것도 없고 일부러 거역할 것도 없다.

사람들이 자신을 헐뜯거나 칭찬하여도 성을 내거나 너무 좋아할 것도 없으니, 안으로 부끄러울 것이 없고 밖으로 근심할 것이 없어야 한다.

혹 화려한 명성으로 생활이 풍족해지더라도, 지옥·아귀·축생·수라로 들어갈 인과를 두려워하여 삼보의 이름으로 재물을 받아 쓰는 일을 삼가야만 한다.

死生未脫이면 業苦難逃이니 方其得志 亟思利正하라.
사생미탈 업고난도 방기득지 극사이정

身如行厠이요 利稱軟賊이라.
신여행측 이칭연적

百年非久요 三界無安이니 可惜寸陰하여 當求解脫이어다.
백년비구 삼계무안 가석촌음 당구해탈

古先諸祖에 擧有懿範이라.
고선제조 거유의범

杖錫[1] 一味喫土하고 丹霞 只箇布裘하며 趙州[2] 靑灰滿首하고
장석 일미끽토 단하 지개포구 조주 청회만수

朗師[3] 編草爲氈하니라. 或深禪久修하고 或優詔不就니라.
낭사 편초위전 혹심선구수 혹우조불취

---

1. 장석杖錫 스님은 행장이 드러난 출처가 없다.
2. 조주趙州(778-897) 스님은 당나라 사람이니 어려서 출가하여 남전보원南泉普願 스님 밑에서 이십 년 동안 머무른 뒤 여러 스님들을 찾아다니면서 공부를 하였다. 여든 살에 대중들의 간절한 청을 받아들여 조주의 관음원에서 머물면서 사십 년 동안 공부하는 사람들을 맞이하여 크게 선풍을 드날렸다. 북쪽에서 남종선의 가풍을 크게 떨치던 스님은 백스무 살에 입적하였다. 시호를 진제대사眞際大師라고 받았고 저서로는『진제대사어록眞際大師語錄』3권이 남아 있다. 그의 가르침이 참으로 컸으므로 사람들은 그를 '조주고불趙州古佛'이라고 불렀다. 그의 제자로는 엄양선신嚴陽善信, 광효자각光孝慈覺 등이 있다.
3. 낭사朗師는 당나라 현랑玄朗(673-754) 스님을 가리킨다. 무주婺州 오상현烏傷縣 사람인데 부대사傅大士의 6대손이다. 자字는 혜명慧明이고 호는 좌계左溪인데 9세에 출가하였다. 천보天寶 13년(754) 9월 16일 82세로 입적하니 오나라 월왕越王이 명각존자明覺尊者라고 시호를 내렸다. 저서에『법화경과문』2권,『법화문구』가 전한다. 이 책 서장 편에 있는 '무주좌계산랑선사婺州左溪山朗禪師'의 편지가 바로 이 분의 글이다.

생사를 벗어나지 못했다면 업고業苦를 피하기 어려우니, 바야흐로 뜻을 굳게 하여 바로 자신에게 주어진 이로움이 올바른 것인가를 지극히 생각해야 한다.

몸뚱이란 움직이는 똥간이요 달콤한 이로움은 자신도 모르게 현명한 지혜를 훔쳐가는 도적이다.

백년 세월은 금방이요 삼계는 온통 괴로움일 뿐이니, 촌음을 아껴 해탈을 구해야만 한다.

예전 조사 스님들에게는 모두 본받을 만한 아름다운 모습들이 있었다.

장석杖錫 스님은 오로지 흙만 먹고 살았고, 단하丹霞(730-824)[1] 스님은 겉옷으로 베옷 한 벌만 입었다.
조주 스님은 일을 하느라 푸른 재를 늘 머리에 뒤집어쓰고 있었고, 현랑玄朗 스님은 풀을 엮어 이불로 덮고 살았다.
어떤 스님은 깊은 선정에만 오래 들어가 있었고, 어떤 스님은 임금님의 간절한 부름에도 나아가지를 않았다.

---

1. 단하丹霞는 당나라 스님인데 시호는 지통智通이고 탑호는 묘각妙覺이다. 석두石頭 스님의 법을 잇고 남양南陽 단하산丹霞山에 머물면서 크게 법을 펼쳤다. 유명한 방대사龐大士와도 교류가 있었다. 장경長慶 4년(824) 6월에 삿갓 쓰고 지팡이에 기대 입적하였다. 마조 스님에게 천연天然이란 법호를 받았다.

大都 約則尠失이요 奢則招譏라.
대도 약즉선실 사즉초기

謙則有光하고 退則無忌니라.
겸즉유광 퇴즉무기

去佛逾遠에 行道有艱이니 觀時進止하여 無自辱也니라.
거불유원 행도유간 관시진지 무자욕야

대체적으로 근검절약을 하면 잃는 손실이 적을 것이요, 사치하면 온갖 비방을 불러일으킬 것이다.

겸손하면 얼굴에 따뜻하고 부드러운 빛이 있을 것이요, 한 발 물러서면 남들의 온갖 시기와 질투가 없을 것이다.

부처님 가신 세월이 멀어지면 멀어질수록 '도'를 행하는 데 어려움이 있으니, 시절인연을 보고 잘 처신하여 스스로 욕되는 일이 없어야 할 것이다.

5. 天台圓[1]法師自戒
천태원 법사자계

三界悠悠一囹圄[2] 　羈鎖生靈受酸楚
삼계유유일영어 　기쇄생령수산초

本來面目[3]久沈埋 　野馬[4]無韁恣飄鼓.
본래면목 구침매 　야마 무강자표고

欲火燒殘功德林 　逝波傾入無明[5]塢
욕화소잔공덕림 　서파경입무명 오

紛紛萬類器中蚊 　啾啾[6]鳴亂沈還擧.
분분만류기중문 　추추 명란침환거

亦曾天帝殿中遊 　也向閻公鍋裏煮
역증천제전중유 　야향염공과리자

循環又撞入胞胎 　交搆腥臊成沫聚.
순환우당입포태 　교구성조성말취

---

1. 천태원天台圓 스님은 행장이 드러난 출처가 없다.
2. 영어囹圄는 감옥의 이름이다. 영囹은 명령을 내려 듣게 하는 것이요, 어圄는 말로 하여 깨닫도록 하는 것이다.
3. 본래면목本來面目은 사람에게 본디 갖추어져 있는 부처님의 모습을 말한다.
4. 야마野馬는 길들여지지 않은 야생마를 말한다.
5. 무명無明은 범어 'avidyā'와 빨리어 'avijjā'의 번역으로서 번뇌의 또 다른 이름인데 '있는 그대로의 진실을 보지 못한다'는 뜻이다. 이 무명에서 온갖 번뇌가 비롯되기 때문에 '모든 번뇌의 근본'이라고 한다. 이 무명에서 모든 경계나 그 도리의 공성空性을 제대로 알지 못하기 때문에 온갖 번뇌가 일어난다는 것이다.
6. 추추啾啾는 새나 벌레가 우는 소리이다.

5. 중생계는 끝이 없는 영원한 감옥 _ 천태원 스님

중생계는 끝이 없는 영원한 감옥
쇠사슬로 묶인 중생 고통을 받고
본래면목 무명 속에 깊이 빠지니
고삐 풀린 마음들이 야생마 같다.

활활 타는 탐욕심이 공덕을 없애
쏜살같이 어둔 세상 쓸려 들어가
허둥대는 온갖 모습 독 안의 모기
어지럽게 우는 소리 끝이 없구나.

천상의 뜨락에서 재미를 보다
지옥의 가마솥에 들들 볶이고
돌고 돌다 부모님의 뱃속에 들어
누린내가 서로 엉킨 거품덩어리.

一包膿血暫扶持　數莖白骨權撑拄
일포농혈잠부지　수경백골권탱주

七情[1]馳騎不知歸　六賊[2]爭鋒誰作主.
칠정 치기부지귀　육적 쟁봉수작주

春風不改昔時波　依舊貪嗔若狼虎
춘풍불개석시파　의구탐진약랑호

改頭換面弄機關[3]　忍氣呑聲受辛苦.
개두환면롱기관　인기탄성수신고

貴賤賢愚我與人　是非榮辱今猶古
귀천현우아여인　시비영욕금유고

金烏玉兎[4]自磨空　雪鬢朱顔盡成土.
금오옥토 자마공　설빈주안진성토

---

1. 칠정七情은 희喜·노怒·애哀·락樂·애愛·오惡·욕欲의 일곱 가지 감정을 말한다.
2. 육적六賊은 육진六塵이 육근六根을 매개로 하여 중생의 마음을 흩트려 번뇌를 일으켜서 깨달음을 얻게 하는 기회를 훔쳐가므로 육진을 도적에 비유한 말이다.
3. 『화엄경』 소疏에 이르기를 "기관機關은 잡아당기면 움직이고 가만히 놓아두면 아무런 동작이 없다." 하고는, 그 초鈔에서 "물건을 받아들여 움직이는 곳을 기機라 하고 그 가운데 회전하고 있는 것을 관關이라 한다."고 하였다.〔華嚴疏云 機關抽之則動 息之則無 鈔 容物動處 名爲機 於中轉者 說爲關〕 여기서는 중생의 마음이 가지고 노는 몸을 말한다
4. 금오옥토金烏玉兎에서 '금오'는 태양을, 옥토는 '달'을 비유한 것이다. 태양 속에는 세 발 달린 금 까마귀가 있고 달 속에는 옥토끼가 있다고 전해진다.

피와 고름 덩어리로 잠시 버티다
여러 가닥 흰 뼈 덕에 세상을 살며
온갖 감정 제멋대로 드러내면서
다퉈 가는 그 마음 중 그 누가 주인.

봄바람은 그대론데 옛 파도처럼
욕심내고 화내는 일 사나운 짐승
얼굴만 바꾸어서 갖고 노는 몸
참고 살며 온갖 고통 다 받고 사니

귀하다 어리석다 다투는 중생
지금의 온갖 영욕 예전과 같고
해와 달이 오가면서 세월이 흘러
흰 머리털 붉은 얼굴 흙이 되었네.

我嗟瞥地[1]一何晚　隨波逐浪空流轉
아차별지 일하만　수파축랑공류전

追思古聖與先賢　掩袂令人獨羞赧.
추사고성여선현　엄메령인독수난

而今捉住主人翁[2]　生死魔來我誰管
이금착주주인옹　생사마래아수관

昔時伎倆莫施呈　今日生涯須自勉.
석시기량막시정　금일생애수자면

是非窟裏莫回頭　聲利門前高着眼
시비굴리막회두　성리문전고착안

但於自己覓愆尤　肯與時流較長短.
단어자기멱건우　긍여시류교장단

一點靈光[3]直照西　萬端塵事任舒卷
일점영광 직조서　만단진사임서권

不於蝸角[4]竊虛名　獨向金臺[5]預高選.
불어와각 절허명　독향금대 예고선

---

1. 별지瞥地는 '눈에 언뜻 보이듯 잠깐 사이에'를 말한다.
2. 주인옹主人翁은 우리 마음의 주인공을 말한다. 부처님 마음이다.
3. 영광靈光은 사람마다 본디 갖추고 있는 부처님의 성품이 신령스럽게 빛나고 있는 것을 말한다.
4. 와각蝸角은 달팽이의 뿔 위를 말하는데 중생계의 좁은 마음을 비유한 것이다.
5. 금대金臺는 부처님이 계시는 황금으로 지은 큰 누각이니 부처님 세상을 말한다.

슬프도다! 잠깐 사이 세월이 흘러
파도 따라 물결 좇아 헛되이 산 몸
옛 성현들 살림살이 생각해 보니
사람들이 부끄러워 고개 숙이네.

허나 당장 주인공을 잡아 챙기면
생사 마군 오더라도 걱정 없으니
쓸데없이 예전 버릇 내놓지 말고
오늘 삶에 모름지기 힘쓸지어다.

시비 다툼 어둔 세상 향하지 말고
명예 이익 집착 말고 큰 눈을 떠라
오직 다만 자기 허물 찾을지언정
현 시류의 좋고 나쁨 따질 것인가.

오직 하나 신령한 빛 극락 비추면
온갖 세상 잡다한 일 뜻대로 되리
중생계서 헛된 이름 얻으려 말고
부처님을 향하여서 앞으로 가라.

從他病死與生老　只此一回相括惱
종타병사여생로　지차일회상괄뇌

修行惟有下梢難　竪起脊梁休放倒.
수행유유하초난　수기척량휴방도

莫敎錯認定盤星[1]　自家牢守衣中寶[2]
막교착인정반성　자가뢰수의중보

願同法界寃與親　共駕白牛[3]遊直道.
원동법계원여친　공가백우 유직도

---

1. 정반성定盤星에서 정定은 결정되어 있어 움직이지 않는 것이고 반盤은 저울판이며 성星은 저울대의 눈이다. 그러므로 정반성은 대저울에 중량이 0이 되는 첫 번째 눈금이다. 저울추를 이 눈금에 놓으면 저울이 균형을 잡아 움직이지 않는다. 여기서는 공부의 기준, 깨달음의 기준을 말한다고 본다.
2. 의중보衣中寶는 『법화경』 '오백제자수기품'에 나오는 비유로 옷 속의 구슬은 부처님의 마음을 비유한 것이다.
3. 백우白牛도 『법화경』에서 나온 비유이다. 흰 소가 끄는 수레는 부처님 세상으로 바로 들어가는 일승법一乘法을 비유한 것이다.

생로병사 어찌 되든 그대로 두고
한 마음을 돌이켜서 번뇌 없앨 뿐
수행하다 마지막에 난관 있어도
곧장 허리 곧추 세워 상관 말아라.

진짜 같은 거짓 경계 속지를 말고
자기에게 있는 보배 굳게 지켜서
바라건대 이 법계에 온갖 중생들
모두 함께 깨달아서 부처님 되세.

6. 慈雲式懺主[1] 書紳[2]
자운식참주 서신

知白이여 汝知日之所爲하여 害善之法 偏宜遠之하고 損惡之道 益
지백 여지일지소의 해선지법 편의원지 손악지도 익

其用之하라. 口無自伐하고 心無自欺이어 勿抱內蠹하고 勿揚外儀하라.
기용지 구무자벌 심무자기 물포내두 물양외의

欲人之譽 畜己之私는 殺義之始요 陷禍之基니라.
욕인지예 축기지사 살의지시 함화지기

自恃其德에 必有餘譏하고 自矜其達에 必有餘非하리라. 眷屬集樹[3]라도
자시기덕 필유여기 자긍기달 필유여비 권속집수

汝宜遠之하고 利養毛繩이라도 汝宜畏之하니 擇而思之하라.
여의원지 이양모승 여의외지 택이사지

---

1. 자운식참주慈雲式懺主(964-1032)는 송나라 승려이다. 자운慈雲은 송나라 진종眞宗이 내려준 호이고 식式은 이름이니 준식遵式이며 자字는 지백知白이다. 참주懺主는 스님이 항주 영산사靈山寺에서 금광명참당金光明懺堂을 세우고 『금광명참의金光明懺儀』를 지어 그 법을 행해 예참禮懺으로 업을 삼은 까닭에 생긴 칭호이다. 송나라 명도明道 1년(1032) 10월 8일에 입적하였다. 절강浙江 영해寧海 사람인데 일찍이 국청사國淸寺 보현보살상 앞에서 손가락을 태워 공양 올리면서 천태종 교학을 전파하리라고 맹세하였다. 저서에는 『왕생정토참의往生淨土懺儀』, 『금광명참법등서金光明懺法等書』 등이 있다.
2. 서신書紳은 잊어버리지 않기 위하여 큰 띠에 적어두는 글을 말한다.
3. 『유교경』에서 말하였다. "사람들 모으기를 좋아한다면 온갖 번뇌가 생길 것이니 비유하자면 큰 나무에 많은 새가 무리지어 모여들면 나뭇가지가 마르고 꺾어지는 근심이 있게 되는 것과 같다."〔遺教經云 若樂衆者 卽受衆惱 譬如大樹 衆鳥集之 則有枯折之患〕

6. 늘 자신을 경책하는 글 _ 자운참주

지백이여,

그대는 날마다 해야 할 일을 알아 나쁜 법을 멀리 하고 좋은 '도'를 실천해야 한다.

스스로 자랑하는 일이 없고 자신을 속이는 일이 없어, 안으로 잡스런 생각을 품지 말고 밖으로 거들먹거리지도 말아야 한다.

다른 사람의 칭찬을 바라고 사리사욕을 챙기는 일은 정의를 죽이는 시발점이요 재앙에 빠지는 구렁텅이일 뿐이다.

자신의 덕만 믿기에 다른 사람의 비방을 불러일으키고, 자신의 영달을 자랑하기에 반드시 다른 시비들이 있게 된다.

권속들이 새떼 모여들듯 모여들어도 그대는 멀리해야 하고, 이양[1]이 아주 적은 것이더라도 그대는 두려워해야 할 것이니 옳고 그른지를 잘 선택해야 한다.

---

1. 이양利養에서 재물에 욕심 부리는 것을 이利라 하고 그 이利를 즐기는 것을 양養이라 한다.

懲惡之餘 何則是宜오.
징악지여 하칙시의

淸香一炷 紅蓮數枝하며 口勿輟誦 意勿他思하라.
청향일주 홍연수지 구물철송 의물타사

安禪禮像 其則勿虧하고 量衣節食 其志勿移하라.
안선예상 기칙물휴 양의절식 기지물이

造世文筆은 如佛戒之하고 說人長短은 如法愼之하라.
조세문필 여불계지 설인장단 여법신지

縱對賓侶라도 口勿多辭하고 頻驚光影[1]하여 坐勿消時어다.
종대빈려 구물다사 빈경광영 좌물소시

芭蕉虛質은 非汝久期[2]요 蓮花淨土 是汝眞歸로다.
파초허질 비여구기 연화정토 시여진귀

俾夜作晝하여 勤而行之어다.
비야작주 근이행지

---

1. 광영光影은 빠르게 흘러가는 세월을 말한다.
2. 『유마경』에서 말하였다. "이 몸은 파초와 같아 그 속에는 견고한 것이 없다.〔維摩經云 是身如芭蕉 中無有堅固〕"

공부에 대한 해악을 없앤 뒤에 어떻게 살아야 할 것인가?

부처님 앞에 맑은 향 하나를 사르고 붉은 연꽃 몇 송이를 공양하며, 입으로는 경전을 쉬지 않고 외우면서 마음에는 다른 생각을 불러일으키지 말아야 한다.

편안한 마음으로 성상聖像을 모시면서 수행 청규를 어기지 말며, 옷가지나 음식을 근검절약하며 품은 뜻을 바꾸지 말아야 한다.

세상에 내놓을 글을 쓸 때에는 부처님의 가르침대로 쓰고, 다른 사람의 장점과 단점을 말할 때에는 법대로 삼가하고 또 삼가해야 한다.

귀한 벗을 대하더라도 말을 많이 하지 말고 세월의 흐름을 절박하게 자주 되돌아보며 우두커니 앉아서 헛되이 시간을 보내지 말아야 한다.

파초의 속처럼 실속이 없는 헛된 삶은 결코 기약할 일이 아니요 연꽃이 만발한 극락정토야말로 그대가 참으로 돌아갈 곳이다.

밤을 낮 삼아서 부지런히 수행 정진할지어다.

제 2 장

학문에 힘써야 한다

勉學

1. 孤山圓[1]法師勉學篇並序[2]
고 산 원 법 사 면 학 편 병 서

中人之性이 知務學而或惰於學일새 乃作勉學하노라.
중인지성 지무학이혹타어학 내작면학

1. 고산원孤山圓(976-1022) : '고산'은 항주 고산사孤山寺에서 스님이 머물렀기에 호가 된 것이며, '원'은 지원智圓이니 스님의 법명이다. 자字는 무외無外이고 스스로 호칭하기를 중용자中庸子 또는 병부病夫라고 하였다. 송나라 스님이니 천태종 산외파山外派에 속한다. 봉선원청奉先源青에게 천태 삼관三觀의 깊은 뜻을 배우고 고산사에 머물 때 학자들이 많이 모여들었다고 한다. 스님은 여러 학문에도 두루 통했고 언제나 유교의 가르침으로 몸을 다스리고 불교의 가르침으로 마음을 다스린다고 말하면서 유교, 불교, 도교의 가르침을 통합하려고 하였다. 저서를 많이 남겼으며 송宋 숭녕崇寧 3년(1104)에 법혜法慧대사라는 시호를 받았다. 『능엄경楞嚴經』 등 열 권의 경을 풀이하였기에 십본소주十本疏主라고도 한다.
2. 서序는 '서문序文'의 약칭이다. 책의 첫머리에 편찬의 유래와 내용 등을 간단히 적은 머리말이다.

1. 학문에 힘써야 한다 _ 고산지원

보통 사람들이 배움에 힘써야 함을 알고 있지만 혹 게으를 수 있으므로 학문에 힘쓸 것을 권하는 글을 짓는다.

勉學上
면학상

嗚呼[1]라 學不可須臾怠하고 道不可須臾離라.
오호 학불가수유태 도불가수유리

道는 由學而明하니 學可怠乎리오.
도 유학이명 학가태호

聖賢[2]之域은 由道而至하니 道可離乎아.
성현 지역 유도이지 도가리호

肆凡民之學은 不怠이어야 可以至於賢하고
사범민지학 불태 가이지어현

賢人之學도 不怠이어야 可以至於聖이라.
현인지학 불태 가이지어성

冉求[3]之學 可以至於顔淵이라도 而不逮具體者 中心怠耳라.
염구 지학 가이지어안연 이불체구체자 중심태이

---

1. 까마귀가 이상한 것을 보면 지저귀는 것을 '오호烏呼'라고 한다. 뒷날 오烏자 곁에 '구口'를 덧붙여 '오호嗚呼'라고 쓰게 된다.
2. 신령스런 밝음으로 환히 비추는 것을 성聖이라 한다. 또 성聖은 정正과 같으니 정교正敎로 사람들을 가르치기 때문이다. 범부를 초월하여 성인에 버금가는 사람을 현賢이라 한다.〔靈明洞鑑曰聖 又 聖猶正也 以正教誨人也. 超凡亞聖曰賢〕
3. 염구冉求는 공자의 제자로서 자는 자유子有이며 정치가로 유명하다. 중국 춘추시대 노나라 사람이니 노나라 계씨季氏에게 벼슬하여 재상이 되었다.

배움을 독려하다 _ 상

오호라! 배움은 잠시도 게을리 할 수 없고 도道는 잠시라도 떼어 놓을 수 없도다.

도는 배움으로 말미암아 밝아지는 것이니 어찌 배움을 게을리 할 수 있겠는가.

성현의 영역은 '도'로 말미암아 도달하는 것이니 어찌 '도'를 떼어 놓을 수 있겠는가.

그러므로 평범한 사람들은 배움에 게으르지 않아야 현인에 이를 수 있고, 현인도 배움에 게으르지 않아야 성인에 이를 수 있는 것이다.

염구冉求의 배움이 안연顔淵[1]만큼 된다 해도 학문의 온전한 바탕을 갖추는 데 이르지 못하는 것은 배움에 게을렀기 때문이다.

---

1. 안연顔淵(BC521-490)은 춘추시대 말기의 학자로서 노나라 사람이다. 자字는 자연子淵이고 이름은 회回이다. 공문십철孔門十哲 가운데 으뜸이다. 집이 가난하였지만 이에 상관치 않고 도를 즐기는 안빈낙도安貧樂道로서 덕행이 높았다. 공자는 그의 배움을 칭찬했으나 아깝게도 32살 때 요절하였다. 후세에 그를 높여 복성復聖이라 하였다.

故로 曰 非不悅子之道라 力不足也이니라하자
고 왈 비불열자지도 역부족야

子曰 患力不足者 中道廢이니 今汝畫[1]이로다.
자왈 환력부족자 중도폐 금여획

顔淵之學 可以至於夫子라도 以不齊於聖師者 短命死耳일새니라.
안연지학 가이지어부자 이부제어성사자 단명사이

如不死라면 安知其不如仲尼[2]哉오. 以其學之不怠也라.
여불사 안지기불여중니 재 이기학지불태야

故曰 有顔氏子[3]好學인데 不幸히도 短命死矣라 今也則亡이로다.
고왈 유안씨자 호학 불행 단명사의 금야즉망

---

1. 화畫는 획劃과 같으니 여기서는 '획'으로 읽는다. 땅에 선을 긋듯 스스로의 역량을 제한해 버린 것이다.
2. 중니仲尼는 공자의 자字이다.
3. 안씨자顔氏子는 안회를 가리킨다. 그의 부친인 안로顔路가 생존해 있었으므로 '안씨의 자子'라고 하였다.

그러므로 염구가 "스승님의 도를 기뻐하지 않은 것이 아니라 제 힘이 부족할 뿐입니다."라고 말하자, 공자께서 이르기를 "힘이 부족함을 근심하는 사람은 도중에 배움을 그만두니 지금 그대는 공부의 선을 긋고 말았구나." 하였다.

안연의 배움이 공자에 이르렀다 해도 성스런 스승의 위치까지 올라가지 못한 까닭은 일찍 죽었기 때문이다.

죽지 않았다면 공자처럼 되지 않았다고 어찌 알 수 있겠는가. 그의 배움이 게으르지 않았기 때문에 하는 말이다.

그러므로 공자가 이르기를 "안씨의 아들이 배우기를 좋아했는데 불행히도 일찍 죽었다. 이제는 배움을 좋아하는 사람이 없구나." 라고 하였다.

或問 聖人學耶오하니 曰 是何言歟 是何言歟아. 凡民與賢猶知學
혹문 성인학야 왈 시하언여 시하언여 범민여현유지학

인데 豈聖人怠於學耶리오. 夫天之剛也 而能學柔於地故 不干四
기성인태어학야 부천지강야 이능학유어지고 불간사

時焉하고 地之柔也 而能學剛於天故 能出金石焉이며 陽之發生
시언 지지유야 이능학강어천고 능출금석언 양지발생

也 而亦學肅殺於陰故 靡草死焉하고 陰之肅殺也 而亦學發生
야 이역학숙살어음고 미초사언 음지숙살야 이역학발생

於陽故 薺麥生焉하니라.
어양고 제맥생언

夫爲天乎 地乎 陽乎 陰乎 交相學而不怠일새 所以로 成萬物이라.
부위천호 지호 양호 음호 교상학이불태 소이 성만물

天不學柔則 無以覆하고 地不學剛則 無以載하며
천부학유즉 무이복 지불학강즉 무이재

陽不學陰則 無以啓하고 陰不學陽則 無以閉[1]하니라.
양불학음즉 무이계 음불학양즉 무이폐

---

1. 『좌전』에 이르기를 "무릇 분지계폐分至啓閉는 반드시 운물雲物을 기록한다." 하고는, 풀이하여 말하였다. "분分은 춘분春分과 추분秋分이요, 지至는 동지冬至와 하지夏至요, 계啓는 입춘立春과 입하立夏요, 폐閉는 입추立秋와 입동立冬이다. 운물雲物은 하늘의 기운과 사물의 빛깔이 크게 바뀌는 것이다."〔左傳云 凡分至啓閉 必書雲物. 註云 分 春分秋分也 至 冬至夏至也 啓 立春立夏也 閉 立秋立冬也. 雲物 氣色以大變也〕

어떤 사람이 "성인도 배웁니까?"라고 물으니, 이르기를 "이 무슨 말이냐. 이 무슨 말이냐. 평범한 백성과 현자들도 배움을 아는데 어찌 성인이 배움에 게으를 수 있겠느냐? 무릇 하늘의 강한 기운도 땅에서 부드러움을 배우므로 봄 여름 가을 겨울의 차례를 범하지 않고, 땅의 부드러움도 하늘에서 강한 기운을 배우므로 쇠와 돌을 내놓는 법이다. 양陽의 생기발랄함도 음陰에서 냉랭하고 살벌한 기운을 배우므로 곱고 부드러운 풀들을 말려 죽이고, 음의 냉랭하고 살벌한 기운도 양에서 생기발랄함을 배우므로 냉이와 보리를[1] 키워낸다."라고 하였다.

무릇 하늘과 땅, 양과 음이 서로 배움을 주고받으면서 게으르지 않으므로 만물이 이루어진다.

하늘이 부드러움을 배우지 않는다면 세상을 덮어 줄 수가 없고, 땅이 굳셈을 배우지 않는다면 만물을 실어 줄 수가 없다.

양이 음을 배우지 않는다면 곧 입춘立春과 입하立夏가 없고, 음이 양을 배우지 않는다면 곧 입추立秋와 입동立冬이 없다.

---

1. 제薺는 단 맛이 나는 풀이다.『시경』에 "단 것이 마치 냉이와 같다." 하였고,『회남자』에 "냉이는 물에서 자라는 나물이다. 찬물에서 자라며 열기가 있는 땅에서는 죽는다." 하였다.[薺 甘草 詩其甘如薺 淮南子 薺 水菜 冬水而生 夏土而死] 보리는 가을에 씨를 뿌리고 여름에 익으니 다른 곡식이 없어 궁핍할 때 먹거리를 이어가는 곡식이다.

聖人無他也라.
성인무타야

則天地陰陽而行者이니 四者學不怠인데 聖人惡乎怠이리오.
칙천지음양이행자 사자학불태 성인악호태

或者 避席曰 予之孤陋也[1]라 幸子發其蒙하니 願聞聖人之學하
혹자 피석왈 여지고루야 행자발기몽 원문성인지학

소서하니 中庸子曰
중용자왈

復坐하라 吾語汝하리라.
부좌 오어여

書不云乎아.
서불운호

惟狂이라도 剋念이면 作聖이고 惟聖이라도 罔念이면 作狂이로다.
유광 극념 작성 유성 망념 작광

是故로 聖人은 造次[2]顚沛라도 未嘗不念正道而學之也니라.
시고 성인 조차 전패 미상불념정도이학지야

1. 『학기』에 말하였다. "혼자 배우면서 친구가 없으면 고루해지고 견문이 적어진다."〔學記云 獨學而無友則 孤陋而寡聞〕
2. 조차造次는 갑작스럽고도 잠깐인 시간을 말하고 전패顚沛는 기울어 뒤집혀져 떨어져 나가는 순간을 말한다.

성인도 다를 것이 없다.

천지음양天地陰陽의 흐름을 본받아 실천하는 분이시니, 천지음양의 흐름이 배움을 게을리 하지 않는데 성인이 어찌 게으를 수 있겠는가.

어떤 사람이 자리에서 일어나 "저만 홀로 견문이 좁았습니다. 다행히 큰스님께서 어리석음을 깨우쳐 주셨으니, 바라옵건대 성인의 배움을 듣게 해 주시옵소서."라고 하니, 중용자中庸子[1]는 말하였다.

"다시 앉으시오, 내가 그대에게 말하리다.

『서경書經』에서도 말하지 않았습니까? '미치광이라도 허망한 생각을 극복하면 성인이 되고, 성인이라도 바른 생각이 없으면 미치광이가 된다.' 하였습니다.

이 때문에 성인은 일찍이 잠시라도 바른 도를 잊지 않으며 배움을 게을리 한 적이 없습니다."

---

1. 이 글을 쓴 고산원孤山圓(976-1022) 스님은 스스로 호칭하기를 중용자中庸子 또는 병부病夫라고 하였다.

夫子[1]는 大聖人也로서 拔乎其萃 出乎其類이니
부자 대성인야 발호기췌 출호기류

自生民以來 未有如夫子者라.
자생민이래 미유여부자자

入太廟[2]하여 每事問則 是學於廟人也고
입태묘 매사문즉 시학어묘인야

三人行 擇其善者하여 而從之則[3] 是學於偕行也이며
삼인행 택기선자 이종지즉 시학어해행야

入周則 問禮於老子則 是學於柱史[4]也라.
입주즉 문예어노자칙 시학어주사 야

豈仲尼之聖 不若廟人行人柱史也이리오.
기중니지성 불약묘인행인주사야

盖聖人懼夫不念正道而學之則 至於狂也矣라.
개성인구부불념정도이학지칙 지어광야의

故曰 必有如丘[5]之忠信焉이나 不如丘之好學也라.
고왈 필유여구 지충신언 불여구지호학야

---

1. 부자夫子는 스승이나 어른을 부를 때 쓰는 존칭인데 여기에서는 공자를 높여 일컫는 말이다.
2. 태묘太廟는 노나라 주공의 묘당이다.
3. 『논어』에서 말하였다. "세 사람이 걸어가면 반드시 나의 스승이 있을 것이니 좋은 사람을 선택하여 그 행위를 따라가고, 나쁜 사람의 행위를 보고는 내 잘못을 고쳐야 한다."〔論語 三人行 必有我師 擇其善者而從之 不善者而改之〕
4. 주사柱史는 '주하사柱下史'의 약칭인데 도서를 관장하는 벼슬 이름이다. 주周나라 때 노자가 이 벼슬을 하였으므로 노자의 별칭으로 쓰이기도 한다.
5. 구丘는 공자의 이름이다.

"공자는 큰 성인으로서 아주 뛰어나신 분이니 역사상 공자와 같으신 분이 없습니다.

그런 분이 노魯나라 주공周公의 태묘太廟에 들어가 묘지기에게 상세하게 일을 물었다면 이는 묘지기에게 모르는 것을 배운 것이고, 세 사람이 길을 가면서 좋은 사람을 가려내어 그를 좇았다면 이는 함께 길을 가던 사람에게 배운 것이며, 주나라에 들어가 예禮를 노자에게 물었다면 이는 도서관 사서인 노자에게 배운 것입니다.

어찌 공자와 같은 성인이 묘지기나 함께 가던 사람이나 도서관 사서만 못했겠습니까.

아마 성인도 바른 도를 생각하여 배우지 않으면 '미치광이가 되지 않을까?' 두려워했을 것이기 때문입니다.

그러므로 공자가 '나처럼 충실하고 믿음이 돈독한 사람이야 있겠지만 나만큼 배우기를 좋아하지는 않을 것이다.'고 말한 것입니다."

曰 聖人生而知之인데 何必學爲리오. 曰
왈 성인생이지지 하필학위 왈

知而學은 聖人也요 學而知는 常人也라.
지이학 성인야 학이지 상인야

雖聖人常人이라도 莫有不由於學焉이라.
수성인상인 막유불유어학언

孔子曰 君子[1]不可不學이라하니
공자왈 군자 불가불학

子路曰 南山有竹이어 不柔[2]自直일새 斬而用之하면 達乎犀革[3]이라
자로왈 남산유죽 불유 자직 참이용지 달호서혁

以此言之하면 何學之有리오.
이차언지 하학지유

孔子曰 括而羽之하고 鏃而礪之하면 其入之不亦深乎아하니
공자왈 괄이우지 족이려지 기입지불역심호

子路再拜曰 敬受教矣라. 噫라 聖人之學 無乃括羽鏃礪하여 使深
자로재배왈 경수교의 희 성인지학 무내괄우족려 사심

入乎아. 豈生而知之者 兀然不學耶오.
입호 기생이지지자 올연불학야

---

1. 위로 어른을 존경하는 것이 신하가 임금을 섬기듯 하고, 아래로 만백성을 애틋하게 여기기를 아버지가 아들을 기르는 듯 하는 까닭에 군자君子라고 한다.[上敬尊長 如臣事君 下恤萬民 如父育子 故曰君子]
2. 유柔는 유揉와 같으니 부드럽게 주물러 손질하는 것이다.
3. 서혁犀革은 무소의 가죽이니 화살이 뚫고 나가기 어려운 것이다.

어떤 사람이 "성인은 태어나면서 모든 것을 안다고 했는데 어찌 배워야만 합니까?" 물으니, 중용자는 말하였다.

"알고도 배우는 것이 성인이요, 배워야 아는 것은 보통 사람이다. 성인이나 보통 사람이라 하더라도 배움으로 말미암지 않은 사람은 없다.

공자가 '군자는 배우지 않으면 안 된다.' 하니, 자로가 '남산의 대나무는 바로잡지 않아도 저절로 곧기에 베어서 사용하면 무소의 가죽도 꿰뚫으니, 이로 말한다면 무슨 배울 것이 있겠습니까?'라고 하였다.

공자가 이르기를 '오늬[1]를 만들어 깃털을 달고 화살촉을 뾰족하게 갈면 들어가는 깊이가 또한 깊지 않겠느냐?' 하니, 자로가 다시 절을 올리면서 '존경하오니 가르침을 받겠습니다.'라고 말하였다.
아, 성인의 배움이란 아마도 화살에 깃털을 달고 숫돌에 화살촉을 뾰족하게 가는 것과 같으니, 배움 속으로 더 깊이 들어가는 것이 아니겠느냐. 그런데 어찌 태어나면서부터 아는 것이라고 하여 말뚝처럼 가만히 앉아 배우지 않을 수 있겠는가."

1. 화살의 머리를 활시위에 끼도록 에어 낸 부분.

勉學下
면 학 하

夫聖且賢 必務於學이어늘 聖賢以下 安有不學而成人哉이리오.
부성차현 필무어학 성현이하 안유불학이성인재

學猶飮食衣服也라. 人有聖乎 賢乎 衆庶[1]乎이어 雖三者異이나
학유음식의복야 인유성호 현호 중서 호 수삼자이

而飢索食渴索飮寒索衣則 不異矣라. 學也 豈得異乎아. 惟禽獸
이기색식갈색음한색의칙 불이의 학야 기득이호 유금수

土木 不必學也라.
토목 불필학야

嗚呼라. 愚夫는 嗜飮食而不怠하고 冒[2]貨利而不休이나
오호 우부 기음식이불태 모 화리이불휴

及就于學에 朝學而夕怠者有矣夫고 有春學而冬怠者有矣夫라.
급취우학 조학이석태자유의부 유춘학이동태자유의부

苟如嗜飮食 冒貨利之不知怠者라면
구여기음식 모화리지부지태자

何患於不爲博聞乎 不爲君子乎아.
하환어불위박문호 불위군자호

---

1. 중서衆庶는 서민이니 보통사람인 범부들을 말한다.
2. 모冒는 탐하고 범하는 것이다.

배움을 독려하다 _ 하

성인과 현자도 반드시 배움에 힘쓰거늘 그렇지 못한 사람들이 어찌 배우지 않고 사람 노릇을 할 수 있겠는가.

배움이란 음식이나 의복과 같다. 사람에게는 성인과 현자와 범부가 있어 그 차이가 있겠지만, 배고프면 먹을 것을 찾고 목마르면 마실 것을 찾으며 추우면 옷을 찾는 것에서는 조금도 다르지 않다. 배움도 어찌 이와 다를 수 있겠는가. 오직 날짐승, 들짐승, 흙과 나무만이 배울 필요가 없을 뿐이다.

오호라! 어리석은 사람들이 열심히 먹고 마시기를 즐기며 재물과 이익을 끝이 없이 탐내는구나.

그러나 배우는 데는 아침에 배우다 저녁에 게을리 하는 사람이 있고, 봄에 배우다 겨울에 그만두는 사람이 있다.

진실로 먹고 마시기를 즐기고 재물과 이익을 탐내는 것에 게으름을 알지 못하는 사람과 같다면, 어찌 널리 배우고 듣지 못하는 것을 근심하겠으며, 어찌 군자가 되지 못할 것을 걱정하겠는가.

曰 世有至愚者 不辨菽麥[1]之異하고 不知寒暑之變하면
왈 세유지우자 불변숙맥 지이 부지한서지변

豈令學耶이며 豈可教耶이리오하니
기령학야 기가교야

曰 至愚도 由不教也이고 由不學也일새니라. 苟師教之不倦이고 彼心
왈 지우 유불교야 유불학야 구사교지불권 피심

之不怠者라면 聖域可躋而陞乎인데 何憂菽麥之不辨乎이리오.
지불태자 성역가제이승호 하우숙맥지불변호

且愚者 渴而知飮하고 飢而知食하며 寒而知衣하니 既知斯三者則
차우자 갈이지음 기이지식 한이지의 기지사삼자즉

與草木殊矣이니 惡乎不可學也이며 不可教也리오.
여초목수의 악호불가학야 불가교야

人之至愚라도 豈不能日記一言耶오.
인지지우 기불능일기일언야

積日至月則 記三十言矣하고 積月至年則 記三百六十言矣하니
적일지월즉 기삼십언의 적월지년즉 기삼백육십언의

積之數年而不怠者 亦幾於博聞乎아.
적지수년이불태자 역기어박문호

---

1. 숙맥菽麥은 콩과 보리이다. 『좌전』에서 "주공에게 형이 있었지만 지혜롭지 못하여 콩과 보리도 분별할 수 없었기에 보위에 오르지 못하였다." 하고는 풀이하기를, "숙菽은 큰 콩이니 콩과 보리는 모양이 틀려 쉽게 분별할 수 있는데 이를 분별하지 못하는 것은 어리석은 사람이 될 징후로 여겼기 때문이다. 지혜롭지 못하다는 것은 세상에서 어리석다고 말하는 것이다."라고 하였다.〔左傳 周公有兄而不慧 不能辨菽麥 故不可立 註 菽大豆也 豆麥殊形易別 以爲癡者之候 不慧 世所謂白癡也〕

질문하였다.

"세상에 지극히 어리석어 콩과 보리의 차이도 구별 못하고 추위와 더위의 변화도 알지 못하는 사람이라면, 어찌 배우게 하고 가르칠 수 있단 말입니까?"

대답하였다.

지극히 어리석은 것도 가르치지 않고 배우지 않았기 때문이다. 진실로 스승의 가르침이 게으르지 않고 배우는 사람이 게으르지 않다면 성인의 영역도 밟아 올라 설 것인데, 어찌 콩과 보리를 구별 못할 것을 걱정하겠느냐. 어리석은 사람이라도 목마르면 마실 줄 알고 배고프면 먹을 줄 알며 추우면 입을 줄 안다. 이 세 가지를 안다면 무정물인 풀잎이나 나무들과는 다르니, 어찌 배울 수 없고 가르칠 수 없단 말이냐.

사람이 아무리 어리석더라도 어찌 하루에 한 마디를 기억할 수 없겠는가. 하루하루가 쌓여 한 달이 되면 서른 마디를 기억한다. 한 달 한 달이 쌓여 한 해가 되면 삼백육십 마디를 기억한다. 이렇게 몇 년 동안 게으르지 않게 쌓아간다면 거의 다 알아질 것이 아니겠는가.

又 日取一小善而學行之라면 積日至月則 身有三十善矣하고
우 일취일소선이학행지 적일지월즉 신유삼십선의

積月至年則 身有三百六十善矣하니
적월지년즉 신유삼백육십선의

積之數年而不怠者 不亦幾於君子乎아.
적지수년이불태자 불역기어군자호

爲愚爲小人而不變者 由不學耳니라.
위우위소인이불변자 유불학이

中庸子喟然嘆曰
중용자위연탄왈

吾嘗見 恥智之不逮 才之不敏하여 而輟於學者이나
오상견 치지지불체 재지불민 이철어학자

未見 恥飮食不如他人之多하여 而輟飮食者라.
미견 치음식불여타인지다 이철음식자

輟飮食則 殞其命일새 何必恥於不多耶오.
철음식즉 운기명 하필치어부다야

輟學問則 同夫禽獸土木인데 何必恥才智之不如他人耶이리오.
철학문즉 동부금수토목 하필치재지지불여타인야

苟恥才智不如 而不學則 亦應恥飮食不如他人則 廢飮食이라.
구치재지불여 이불학즉 역응치음식불여타인즉 폐음식

또 하루에 한 가지씩 작은 선행을 취한다면 하루하루가 쌓여 한 달이면 서른 가지 선행이 있게 된다. 한 달 한 달이 쌓여 한 해이면 삼백육십 가지 선행이 있다. 이렇게 몇 년 동안 게으르지 않게 쌓아 간다면 거의가 군자에 가까워질 것이 아니겠는가.

어리석고 속 좁은 사람이 되어 변하지 않는 것은 배우지 않음으로 말미암은 것이니라.

중용자는 탄식하며 말한다.

내 일찍이 지혜와 재주가 부족함을 부끄러워하여 배움을 그만두는 사람은 보았지만, 다른 사람만큼 많이 먹지 못함을 부끄러워하여 음식을 먹지 않는 사람은 보지 못하였다. 음식을 먹지 않는다면 생명을 잃을 것이므로 많이 먹지 않는다고 어찌 부끄러워할 것인가.

학문을 그만두면 들짐승이나 날짐승 또는 풀잎이나 나무토막 같아지는데 재주와 지혜가 다른 사람만 못하다고 어찌 부끄러워할 것인가. 참으로 재주와 지혜가 남만 못함을 부끄러워하여 배우지 않는다면, 또한 음식을 다른 사람만큼 먹지 못하는 것을 부끄러워하여 음식 먹는 것을 그만두어야 한다.

以是觀之하면 豈不大誤乎아.
이시관지 기부대오호

吾亦至愚也라. 每揣才與智하면 不逮他人者하여 遠矣이나
오역지우야 매췌재여지 불체타인자 원의

由知飮食之不可輟로 而不敢怠於學也라.
유지음식지불가철 이불감태어학야

行年四十有四矣라. 雖病且困이라도 而手未嘗釋卷은 所以懼同於
행년사십유사의 수병차곤 이수미상석권 소이구동어

土木禽獸耳이니 非敢求臻聖域也며 亦非求乎聞達也라.
토목금수이 비감구진성역야 역비구호문달야

雖或彷徉[1] 戶庭 夷猶[2] 原野라도
수혹방양 호정 이유 원야

以暫頤養[3] 하여 目觀心思로 亦未嘗敢廢於學也라.
이잠이양 목관심사 역미상감폐어학야

由是로 登山則 思學其高하고 臨水則 思學其淸하며 坐石則 思學
유시 등산즉 사학기고 임수즉 사학기청 좌석즉 사학

其堅하고 看松則 思學其貞하며 對月則 思學其明하나니라. 萬境森列
기견 간송즉 사학기정 대월즉 사학기명 만경삼열

하며 各有所長일새 吾悉得師而學之라.
각유소장 오실득사이학지

---

1. 방양彷徉은 한가하게 다니는 모양을 말한다.
2. 이유夷猶는 유예猶豫와 같이 의심 때문에 망설이고 결단을 내리지 못한다는 뜻인데 여기에서는 방양彷徉의 뜻으로 쓰여 서성인다는 뜻이다.
3. 이양頤養은 이신양성야頤神養性也니 마음을 챙기는 것이다.

이것으로 보면 배움을 그만둔다는 것이 어찌 큰 잘못이 아니겠는가. 나 역시 지극히 어리석은 사람이다. 매번 내 재주와 지혜를 헤아려 보면 다른 사람에게 미치지 못함에 아직 공부가 멀었다. 그러나 음식을 먹지 않을 수 없다는 것을 알기에 배움에 게으를 수가 없었다.

내 나이 마흔넷이다. 병들고 고달픈 삶이라도 일찍이 손에서 책을 놓지 않은 것은 풀잎이나 나무토막 또는 들짐승이나 날짐승과 똑같이 될까 두려웠기 때문이니, 성인이 되기를 바라는 것도 아니었고 또한 세상에 이름을 날리기를 원하는 것도 아니었다. 정원과 들녘을 거닐더라도 잠시 짬이 나는 대로 마음을 챙겨 주위를 보고 생각하며 일찍이 배움을 그만둔 적이 없었다.

이로 말미암아 산에 오르면 높음, 물을 보면 맑음, 바위에 앉으면 견고함을 배우려고 생각하였다. 소나무를 보면 절개, 보름달을 마주하면 밝음을 배우려고 생각하였다.

온갖 경계가 펼쳐져 저마다 뛰어난 바가 있으므로 이들을 내가 다 스승 삼아 배우는 것이다.

萬境無言이라도 而尙可學인데 況人之能言이리오.
만경무언 이상가학 황인지능언

雖萬惡이라도 必有一善也이니
수만악 필유일선야

師一善而學之라면 其誰曰不然乎이리오.
사일선이학지 기수왈불연호

中庸子曰 世有求之라도 而或不得者也하고 世有求之하면 而必得
중용자왈 세유구지 이혹부득자야 세유구지 이필득

者也라. 求之而或不得者 利也요 求之而必得者 道也라.
자야 구지이혹부득자 이야 구지이필득자 도야

小人之於利也에 雖或萬求而萬不得이라도 而求之彌勇이라.
소인지어이야 수혹만구이만부득 이구지미용

君子之於道也에 求之必得인데
군자지어도야 구지필득

而望途懷㤼하고 自念力不足者 此求利小人之罪耳[1] 니라.
이망도회겁 자념역부족자 차구리소인지죄이

仲尼曰 仁遠乎哉리오 我欲仁이면 斯仁至矣라하니
중니왈 인원호재 아욕인 사인지의

言求之而必得也라.
언구지이필득야

---

1. 군자는 도를 찾는 일에 태만하고 소인은 이익을 구하는 일에 부지런하다면, 부지런하고 태만한 것만 가지고 말하자면 군자는 소인보다 못하다. 이는 군자가 소인한테 죄를 짓는 것이다.〔君子怠於求道 小人勤於求利 以勤怠言之則 君子而不如小人矣. 是君子得罪於小人矣〕

온갖 경계가 말이 없어도 배울 만한 것인데, 하물며 말을 할 수 있는 사람들에게서 무엇을 더 말할 필요가 있겠느냐. 온갖 악을 저지르는 사람이더라도 반드시 한 가지 좋은 점은 있을 것이니, 한 가지 좋은 점을 스승 삼아 배운다면 그 누가 이것이 잘못이라고 말할 수 있겠는가.

중용자는 말한다.

세상에서는 구해도 간혹 얻지 못하는 게 있고 구하면 반드시 얻는 것이 있다. 구해도 간혹 얻지 못하는 게 이익이요, 구하면 반드시 얻는 것이 도道이다. 소인배들은 자신들이 추구하는 이익을 얻기 위하여, 만 번을 구해 만 번을 얻지 못하더라도 사리사욕을 채우기 위해 더 많은 노력을 한다.

군자가 도道를 얻기 위하여 노력을 하면 반드시 도를 얻을 것인데, 먼 길을 바라보며 겁을 먹고 스스로 힘이 부족하다고 생각하는 것, 이는 이익을 구하려고 끊임없이 노력하는 소인배의 입장에서는 가소로울 뿐이다.

중니가 "어진 것이 멀리 있겠는가. 내가 어질고자 하면 어질 것이다." 일렀으니, 이는 구하면 반드시 얻을 수 있다는 것을 말한다.

2. 姑蘇 景德寺 雲法師[1] 務學十門 並序
고소 경덕사 운법사 무학십문 병서

玉不琢이면 不成器이듯 人不學이면 不知道라.[2] 余十有五而志于
옥불탁 불성기 인불학 부지도 여십유오이지우

學이나 荏苒光景[3] 倏忽老至 歲月旣深해서야 粗知其趣니라.
학 임염광경 숙홀노지 세월기심 조지기취

翻歎疇昔[4] 殊失斯旨하나 限迫桑榆[5]이어 學不可逮라.
번탄주석 수실사지 한박상유 학불가체

因述十門 垂裕後昆하여 俾務學而成功 助弘教而復顯云爾니라.
인술십문 수유후곤 비무학이성공 조홍교이복현운이

---

1. 법운法雲(1088-1158)은 남송 스님이고 자字는 천서天瑞이며 자칭 무기자無機子라 하였다. 다섯 살에 절에 들어가 아홉 살 때 출가하였다. 정화政和 7년(1117) 송강松江의 대각사大覺寺에 머물면서 『법화경』등을 8년 동안 강의하니 황제가 듣고 자주빛 가사와 보윤대사普潤大師라는 시호를 내렸다. 나이 들어 고향에 돌아가 어머니를 모시고 극진하게 효도를 하였다. 어머니가 병이 들자 밤마다 침실로 들어가 심경心經을 강의하고 아미타불을 염불하였다. 소흥紹興 28년(1158) 제자들을 모아 가르침을 주고 게송을 남기면서 서방을 향하여 앉아 입적하였다. 저서로는 『식음집息陰集』『번역명의집翻譯名義集』『금강경金剛經』『심경소초心經疏鈔』등이 있다.
2. 이 두 구절은 『예기』의 학기學記 편에 나온다.
3. 광경光景은 광영光影과 같으니 세월을 말한다.
4. 주석疇昔은 지나간 세월을 말한다.
5. 상유桑榆는 해질 무렵이나 혹은 해가 떨어지는 곳을 말한다. 『회남자』에 "서쪽으로 지는 해가 그림자를 드리우며 나무 끝에 걸려 있는 것을 '상유'라 한다."고 하였으니 해질 무렵을 말한다.〔桑榆 晩也 或云日入處 淮南子 西日垂影 在樹端曰桑榆 言晩暮也〕

2. 배움에 힘써야 할 열 가지 길 _ 경덕사 법운

옥도 다듬지 않으면 그릇을 만들 수 없듯 사람도 배우지 않으면 도를 알지 못한다.

내가 열다섯 살 때 배움에 뜻을 두었지만, 그럭저럭 세월이 덧없이 흘러 홀연 늙어서야, 공부의 취지를 대강 알게 되었다.

흘러간 세월 속에서 이 취지를 잊고 살았던 그 시절이 마음 아프지만, 죽을 날이 얼마 남지 않았으므로 배움을 다 마무리할 수가 없게 되었다.

이런 마음 아픈 인연으로 열 가지 공부 길을 제시하여 후학들을 너그럽게 가르치고자 한다.

그들이 온 힘을 다해 공부에 성공하도록 하여 부처님의 가르침을 이 세상에 널리 드러낼 수 있게 도움을 주고자 한다.

不修學이면 **無以成**이니라[1]
불수학　무이성

涅槃經云하되 **凡有心者 皆當得成阿耨多羅三藐三菩提**라.
열반경운　범유심자 개당득성아뇩다라삼먁삼보리

何以故오. **盖爲一切衆生 皆有佛性**일새니라.
하이고　개위일체중생 개유불성

此性은 **虛通**하여 **靈明常寂**이라.
차성　허통　영명상적

若謂之有면 **無狀無名**이고 **若謂之無**면 **聖以之靈**이니라.
약위지유　무상무명　약위지무　성이지영

群生은 **無始**이래 **不覺自迷**하여
군생　무시　불각자미

煩惱[2] **覆蔽 遺此本明**일새 **能生諸緣**하여 **枉入六趣**니라.
번뇌 복폐 유차본명　능생제연　왕입육취

---

1. 계·정·혜 세 가지를 통틀어 학學이라 말한 것은 정신을 맑게 하여 마음을 기쁘게 하므로 성인이 가장 힘써야 할 것이기 때문이다. 학學은 장식하다는 뜻과도 같다. 그릇을 장식하지 않으면 아름답게 여길 것이 없듯이 사람이 배우지 않으면 기릴만한 덕행이 없는 것이다.〔不修戒定慧三學 無以成菩提 戒定慧三 通言學者 所以疏神達思 怡情怡性 聖人之上務也 學猶飾也 器不飾則 無以爲美觀 人不學則 無以有懿德〕 그러므로 계·정·혜 삼학을 닦지 않으면 깨달음을 이룰 수 없다는 것이다.
2. 번뇌煩惱에서 근심으로 마음 졸이는 것이 번煩이 되고 어리석어 혼란스러운 것이 뇌惱가 된다.〔憂煎爲煩 迷亂爲惱〕

하나, 배우지 않으면 이룰 것이 없다

『열반경』[1]에서 "마음이 있는 것은 모두 '아뇩다라삼막삼보리[2] 최고의 깨달음'을 이룰 수 있다."라고 하였다.

무엇 때문인가? 아마 모든 중생에게는 다 부처님의 성품이 있기 때문이다.

이 성품은 텅 빈 자리에서 모든 것에 통하므로 신령스레 밝고 언제나 고요하다.

만약 '있다'고 하면 모양이나 이름도 없고, '없다'고 하면 성스러움으로서 신령스럽기도 하다.

뭇 삶들은 무시이래 이 사실을 깨닫지 못하고 스스로 미혹해져, 번뇌로 '본디 밝은 이 마음'을 덮어버렸으므로 잘못된 온갖 인연을 만들어 그 인연에 맞는 육도윤회로 잘못 들어가는 것이다.

---

1. 『열반경』은 『대반열반경大般涅槃經』의 약칭이다. 내용은 부처님의 입멸에 대하여 설한 경전인데 대승과 소승의 두 가지가 있다.
2. '아뇩다라삼먁삼보리阿耨多羅三藐三菩提'는 최고의 깨달음이니 '무상정등정각無上正等正覺'이라고 번역한다.

由是로 大覺[1]은 憫物迷盲하여 設戒定慧三學之法이라.
유시 대각 민물미맹 설계정혜삼학지법

其道는 恢弘이어 示從眞以起妄하여
기도 회홍 시종진이기망

軌範群品[2]이 令息妄以歸眞이라.
궤범군품 영식망이귀진

若能信受佛語하여 隨順師學이면
약능신수불어 수순사학

乃駕苦海[3]之迅航이요 則登聖道之梯隥[4]이니라.
내가고해 지신항 즉등성도지제등

誰能出不由戶이듯 何莫由斯道焉이리오.[5]
수능출불유호 하막유사도언

---

1. 대각大覺은 부처님의 많은 이름 가운데 하나이다.
2. 군품群品은 많은 종류의 중생을 말한다.
3. 고해苦海는 고통이 가득한 중생계를 비유한 것이다. 중생계는 괴로움이 가득하여 끝이 없는 바다와 같다는 것이다.
4. 제등梯隥은 밟고 올라가는 사닥다리를 말한다.
5. 홍씨가 이르기를 "사람들은 나갈 때 반드시 문을 통해야 한다는 것은 알면서도 행行은 반드시 도를 통해야 한다는 것은 알지 못하고 있습니다. 도가 사람을 멀리하는 것이 아니라 사람이 스스로 도를 멀리하는 것입니다." 하니, 주자가 "이치에 합당하지 않은 것은 바로 도를 통하지 않았기 때문이다."라고 하였다.〔洪氏曰 人知出必由戶而不知行必由道 道非遠人 人自遠爾 朱子曰 不合理處 便是不由道〕

이로 말미암아 부처님께서는 눈 먼 어리석은 중생들을 안타깝게 여겨 계戒·정定·혜慧 삼학三學[1]을 가르친다.

그 도는 크고도 넓어 진여에서 망념이 일어나는 것을 널리 보여주어, 그 법대로 사는 중생들이 망념을 쉬고 진여로 돌아가게 한다.

부처님의 말씀을 믿고 스승의 배움을 따른다면, 이는 고통의 바다를 빠르게 건너는 배를 타는 것이요, 성스러운 도道로 통하는 사다리에 올라가는 것이다.

문을 통하지 않고는 밖에 나갈 수 없듯이, 그 누가 이 길로 깨닫지 못할 사람이 있겠는가.

---

1. 계戒·정定·혜慧는 계율과 선정과 지혜의 약칭인데 이를 합하여 삼학三學이라 한다. 계율은 몸과 입과 뜻으로 범하는 나쁜 짓을 방지하는 것이다. 선정은 마음이 어지러운 것을 한 경계로 모아 고요하게 만드는 것이다. 지혜는 어리석음을 제거하고 진리를 증득하는 것이다. 이 세 가지가 서로 도와야 깨달음을 얻을 수 있다. 계율이 아니면 선정을 얻을 수 없고, 선정이 아니면 지혜를 얻을 수 없다. 이것은 이伊자(∴) 세 점과 같이 합칠 수도 없고 떨어뜨릴 수도 없는 것이다. 계율과 선정이 없는 지혜는 쓸모없는 지혜가 되고, 계율과 지혜가 없는 선정은 무미건조한 마음이며, 선정과 지혜가 없는 계율은 편협하기 때문이다. 이를 경율론 삼장에 배대하면 경은 선정에 대한 가르침이고, 율은 계율에 대한 가르침이며 논은 지혜에 대한 가르침이다.

不折我면 無以學이니라
부절아　무이학

說文 云에 我施身自謂也라하고
설문 운　아시신자위야

華嚴[1] 云에 凡夫無智이어 執着於我라하며
화엄 운　범부무지　집착어아

法華[2] 云하되 我慢은 自矜高며 諂曲은 心不實이라.
법화 운　아만　자긍고　첨곡　심부실

由執我見으로 憍慢貢高하여 不愧無智하고
유집아견　교만공고　불괴무지

妄自尊大하여 見善不從 罔受敎誨이어 於賢不親하니 去道甚遠이라.
망자존대　견선부종 망수교회　어현불친　거도심원

欲求法者 當折我心하여 恭默思道하고
욕구법자 당절아심　공묵사도

屈節卑禮[3] 以敬事長하며 尊師重道하며 見賢思齊하라.
굴절비예 이경사장　존사중도　견현사제

---

1. 화엄華嚴은 『대방광불화엄경』의 약칭이다. 세 종류가 있는데 동진東晋의 불타발타라가 번역한 『구화엄경』이라 불리는 60권본, 당唐의 실차난타가 번역한 80권본, 당唐의 반야가 번역한 『신화엄경』이라 불리는 40권본이 있다.
2. 법화法華는 『묘법연화경』의 약칭이다. 대승경전의 하나로 진秦의 구마라집이 번역하였는데 모두 7권 28품으로 되어 있다.
3. 굴절비례屈折卑禮는 몸을 숙여 몸과 마음을 낮추어 상대방을 공경하는 것이다.

둘, '나'라는 생각을 꺾지 않으면 배울 것이 없다

『설문說文』[1]에서 "부모에게서 받은 몸을 스스로 '나'라 한다." 하였고,
『화엄경』에서는 "범부는 지혜가 없어 '나'에 집착한다."라고 하였으며,
『법화경』에서는 "스스로를 높이고 자랑하는 것이 아만이며, 마음이 진실하지 못한 것이 아첨이다." 하였다.

'나'를 집착함으로 말미암아 교만해져 지혜가 없는 것을 부끄러워하지 않고, 허망하게 자신을 존대하여 좋은 사람을 보고도 따르지 않으며, 가르침을 받아들이지 않아 현명한 사람과 가까이 하지를 않으니 도道와는 더욱 멀어진다.

법을 구하려는 사람은 '나'라는 생각을 꺾고 공손하고 묵묵하게 도를 생각해야만 한다. 몸가짐과 마음가짐을 낮추고 어른들을 공경하며 섬겨야 한다. 스승의 도를 존중하고 현명한 사람을 보면 그와 같아질 것을 생각해야 한다.

---

1. 『설문說文』은 『설문해자說文解字』의 약칭이다. 후한後漢의 허신許愼이 찬술한 '글자 풀이 책'으로 모두 30권이나 된다. 소전小篆 9,353자, 중문重文 1,163자를 540부로 분류하여 육서六書의 의의를 추구하였다. 뒤에 청淸의 단옥재段玉裁가 주석한 『설문해자주說文解字注』가 유명하다.

鳩摩羅什初學小敎일때 頂禮[1] 盤頭達多[2]일새
구마라집초학소교 정례 반두달다

此는 下敬上이니 謂之貴尊이라.
차 하경상 위지귀존

盤頭達多晩求大法일때 復禮鳩摩羅什일새
반두달다만구대법 부례구마라집

此는 上敬下이니 謂之尊賢이니라.
차 상경하 위지존현

故로 周易曰 謙은 德之柄也라하고 書[3]에 云하되 汝惟不矜[4]이면
고 주역왈 겸 덕지병야 서 운 여유불긍

天下莫與汝爭能하고 汝惟不伐이면 天下莫與汝爭功이라.[5]
천하막여여쟁능 여유불벌 천하막여여쟁공

---

1. 정례頂禮는 이마를 땅에 대고 하는 절이니 극진한 예를 말한다.
2. 반두달다盤頭達多는 계빈국의 고승인데 생몰연대 및 전기가 불확실하다.
3. 서書는 『서경書經』의 준말이니 오경五經 또는 십삼경十三經의 하나이다. 우虞·하夏·상商·주周 사대四代의 정도政道를 기록한 것을 공자孔子가 정리한 책이다. 원래 『상서尙書』라고 하였는데 후세後世에 『서경書經』이라 하였다. 모두 백편百篇이었는데 모든 책을 불태워 버린 진나라 분서焚書 때 대부분 없어졌다. 한나라 때 진秦의 박사博士 복승伏勝이 이 글을 외우고 있었으므로 학자들에게 전승되었다. 무제武帝 때 공자의 옛집 벽속에서 『상서尙書』 몇 편을 얻었는데 이 책은 과두문자科斗文字로 쓰여 있기 때문에 고문古文이라 하고, 복승伏勝이 전한 것은 금대今代의 문자文字로 쓰였기 때문에 금문今文이라 한다.
4. 긍矜은 여기서 스스로 현명하다고 생각하여 잘난 체 뽐내는 것을 말한다.
5. 순임금이 우임금을 훈계한 말이다. 노자가 말하기를 "스스로 자랑하지 않는 까닭에 참다운 공이 있고 스스로 뽐내지 않는 까닭에 참다운 장점이 된다. 스스로 자랑하는 사람에게는 참다운 공이 없고 스스로 뽐내는 사람에게는 그것이 장점이 되지 않는다."고 하였다.〔舜誡禹之辭. 老子曰 不自伐故有功 不自矜故爲長 自伐者無功 自矜者不長〕

구마라집鳩摩羅什[1]이 소승小乘의 가르침을 처음 배울 때 반두달다盤頭達多에게 지극한 예를 올렸다. 이는 아랫사람이 윗사람을 공경하니 '존중받을 만한 분을 귀하게 여긴다〔貴尊〕'는 것이다. 반두달다가 대승大乘의 법을 뒤늦게 구할 때 구마라집에게 예를 올렸다. 이는 윗사람이 아랫사람을 공경하니 '현명한 사람을 존중한다〔尊賢〕'는 것이다.[2]

그러므로 『주역』[3]에서 "겸양은 덕의 근본이다." 하였고, 『서경書經』에서는 "그대가 잘난 체 뽐내지 않는다면 천하에서 재주를 그대와 다툴 일이 없고, 그대가 자랑하지 않는다면 천하에서 그대와 공功을 다툴 일이 없다."고 하였다.

---

1. 구마라집(343-413)은 7살 때 어머니를 따라 출가하여 많은 책을 읽었으며 대승에 가장 밝았다. 후한後漢 요흥姚興이 국사의 예로 대우하고 서명각西明閣과 소요원逍遙園에서 경전을 번역케 하니 무릇 380여 권이나 번역하였다. 어느 날 병이 들어 대중에게 말하기를 내가 번역한 것에 오류가 없다면 화장한 뒤에 혀가 타지 않고 남아 있을 것이라고 하였는데, 과연 혀만 타지 않고 남아 있었다고 한다. 그의 제자 3,000여 명 가운데 도융道融·승예僧叡·승조僧肇·도생道生·담영曇影·도항道恒·혜관慧觀·담제曇濟를 구마라집 문하의 8걸이라고 했는데 특히 앞의 네 명을 관중사걸關中四傑 뒤의 네 명을 관중사영關中四英이라 부른다.
2. 반두달다가 만년에 대승의 법을 구하려고 구마라집에게 예를 올리며 말하기를 "스님은 나에게 대승의 스승이요, 나는 스님에게 소승의 스승입니다."라고 하였다.
3. 『주역周易』은 오경 또는 십삼경의 하나이다. 주대周代 문왕文王과 주공, 공자에 의하여 점차 완성된 책이다. 중국 상고시대 복희씨伏羲氏의 팔괘八卦를 문왕이 총괄적으로 설명하여 괘사卦辭라 하였고, 주공이 이것의 육효六爻를 설명하여 효사爻辭라고 했는데, 공자가 여기에 십익十翼을 붙여 그 심오한 원리를 설명하였다. 위魏나라 왕필王弼의 주注와 당나라 이정조李鼎祚의 집해集解 등이 있다.

晏子[1]曰
안자 왈

夫爵[2]益高者 意益下하고
부작 익고자 의익하

官益大者 心益小하며
관익대자 심익소

祿益厚者 施益博이니라.
녹익후자 시익박

子夏[3]曰하되
자하 왈

敬而無失하고 恭而有禮하면 四海[4]之內 皆兄弟也[5]이니라.
경이무실 공이유예 사해 지내 개형제야

---

1. 안자晏子는 춘추시대 제齊나라의 유명한 신하이다. 이름은 영嬰이고 자字는 평중平仲이다. 제齊의 영공靈公, 장공壯公, 경공景公을 섬기고 재상이 되었으며 겸손하고 근검절약하는 삶으로 유명하다. 그가 한 벌의 여우 털 갖옷을 30년이나 입었다 하여 '안영지호구晏嬰之狐裘'라는 고사가 전해지고 있다. 그의 언행을 기술한 작자미상인 『안자춘추晏子春秋』가 있다.
2. 작爵은 명예로 갖게 되는 벼슬이고 관官은 실질적 권력이 있는 관직이다.
3. 자하子夏는 춘추시대 위衛나라 사람이다. 성은 복卜이고 이름은 상商인데 자하子夏는 그의 자字이다. 공자의 문인이니 자유子游와 함께 문학에 뛰어나 위문후魏文侯의 스승이 되었다. 『시서詩序』와 『역전易傳』은 그가 지은 것이라고 한다.
4. 사해四海는 천하를 말한다.
5. 『논어』에서 사마우가 "사람들은 모두 형제가 있지만 저 혼자만 아무도 없습니다."라고 하자 자하가 이에 대답한 것이다.〔論語司馬牛曰 人皆有兄弟 我獨亡. 子夏答之〕

안자晏子는 "작위가 높아질수록 마음을 더 낮추어 써야 하고, 권력이 커질수록 마음을 더 자상하게 써야 하며, 연봉이 많아질수록 더욱 많이 베풀어야 한다."라고 말한다.

자하子夏는 "공경하여 이웃을 잃지 않고 공손하여 예의가 있으면 온 천하 사람들이 모두 형제가 된다."라고 하였다.

不擇師이면 **無以法**이니라
불택사　무이법

鳥之將息일때 必擇其林하듯 人之求學일때 當選於師하라.
조지장식　필택기림　인지구학　당선어사

師乃人之模範이나 模不模範不範이 古今多矣라.
사내인지모범　모불모범불범　고금다의

爲模範者 世有二焉이니
위모범자 세유이언

上則 智慧博達 行業堅貞이 猶密室燈 光徹窓隙이로다.
상즉 지혜박달 행업견정　유밀실등 광철창극

次乃解雖洞曉라도 行亦藏瑕 如犯罪人 持燈照道로다.
차내해수통효　행역장하 여범죄인 지등조도

斯二高座[1] 皆蘊師法이라.
사이고좌 개온사법

其如寡德適時 名而不高를[2] 望風依附하면 畢世荒唐하리라.
기여과덕적시 명이불고　망풍의부　필세황당

---

1. 천축국의 왕자 시려밀다가 왕위를 사양하고 출가하여 건강建康에 이르니 왕도王導와 유양庾亮, 주의周顗 등 이름 있는 사람들이 대거 몰려와 친분을 맺으며 그를 고좌高座라 불렀다. '고좌'라는 호칭이 여기에서 비롯되었다.
2. 『양고승전』에서 말하였다. "참다운 행실이 드러나지 않은 것은 고귀하나 이름이 세상에 드러나지 않은 것이고, 덕이 없어도 때를 만난 것은 세상에 이름이 드러나도 고귀하지 않은 것이다."〔梁高僧傳云 實行潛光則 高而不名 寡德適時則 名而不高〕

셋, 스승을 잘 선택하지 않으면 본받을 법이 없다

새가 편히 쉬려 할 때 숲을 선택하듯이 사람들이 훌륭한 가르침을 배울 때 좋은 스승을 선택해야 한다. 스승이란 모든 사람의 모범이 되어야 하지만 모범을 보이지 못한 사람들이 동서고금에 허다하기 때문이다.

모범이 될 수 있는 스승도 세상에는 두 부류가 있다.

가장 뛰어난 스승이라면 지혜롭고 많은 것에 통달하며 행실이 곧은 것이 마치 밀실의 불빛이 창틈으로 새어나오는 것 같다.

그 다음가는 스승이라면 견해가 환하게 밝더라도 행실에는 문제가 있는 사람이니 마치 죄를 범한 사람이 등불로 길을 비춰 주는 것과 같다.

이 두 어른은 모두 스승의 법도를 쌓은 사람이다. 만일 덕이 부족한데도 때를 만나 이름은 난 고귀하지 않은 사람을, 들려오는 명성만 바라보고 의지한다면 이 생生을 마칠 때까지 참되지 않고 허황된 삶을 살게 될 것이다.

東晉安師 十二出家하니 貌黑形陋일새 師輕視之하고 駈役田舍라.
동진안사 십이출가 모흑형루 사경시지 구역전사

執勞三年에 方求師教일새 授辨意經[1]하니
집로삼년 방구사교 수변의경

執卷入田하여 因息就覽하고는 暮歸還師라.
집권입전 인식취람 모귀환사

經已闇誦하니 師方驚歎하고 乃爲剃髮일새
경이암송 사방경탄 내위체발

至受具戒[2]하고 恣其遊學이라.
지수구계 자기유학

---

1. 『변의경辨意經』은 『변의장자소문경辨意長子所問經』의 약칭이다. 내용은 장자의 아들이 한 질문에 부처님께서 생천生天 내지 불회佛會에 오사五事가 있음을 설명하는 것이다.
2. 부처님이 나열성에 계실 때 어린 아이들이 있었는데 큰 아이는 17세였고 작은 아이는 12세였다. 출가하고자 하므로 비구 스님이 구족계를 받게 하였더니 하루 한 끼의 식사를 견디지 못하고는 밤이면 울었다. 부처님께서 20세가 되어야 구족계를 받도록 계율을 제정하니, '나이를 기준으로 구족계를 받는다.'고 하는 것이 바로 이것이다.〔佛在羅閱城 有群童子 大者年十七 小者十二 欲出家 比丘卽度受大戒 不堪一食 夜啼. 佛制年滿二十 方受大戒 依年受具 是也〕

동진東晋 때 도안[1] 스님은 열두 살에 출가하니 얼굴이 검고 볼품이 없기에 스승이 가볍게 보고 농사일만 시켰다.

그렇게 일을 한 지 3년이 지난 뒤에 스승의 가르침을 구하므로『변의장자소문경辨意長子所問經』을 주었다.

들녘 밭에 들어가 일을 하는 여가에 도안은 틈틈이 책을 다 읽고서는 저녁에 스승님께 책을 돌려주었다.

그리고 경전을 빠짐없이 다 암송하였다. 스승이 그때서야 놀라고 찬탄하며 머리를 깎아 주니, 구족계를 받고 마음대로 돌아다니면서 가르침을 구하였다.

---

1. 안사安師는 도안법사道安法師(314-385)이니 일찍이 부모를 여의고 열두 살 때 출가하였다. 얼굴이 검고 너무 못생겼기에 사람들이 그를 흑도인黑道人 또는 칠도인漆道人이라 불렀다. 스승에게 귀염도 받지 못한 채 논밭에서 일하기 3년, 밭일을 하던 여가에『변의경辯意經』과『성구광명경』을 외워 스승을 놀라게 하였다. 불도징佛圖澄을 스승으로 섬기고 법제法濟, 지담支曇 등에게 배웠다. 진왕秦王 부견苻堅이 그의 명망을 듣고 장안으로 초청하여 오중사五重寺에서 경전을 번역 강론케 했다. 경전을 해석하는 데 서분序分, 정종분正宗分, 유통분流通分으로 분류하고 승려생활의 규범과 석釋씨를 승려의 성姓으로 해야 옳다는 것을 주장하였다.

投佛圖澄하니 見以奇之하여 異哉라 小童이여 眞世良驥인데도 不遇
투불도징 견이기지 이재 소동 진세양기 불우

青眼이어 困駕鹽車로다. 自非伯樂[1]이면 奚彰千里之駿이리오.[2]
청안 곤가염거 자비백낙 해창천리지준

故로 出家者 愼宜詳擇하여 察有匠成之能[3]해야 方具資禀之禮니라.
고 출가자 신의상택 찰유장성지능 방구자품지예

---

1. 백낙伯樂은 진秦 목공穆公 때 사람인데 말이 천리마인지 아닌지를 금방 알아보았다.
2. 『조정록』에 말하였다. "이백낙의 자는 손양이니 말을 잘 볼 줄 알았다. 여행을 다니다 우산의 언덕에 이르니 한 필의 준마가 다가오고 있었다. 그 주인은 알아보지 못하고 소금수레를 끌게 하였다. 멀리서 말이 백낙을 보고는 울자, 백낙이 타고 있던 말과 바꾸니 하루에 천리를 달렸다. 어떤 사람이 시로 말하였다. 꽃은 매화요 새는 꾀꼬리, 일찍 피고 앞서 울어 사람 마음 기쁘게 하네. 가련하다! 기다란 대나무 등에 지고 소금수레 끄는 말, 알아주는 이를 만나지 못해 헛된 삶을 사는구나."〔祖庭錄云 李伯樂 字孫陽 善相馬 行至虞山之坂 有一駿馬至 而其人不識 用駕塩車 遙見伯樂乃鳴 以坐下馬易之 日行千里. 有人 詩云 花有梅花鳥有鶯 早開先囀悅人情 可憐孤竹塩車馬 不遇知音負一生〕
3. 장성匠成은 장인이 물건을 마음대로 다루어 집을 짓고 연장을 만들 듯이, 스승이 공부를 잘 지도하여 깨달음을 성취하게 해주는 것을 말한다.

그러다 불도징佛圖澄[1]에게 귀의하니, 그를 보고는 기이하게 여겨 "남다르구나, 어린 동자여! 참으로 세상의 천리마인데도 눈 밝은 사람을 만나지 못해 힘들게 짐마차만 끌었구나. 백낙伯樂이 아니라면 어찌 천리마를 세상에 드러낼 수 있었겠느냐."라고 하였다.

그러므로 출가하는 사람은 신중하게 스승을 선택해야 한다. 자신을 잘 다듬어 줄 능력이 있는 스승인가를 살피고서 제자가 될 예를 갖추어야 한다.

---

1. 불도징佛圖澄(232-348)은 축불도징竺佛圖澄이라고도 하는데 천축 사람이다. 어려서 출가하여 경문 수백만 구절을 외우고 글의 뜻도 잘 통하였다. 영가永嘉 4년(310)에 중국 낙양에 와서 부처님 법을 펼치면서 여러 가지 신통으로 사람들을 교화하였다. 불도징의 신통은 헤아릴 수 없었다. 그 중 하나가 배 옆구리에 작은 구멍이 있어서 항상 솜으로 그곳을 막고 있었다. 밤에 솜을 빼내면 그 구멍에서 나오는 빛줄기가 온 방안을 비추었고, 낮에는 흐르는 샘물이 있는 곳에 가 구멍에서 창자와 위를 꺼내 모두 씻은 뒤에 다시 배 안으로 넣곤 하였다. 그때 후조後趙의 석륵石勒이 귀의하여 큰스님으로 섬겼으며, 석륵이 죽은 뒤에 석호石虎가 임금이 되어서 역시 그를 스승으로 섬겼다. 건무建武 14년(348) 12월 8일 업궁사鄴宮寺에서 117세로 입적하였다. 그 문하에서 승랑僧郎, 도안道安이 배출되었다.

故로 南山[1]云하되 眞誠出家者 怖四怨之多苦하고
고 남산 운 진성출가자 포사원지다고

厭三界之無常하여 辭六親之至愛하고 捨五慾[2]之深着하니라.
염삼계지무상 사육친지지애 사오욕 지심착

能如是者 名眞出家라하니
능여시자 명진출가

則可紹隆三寶하여 度脫四生일새 利益甚深이어 功德無量이라.
즉가소륭삼보 도탈사생 이익심심 공덕무량

比 眞敎凌遲[3]이어 慧風掩扇이니 俗懷侮慢이라.
비 진교능지 혜풍엄선 속회모만

道出非法은 並由師無率誘之心이고 資缺奉行之志일새니라.
도출비법 병유사무솔유지심 자결봉행지지

二彼相捨하여 妄流鄙境이니 欲令道光이나 焉可得乎이리오.
이피상사 망류비경 욕령도광 언가득호

---

1. 남산南山은 당나라 스님인 남산 율종의 시조 도선道宣(596-667)을 말한다. 16세에 출가하여 지수智首 스님에게 구족계를 받았다. 뒤에 종남산 백천사白泉寺에 들어가 선을 닦고 현장 스님이 서역에서 돌아와 역경사업을 할 때에 그 일을 도왔다. 특히 사분율종四分律宗을 이루어 남산 율종을 세웠다. 저서에 『사분율행사초四分律行事鈔』『석둔장복의釋門章服儀』『대당내전록大唐內典錄』『광홍명집廣弘明集』『속고승전續高僧傳』 등이 있다.
2. 오욕五慾은 모든 욕망을 일으키는 색色·성聲·향香·미味·촉觸 이 다섯 가지를 말한다
3. 능지凌遲는 시들고 무너져 소멸해 가는 것을 말한다. 능지는 능이陵夷와 같으니, 언덕이 점점 평평하여진다는 뜻으로서 사물이 차차 쇠퇴해지는 것을 말한다.

이 때문에 남산 도선율사는 "참된 마음으로 출가한 사람은 사대四大가 원수처럼 흩어져서 생기는 많은 고통을 두려워하고, 덧없이 죽음을 부르는 삼계의 인연을 싫어하여 육친六親의 지극한 사랑을 여의고 오욕五慾의 깊은 애착을 버린다."고 하였다.

이와 같이 할 수 있음을 '참된 출가'라고 하니 곧 삼보의 가르침을 받들어 모든 중생을 제도할 수 있으므로 그 이익이 매우 커 공덕이 헤아릴 수 없이 많다.

요즈음 참된 가르침이 소멸되어 지혜가 없으니 속인들이 출가자를 업신여기고 모멸한다.

'도道'를 닦고 있는데 그릇된 법이 나오는 것은 모두 스승이 제자를 잘 이끌어 주는 마음이 없고 제자가 스승을 잘 받들어 모시려는 의지가 모자라기 때문이다.

둘 다 서로를 내버려두고 잘못 살고들 있는 것이니, 도道를 빛나게 하고 싶어도 그렇게 할 수가 있겠는가.

不習誦이면 **無以記**니라
불습송　　무이기

記諸善言하고　諷而誦之[1]하라.　迦葉阿難[2]　具足住持　八萬法
기제선언　　풍이송지　　가섭아난　구족주지　팔만법

藏하고　西域東夏高德은　出家하여　幼年始習　皆學誦持하며　竺佛圖
장　　서역동하고덕　출가　　유년시습　개학송지　　축불도

澄은　能誦佛經數百萬言이라.　佛陀跋陀[3]는　此云覺賢이니　同學
징　　능송불경수백만언　　불타발타　　차운각현　　동학

數人　習誦爲業인데　餘人一月工誦을　覺賢一日能記라.　其師歎曰
수인　습송위업　　여인일월공송　각현일일능기　　기사탄왈

하되　一日之學이　敵三十夫니라.　然이나　人之至愚라도　豈不日記一言
　일일지학　적삼십부　　연　　인지지우　　기불일기일언

이오.　以日繫月하고　以月繫年하면　積工必廣　累課亦深하리라.　其道
　이일계월　　이월계년　　적공필광　누과역심　　기도

自微而生이니　何患無所立矣리오.
자미이생　　하환무소립의

---

1. 풍이송지諷而誦之에서 문장을 소리 내어 외우는 것을 풍諷이라 하고 소리를 운율 있게 읽어 내려가는 것을 송誦이라 한다.
2. 아난阿難은 부처님의 십대제자 가운데 다문제일多聞第一이다. 부처님이 열반하신 뒤 가섭을 중심으로 경전 제1차 결집 때 부처님의 가르침을 구술하는 중요한 역할을 하였다.
3. 불타발타佛陀跋陀(359-429)는 번역하여 각현覺賢이라고 한다. 인도 가비라국迦毘羅國 사람인데 인도에 법을 구하러 갔던 중국 승려 지엄智儼의 청으로 중국 장안에 왔다. 구마라집이 자문을 구하면 그와 법상法相을 의논하고 혜원慧遠을 위하여 처음으로 선경禪經을 강설하다가 그 뒤 역경에 종사하였다. 동진東晉 의희義熙 14년(418)에 화엄경 60권을 위시하여 15부 117권을 번역하였다. 송宋 원가元嘉 6년(429)에 일흔한 살로 입적하였다.

넷, 소리 내어 외지 않으면 기억할 수 없다

좋은 말들을 모두 기록하고 소리 내어 외워야만 한다. 가섭[1]과 아난은 팔만대장경의 가르침을 다 갖추었고, 서역과 중국의 고승대덕들도 출가하여 어릴 때부터 배운 가르침을 모두 외워 지녔으며, 축불도징竺佛圖澄은 불경에 있는 수백만 글귀를 모두 외울 수 있었다.

불타발타 각현覺賢 스님은 함께 공부하던 여러 사람과 매일 읽고 외우는 것을 업으로 삼고 살았는데, 다른 사람이 한 달 만에 공들여 외운 것을 각현 스님은 하루 만에 기억할 수 있었다. 그 분의 스승이 "하루 동안 배운 것이 다른 사람이 한 달 동안 배운 것과 같다."라고 찬탄하였다.

사람이 아무리 어리석다 해도 어찌 하루에 한 마디를 기억하지 못하겠는가. 하루하루가 쌓여 한 달이 되고, 한 달 한 달이 쌓여 일 년이 되면 쌓여진 공부는 반드시 폭이 넓고 또한 깊어지게 된다. 도道란 작은 곳부터 시작되는 것이니, 어찌 이룰 바가 없음을 걱정하겠는가.

---

1. 가섭迦葉은 부처님의 십대제자 가운데 고행을 잘한 두타제일頭陀第一이다. 부처님의 심인心印을 받아 수제자가 되었고 부처님이 열반한 뒤 오백 아라한을 데리고 경전의 제1차 결집 때 지도자가 되었다.

不工書이면 **無以傳**이라
불공서　　무이전

書者 如也이니 叙事如人之意라.
서자 여야　　서사여인지의

防現生之忘失은 須繕寫而編錄일새라.
방현생지망실　수선사이편록

欲後代以流傳하여 宜躬書以成集則 使教風不墜하여 道久彌芳하
욕후대이유전　　의궁서이성집즉 사교풍불추　　도구미방

리라. 故로 釋氏經律은 結集[1] 貝多하고 孔子詩書는 刪定竹簡이로다.
고　석씨경율　결집 패다　　공자시서　산정죽간

---

1. 결집結集은 부처님이 입멸하신 뒤 가르침이 흩어지지 않게, 제자들이 저마다 듣고 외웠던 것을 모든 사람들 앞에서 외워놓으면서, 부처님의 가르침과 맞는가를 검증하여 이들을 모아 대소승 경전을 만든 일이다. 이 결집은 여러 차례 있었다. **제일결집第一結集** 부처님이 입멸하신 해 왕사성 칠엽굴에서 가섭을 상좌上座로 오백 비구가 모여 경經과 율律의 내용을 결정하였으니 이를 '오백결집' 혹은 '상좌결집'이라고 한다. 이 결집에 참가하지 못한 비구들이 따로 굴 밖에서 바사가婆沙迦를 중심으로 결집한 것은 '굴외결집屈外結集'이라 한다. **제이결집第二結集** 부처님이 입멸하신 뒤 백 년경에 야사 비구의 제의로 비사리毘舍離에서 일어난 계율에 대해 십사비법十事非法을 조사하기 위하여 칠백 비구에 의하여 열렸는데 이것을 '칠백결집'이라 한다. **제삼결집第三結集** 부처님이 입멸하신 뒤 330년경 아육왕의 보호 아래 제수帝須를 사회로 일천 비구가 모여 파타리불성波吒利弗城에서 삼장三藏을 확정하였는데 이를 '일천결집'이라고 한다. **제사결집第四結集** 부처님이 입멸하신 뒤 600년경 가니색가왕迦膩色迦王이 가습미라迦濕彌羅에서 오백 비구를 소집하고 협존자脇尊者와 세우世友 두 스님을 상좌上座로 하여 삼장을 결집하고 이에 주석을 붙였다. 이때에 『대비바사론大毘婆沙論』 200권이 완성되었으니 이것을 '바사결집婆沙結集'이라 한다.

다섯, 글로 써놓지 않으면 전할 방법이 없다

'글'이란 '같다'는 뜻이니, 일어난 사건을 글로 쓰는 사람의 뜻대로 써나가는 것이다.

현재 생긴 일을 잊지 않으려면 이 일을 잘 기록하고 모아놓아야 할 것이기 때문이다.

후대에 전하기 위하여 몸소 글로 써 모아 놓는다면 뒷날 부처님의 가르침을 되살려 그 도道가 영원토록 꽃피우게 될 것이다.

그러므로 석가모니 부처님의 경전과 율장은 패다라[1] 잎에 결집되었고, 공자의 시詩와 서書는 대나무 조각[2]을 가다듬어 기록하게 된 것이다.

---

1. 패다라貝多羅는 글씨를 쓸 수 있는 나뭇잎을 말한다.
2. 죽간竹簡은 대나무 조각이다. 옛날에는 종이가 없었기에 일이 있으면 죽간에다 글을 썼다. 하나의 대나무 조각을 홑으로 놓아둔 것을 간簡이라 하고, 여러 개의 간簡을 연결 지어 엮은 것을 책策이라 한다. 시詩와 서書를 추리고 예禮와 악樂을 정리하여 간책簡策에 기록했음을 말한다.

若不工書이면 事難成就니라.
약불공서 사난성취

翻思하면 智者[1] 無礙之辯 但益時機이니 自非章安[2]秉筆之力
번사 지자 무대지변 단익시기 자비장안 병필지력

이면 豈流今日이리오. 故로 罽賓[3]高德槃頭達多는 從旦至中 手寫
기류금일 고 계빈 고덕반두달다 종단지중 수사

千偈하고 從中至暮 口誦千偈[4]하니라.
천게 종중지모 구송천게

但當遵佛하여 能寫名字이니 愼勿傚世 精草隸焉이어다.
단당준불 능사명자 신물효세 정초예언

---

1. 지자智者는 수나라 문제가 내린 지의智顗(538-597) 스님의 시호이다. 열여덟 살에 법서法緖에게 출가하고 혜광慧曠에게 율학과 대승교를 배우고 560년 혜사慧思를 찾아 지관止觀을 배웠다. 서른 살에 혜사慧思의 명으로 금릉金陵에서 설법하고 서른여덟 살에 천태산에 들어가 수선사修禪社를 창건하였다.『법화경』을 중심으로 불교를 통일하여 천태종을 완성하였고, 591년 노산에 있으면서 진왕陳王 양광楊廣에게 보살계를 주고 지자대사의 시호를 받았다. 개황開皇 17년(597) 11월 24일 예순 살로 입적하였다. 법을 전한 제자가 서른두 명인데 그 가운데 장안관정章安灌頂이 상수上首 제자이다. 저서에『법화소法華疏』『정명소淨名疏』『마가지관摩訶止觀』등 수십 종류가 전한다.
2. 장안章安은 천태종의 제4조 관정灌頂(561-632)의 시호이다. 성은 오씨吳氏이고 자字는 법운法雲이며 임해臨海 장안章安 사람이다. 어려서 부친을 여의고 일곱 살에 절에 들어가 스무 살 때 구족계具足戒를 받았다. 스물세 살 때 천태산 지자智者 스님을 뵙고 항상 그 곁에 있으면서 스님의 설법을 기록하여 천태교의 근본이 되는『법화현의法華玄義』·『법화문구法華文句』·『마가지관摩訶止觀』의 삼대부三大部를 만들었다. 지자智者가 죽은 뒤에는 그의 유언으로 국청사國淸寺에서 강설講說에 힘썼다. 당唐 정관貞觀 6년(632) 8월 7일 일흔두 살로 입적하였다. 저서에『관심론소觀心論疏』『국청백록國淸百錄』등이 전한다.
3. 계빈罽賓은 범어 'Kasmira'의 음역이니 한나라 때 서역에 있던 나라 이름이다.
4. 게偈는 부처님의 공덕과 교리를 노래 글귀로 찬탄한 것이다. 글자 수에 구애받지 않고 반드시 사구四句로써 문의文義를 갖춘 것을 말한다.

글로 잘 써놓지 않으면 이런 일은 성취하기 어렵다.

돌이켜 생각해 보면 지자智者 대사의 걸림 없는 설법은 오직 그 시절의 인연에 맞는 근기根機에만 유익했을 것이다.

만약 그 내용을 기록한 장안章安의 집필 능력이 아니었다면 어찌 오늘날까지 그 분의 가르침이 전해질 수 있었겠는가.

그런 까닭에 계빈국罽賓國의 고승대덕인 반두달다槃頭達多는 새벽부터 한낮까지 손수 일천 편의 게송을 쓰고, 한낮부터 저녁까지 입으로 일천 편의 게송을 외웠다.

오직 부처님의 가르침을 좇아 글을 쓸 것이니, 세상의 흐름을 좇아 자신의 명예나 이익을 위하여 초서나 예서[1]에 힘을 쏟아 붓는 일은 삼가야만 한다.

---

1. 오군의 장지는 자가 백영인데 초서를 잘 썼다. 기맥이 통하여 붓끝의 간격이 없으니 이를 일초서一草書라 하였다. 주나라 태사 주가 처음으로 대전大篆을 만들었고, 진나라 이사가 또 소전小篆을 만들었다. 진나라 하규사람 정막이 옥사의 관리가 되었다가 죄를 짓고 옥에 갇혀 10년 생각한 끝에 소전小篆을 바꿔 예서隷書 3천자를 만들었다. 진시황이 기뻐하여 그의 죄를 사하고 어사로 등용하였다. 죄인이 만든 것이라고 하여 예서隷書라 한다.〔吳郡張芝 字伯英 善草書 氣脈通連 隔行不斷 謂之一草書. 周太史籀 始制大篆 秦李斯又爲小篆. 秦下邽人程邈爲獄吏 得罪繫獄 覃思十年 易小篆爲隷書三千字 秦始皇喜而免其罪 用爲御使 謂徒隷所造也〕

不學詩면 **無以言**이니라
불학시 무이언

言善則 千里之外 應之하고
언선즉 천리지외 응지

言不善則 千里之外違之로다.
언불선즉 천리지외위지

詩陳褒貶[1] 語順聲律[2]이라.
시진포폄 어순성률

1. 포褒는 아름답고 좋은 일을 찬양하고 폄貶은 추하고 나쁜 일을 물리치는 것이다. 아름답고 좋은 일은 사람들의 좋은 마음을 드러낼 수 있고, 추하고 나쁜 일은 사람들의 해이한 뜻을 혼내 잘못을 뉘우치게 할 수 있다. 『시경』의 시 3백편은 아름답고 좋은 일을 칭찬하며 찬양하고 추하고 나쁜 일을 내쳐서 물리쳤다.[褒 揚美也 貶 抑挫也. 善者可以感發人之善心 惡者可以懲創人之逸志也. 詩三百 褒揚其善 貶抑其惡也]
2. 성聲은 궁宮·상商·각角·치徵·우羽 다섯 가지 음계音階를 말하고 율律은 십이율十二律 가운데 양성陽聲에 속하는 황종黃鐘·대족大族·고세姑洗·이칙夷則·무사無射·유빈蕤賓 여섯 가지 음률을 말한다. 성조와 운율에 어울리는 까닭에 시를 노래하며 거문고를 탈 수 있다. 성聲은 양陽에 속하며 율律은 음陰에 속한다. 양자가 말하기를 "성聲은 해에서 생겨났고 율律은 별에서 생겨났다."라고 하였다.〔聲 五音也 律 六律也. 叶於聲律故 歌詩以鼓琴瑟. 聲屬陽 律屬陰. 楊子曰 聲生於日 律生於辰也〕

여섯, 시경을 배우지 않으면 말을 할 수 없다

하는 말이 바르면 천리 밖에서도 사람들이 좋아하고 그 말이 바르지 않으면 천리 밖에서도 사람들이 싫어한다.[1]

『시경詩經』[2]에서는 좋은 일을 칭찬하고 좋지 않은 일을 꾸짖는 말들이 성조聲調와 운율韻律을 따르고 있다.

1. 『역경』의 '계사편'에 말하였다. "군자가 집안에 있더라도 하는 말이 옳으면 천리 밖에서도 호응할 것이니 하물며 가까이 있는 사람들이야 말할 필요가 있겠는가. 군자가 집안에 있더라도 하는 말이 옳지 않으면 천리 밖에서도 듣지 않을 것이니 하물며 가까이 있는 사람들이야 더 말할 필요가 있겠는가."〔易繫辭 君子居其室 出其言善則 千里之外應之 況其邇者乎 君子居其室 出其言不善 則千里之外違之 況其邇者乎〕
2. 시詩는 『시경詩經』을 말한다. 오경五經 또는 십삼경十三經의 하나이다. 은대殷代부터 춘추시대까지 시詩 3,000여 편 가운데 공자孔子가 311편(지금은 305편)을 정선한 것으로 국풍國風·아雅·송頌으로 나뉘었다. 풍風에는 주남周南·소남召南·패邶·용鄘·위衛·왕王·정鄭·제齊·위魏·당唐·진秦·진陳·회檜·조曹·빈豳의 160편, 아雅에는 소아小雅 80편, 대아大雅 31편, 송頌에는 주송周頌·노송魯頌·상송商頌 40편으로 되었다. 풍風은 제후국諸侯國이 민간에 유행하는 노래를 수집한 것으로 대개 단시短詩이고, 아雅는 긍정적 성격이 농후하여 장시長詩가 많으며, 송頌은 종묘의 제사에 사용하는 악장이다. 중국의 가장 오래된 시詩로 중국뿐 아니라 우리나라 고대 문학에도 끼친 영향이 크다.

國風은 敦厚하고 雅頌[1] 은 溫柔하여
국풍 돈후 아송 온유

才華氣淸하고 詞富彬蔚[2] 이라
재화기청 사부빈울

久習則 語論[3] 自秀하고 纔誦이면 乃含吐不俗이라.
구습즉 어론 자수 재송 내함토불속

彼稱 四海 習鑿齒라하니 此對 彌天 釋道安이라하였고
피칭 사해 습착치 차대 미천 석도안

---

1. 아雅에는 대아와 소아 두 가지가 있고 송頌에는 주송과 상송, 노송의 세 가지가 있다. 아雅는 조정에서 쓰는 시詩이고 송頌은 종묘에서 쓰는 시詩인데 그 성질이 모두 온화하고 유순하다.〔雅 大小二雅 頌 周商魯三頌 雅是朝廷之詩 頌是宗廟之詩 皆溫和而柔順也〕
2. 빈울彬蔚에서 빈彬은 문채가 밝은 것이요 울蔚은 문장이 화려하고 깊이가 있는 모습이다.『주역』에서 말하기를 "그 문장은 화려하고 깊이 있다."라고 하였다. 〔彬 文采炳朗也 蔚 文華深密貌. 易曰 其文蔚也〕
3. 어론語論에서 말로 다른 사람에게 알리는 것을 어語라 하고, 다른 사람과 상대하여 분별하기 어려운 것에 대해 왈가왈부하는 것을 논論이라 한다.〔以言告人曰語 對人難辨曰論〕

열다섯 나라 서민들이 만들고 백성들 사이에 떠돌아다니던 시詩를 모아놓은 '국풍國風'[1]은 중후하고 조정에서 만든 시詩인 '아雅'와 종묘에서 쓰던 시詩인 '송頌'은 온화하고 부드러워, 재치가 빛나면서도 기운이 맑고 어휘가 풍부하면서도 문장이 아름답다.

이 『시경』을 오래 익히다 보면 하는 말들이 저절로 빼어나고, 외운다면 그야말로 생각하고 토해내는 말들이 속되지 않다.

세상에서 유명한 선비가 "천하를 주름잡고 있는 습착치習鑿齒[2]입니다."라고 하니, 산중의 스님은 "하늘에 가득 차 있는 석도안釋道安입니다."라고 대꾸하였다.

---

1. 열다섯 나라의 풍속과 가요는 크게 도탑고도 중후하다. 서민들이 만든 풍風은 『시경』의 서문에서 이르기를 "윗사람은 풍風으로 아랫사람을 교화하고 아랫사람은 풍風으로 윗사람을 풍자한다."고 하였다. 자刺는 신랄하게 나무라며 충고하는 것을 말한다. 또 사물이 풍風으로 움직여 소리가 있게 되고, 그 소리가 또한 사물을 움직일 수 있는 것과 같다.〔十五國風俗歌謠 敦大而重厚也. 風是民庶之作也. 詩序云 上以風化下 下以風刺上. 刺 譏切也. 又如物因風之動以有聲 而其聲又足以動物也〕 국풍國風은 옛날 중국 여러 나라에서 유행한 세속의 노래나 남녀간의 정가情歌를 모아놓은 것을 말한다. 국풍은 정풍正風 25편, 변풍變風 135편으로 모두 160편이 있다.
2. 습착치習鑿齒는 진晉나라 양양襄陽사람인데 자字는 언위彦威이다. 견문이 넓고 문필로 알려진 사람이다. 형양태수滎陽太守를 지냈으며 『진한춘추晉漢春秋』를 지어 촉蜀이 정통임을 주장하였다.

陳留阮瞻[1]이 時忽嘲曰하되
진류완첨 시홀조왈

大晋이 龍興[2]하여 天下爲家인데 沙門은 何不全髮膚하여 去袈
대진 용흥 천하위가 사문 하부전발부 거가

裟[3] 釋梵服[4] 被綾紗릿고하니
사 석범복 피능사

孝龍對曰하되
효룡대왈

抱一[5] 逍遙하며 唯寂以致誠이라
포일 소요 유적이치성

剪髮毁容 改服變形을 彼謂我辱이라하나
전발훼용 개복변형 피위아욕

我棄彼榮이라 故로 無心於貴 而愈貴하고 無心於足 而愈足하니라.
아기피영 고 무심어귀 이유귀 무심어족 이유족

---

1. 완첨阮瞻은 진晉나라 때 사람인데 청빈하게 살면서 욕심이 적었다고 한다. 벼슬은 서진西晉 영가永嘉(307-312) 때 태자사인太子舍人을 지냈다.
2. 용흥龍興은 대흥大興과 같으니 대해大海를 용해龍海라고 하는 것과 같다.
3. 가사袈裟는 범어 'Kasaya'의 음역인데 번역하여 부정색不正色·염색染色·괴색壞色이라고 한다. 수행자가 입는 복장은 근검절약하는 복장이다 보니 쓰다가 헐어 색이 퇴색한 천을 쓰기 때문이다. 옷을 만드는 규칙에는 오조五條(일장일단一長一短)로 만든 것을 안타회安陀會, 칠조七條(이장일단二長一短)로 만든 것을 울다라승鬱多羅僧, 구·십일·십삼조十三條(모두 일장일단), 십오·십칠·십구조十九條(모두 삼장일간三長一短)·이십일·이십삼·이십오조二十五條(모두 사장일단四長一短)로 만든 것을 승가리僧伽梨라 한다.
4. 범복梵服은 수행자 복장인 가사袈裟의 다른 이름이다. 깨끗한 마음을 지니고 청정한 행으로 살아가는 스님들이 입는 복장이기 때문에 '범복'이라고 한다.
5. '일一'은 한 생각 한 마음이니 '포일抱一'은 모든 번뇌를 떨치고 부처님을 마음에 품고 산다는 것이다.

하남성 진류현陳留縣에 살고 있던 완첨阮瞻이 효룡 스님을 보자 갑자기 조롱하며 말하였다.

"대진大晋이 크게 융성하여 천하가 다 한집인데, 사문[1]은 어찌 승복을 벗고 머리를 길러 비단옷을 입지 않습니까?"

효룡[2] 스님이 대답하였다.

"한 생각을 지니고 한가롭게 거닐면서 오직 고요한 마음으로 지극정성을 다할 뿐입니다. 사람들이 머리 깎고 승복 입은 제 모습을 바보 같은 짓이라고 하지만 저는 그들의 부귀영화를 바보 같은 짓이라고 하여 버렸습니다. 그러기에 세상의 부귀영화에 무심하게 되니 더 귀하게 되고, 세상의 풍족한 삶에 무심하게 되니 더 풍족한 삶을 누리게 된 것입니다."

---

1. 사문沙門은 범어 'Sramana'의 음역이다. 뜻은 마음을 쉬는 것, 고요하고 깨끗한 마음 등이 있다. 원래는 외도 불도를 따지지 않고 출가한 사람을 총칭하는 말이었다. 그러나 뒤에 와서는 불문佛門에 들어가 오로지 불도佛道를 닦는 스님을 말한다.
2. 『고승전』에서 말하였다. "사문 지효룡은 회양 사람이다. 젊어서 기품이 있어 사람들이 소중하게 여기고 더욱이 탁월한 논변으로 임시응변이 있었다. 진류현에 사는 완첨 등과 더불어 지음知音의 교제를 맺으니 당시 사람들이 그 사람들을 팔달八達이라 불렀다.〔高僧傳云 沙門支孝龍 淮陽人. 少以風姿見重 加以高論適時 陳留阮瞻等 並結知音之交 時人 號爲八達〕 효룡孝龍 스님은 당시의 명사 동창董昶·왕징王澄·완첨阮瞻·유애庾敳·사곤謝鯤·호모胡毋·보지輔之·광일光逸 등과 함께 진晉 팔달八達의 한 사람이 되었다.

此乃 氣蘊蘭[1]芳 言吐風采이니
차내 기온난방 언토풍채

雖不近乎聾俗[2]이더라도 而可接於淸才로다.
수불근호농속 이가접어청재

佛法 旣委王臣이니 弘道는 須習文翰[3]이어라.
불법 기위왕신 홍도 수습문한

支遁은 投書北闕[4]하고 道安은 方逸東山[5]하니
지둔 투서북궐 도안 방일동산

自非高才이면 豈感君主리오. 宜省狂簡之言이니 徒虛語耳어다.
자비고재 기감군주 의성광간지언 도허어이

---

1. 난蘭은 깊은 계곡에서 자라나 맑은 향기가 멀리까지 퍼진다. 황산곡이 말하기를 "한 줄기에 한 송이 꽃이 피더라도 향기가 넉넉한 것을 난蘭이라 하고, 한 줄기에 여러 송이 꽃이 피더라도 향기가 없는 것을 혜蕙라 한다."고 하였다. 혜蕙 역시 난蘭에 속한다.[蘭生幽谷 淸香遠聞. 黃山谷曰 一榦一花而香有餘者 蘭 一榦數花而香不足者 蕙也. 蕙亦蘭屬也]
2. 농속聾俗에서 농聾은 암闇의 뜻이다. 어리석은 속인들은 귀가 있어도 참뜻을 듣지 못하는 것에 비유한 말이다.
3. 한翰은 문헌에 있는 글귀를 말한다.
4. 진나라 애제 때 축잠이 대궐을 떠나 염으로 돌아가자 지둔에게 조서를 내려 대궐에서 계속 강설하게 하였다. 지둔이 이에 상소를 올려 항명하고 산으로 돌아갔다. 북궐은 현무문이다. 미앙전의 앞쪽이 비록 남향을 하고 있지만 글을 올리거나 일을 아뢰려고 알현하는 무리들이 모두 북궐에 이르므로 북궐이 정문이 되었다.〔晋哀帝時 竺潛辭闕而歸剡 詔支遁繼講於禁中 遁乃抗表還山. 北闕卽玄武門也. 未央殿前 雖南向而上書奏事 謁見之徒 皆詣北闕 然則北闕爲正門〕
5. 동진의 효무제가 도안의 높은 명성을 듣고는 조서를 내려 이르기를 "스님께서 지닌 도道와 덕으로 천하를 비추어 큰 법이 널리 퍼지게 하니 많은 중생들이 의지하고 있습니다. 그러므로 나라의 녹봉을 받으셔야 합니다." 하고는 재물을 보냈으나 도안이 받지 않고 동산에 은둔해 버렸다. 그 산은 노나라 경계에 있다. 일逸은 멀리 달아나 은둔하는 것이다.〔東晋孝武 聞安高名 有詔曰 法師以道德照臨天下 使大法流行 蒼生依賴 故宜日食王公祿. 以時資給 安因不受 遂隱東山 山在魯境 逸 逃遁也〕

이처럼 난초의 향기를 머금고 하는 말들에는 풍류와 윤기가 있으니, 이런 이들은 어리석고 속된 사람들을 가까이 않더라도 맑고 재주 있는 사람들을 사귈 수 있다.

부처님께서 영취산에서 불법의 외호를 왕과 그 신하들에게 맡기셨으니, 널리 도를 전파하려면 출가자들은 모름지기 좋은 글을 열심히 익혀 두어야 할 것이다.

지둔支遁[1]은 북궐北闕에 글을 올리고 도안道安은 동산에 은둔하였으니, 본디 갖고 있던 뛰어난 재주가 아니었다면 어찌 군주를 감동시킬 수 있었겠는가. 뜻은 그럴듯하지만 실천할 수 없는 것들은 한갓 헛된 말인 줄을 잘 살펴야 한다.[2]

---

1. 지둔支遁 (314-366) 동진東晋 때 승려이며 자字는 도림道林이다. 스물다섯 살에 출가하여 그 당시 명사들인 왕흡王洽·허순許詢·손작孫綽·하차도何次道·원언백袁彦伯 등과 교류하였다. 뒷날 원제袁帝가 즉위하자 동안사東安寺에 머물면서 『도행반야경道行般若經』을 강설하기도 했다. 저서로는 『즉심유현론卽心遊玄論』『성불변지론聖不辨知論』등이 있다.
2. 공자가 말하기를 "우리 젊은 사람들은 뜻은 그럴듯하지만 실천할 수 없는 것들을 어지럽게 글로 쓰고 뒷마무리할 줄을 모른다."고 하였다. 광간狂簡은 뜻이 크나 일을 생략하는 것을 말한다. 뜻이 크니 광狂이요 일을 생략하니 간簡이다. 비연斐然은 오락가락 어지럽게 써놓은 글의 모습이요, 성장成章은 이 글이 완성되어 볼 만한 것을 말한다. 모름지기 이런 글은 잘 살펴 받아들이지 말아야 한다. 이는 뜻은 그럴듯하지만 실천할 수 없는 말들이니 참된 말이 아니다. 불도를 넓히려고 하면 조용히 시편들을 살펴보아야 할 것이다.[子曰 吾黨之小子 狂簡 斐然成章 不知所以裁之. 狂簡 志大而略於事也. 志大 狂也 略於事 簡也. 斐然 文貌 成章 言其文理成就有可觀者. 須省察而勿聽乎文章 是狂簡之說 非其實言也. 欲弘斯道 可以傍閱詩編耳也]

非博覽이면 **無以據**하리라
비 박 람 무 이 거

高僧傳[1]云에 非博則 語無所據라하니
고 승 전 운 비 박 즉 어 무 소 거

當知今古之興亡이고 須識華梵[2]之名義[3]라.
당 지 금 고 지 흥 망 수 식 화 범 지 명 의

游三藏之敎海[4]하고 玩六經之詞林[5]해야
유 삼 장 지 교 해 완 육 경 지 사 림

言不妄談이고 語有典據니라.
언 불 망 담 어 유 전 거

---

1. 『고승전高僧傳』은 14권이다. 양나라 혜교慧皎의 찬술이므로 『양고승전』이라고도 한다. 후한 명제明帝 영평永平 10년(67)부터 양梁 천감天監 18년(519)에 이르는 453년 동안에 걸쳐 고승들의 전기, 게송 등을 수록하였다. 이 밖에 당나라 도선道宣이 찬술한 『속고승전』 30권, 송나라 찬녕贊寧이 찬술한 『송고승전』 30권, 명나라 여성如惺이 찬술한 『명고승전』 6권과 함께 '사조四朝 고승전'이라고 한다.
2. 화범華梵은 중국어와 범어를 말한다.
3. 법운 스님이 직접 서술한 『명의집名義集』에서 말하였다. "명의名義에서 드러나는 논리로 파헤쳐 설명하는 것을 명名이라 하고, 이 논리로 뜻이 드러나는 것을 의義라 한다."〔法雲法師之自述名義集云 名義者 能詮曰名 所詮曰義.〕
4. 교해敎海는 부처님의 가르침이 바다처럼 깊고 넓다는 것을 비유한 말이다.
5. 육경지사림六經之詞林에서 육경六經은 『시詩』 『서書』 『역易』 『춘추春秋』 『주예周禮』 『예기禮記』 여섯 가지를 말한다. 사림詞林은 풍부한 어휘가 수풀처럼 많다는 것이다.

일곱, 박식하지 않으면 근거할 말이 없다

『고승전』에서 "박식하지 않으면 근거할 말이 없다."[1] 하였으니, 동서고금의 흥망에 대해서 알고, 한문과 범어의 정확한 개념을 알아야만 한다.

경율론 삼장三藏[2]과 육경六經의 풍부한 어휘를 하나도 빠짐없이 알아야, 하는 말들이 허망하지 않고 이야기에 그 근거가 있게 될 것이다.

---

1. 『고승전』에 이르기를 "불도를 제창하여 대중을 이끌 때 귀한 것으로 네 가지 있다. 올바른 소리가 아니면 대중을 경책할 것이 없고, 뛰어난 재주가 아니면 때맞추어 일을 처리할 능력이 없으며, 유창한 언변이 아니면 채택할 만한 이야기가 없고, 박식하지 않으면 말에 근거가 없다."고 하였다.『사분율산번보궐행사초四分律刪繁補闕行事鈔』에서 말하기를 "널리 배우는 것은 빈곤을 구제하는 것이 된다." 하였으니, 식견의 빈곤을 구제하는 것을 일컫는다.[高僧傳云 唱導所貴有四 非聲則 無以警衆 非才則 無以適時 非辯則 無言可採 非博則 語無依據. 事鈔云 博學爲濟貧 謂濟識見之貧也]
2. 삼장三藏은 범어 'Tripitaka'의 역어이다. 부처님의 설법을 모아놓은'경장'과 부처님이 일상생활에서 지키도록 제정한 계율을 모은'율장'과 이들에 대한 풀이를 모은'논장' 세 가지를 합쳐 놓은 것을 말한다. 경율론 삼장에 밝은 고승을 '삼장법사'라고 한다.

故로 習鑿齒 讚安師曰하되
고 습착치 찬안사왈

理懷簡衷[1]하고 多所博涉하여 內外群書[2] 略皆遍覩하고
이회간충 다소박섭 내외군서 약개변도

陰陽[3]算數 悉亦能通하며 佛經妙義 故所游刃[4]하니라.
음양 산수 실역능통 불경묘의 고소유인

眞宗皇帝 詔李侍讀[5]飮하니
진종황제 조이시독 음

仲容起固辭曰하되 告官家[6]하노니 徹巨器하소서.
중용기고사왈 고관가 철거기

上問하기를 何故 謂天子爲官家오.
상문 하고 위천자위관가

---

1. 이회간충理懷簡衷에서 이理는 다스림이요 회懷는 속마음이며 간簡은 번잡하지 않은 것이요 충衷은 올바름이다. 스스로 그 마음의 정서를 다스려 번거롭지 않고 올바르게 사는 것을 말한다.〔理 治也 懷 中也 簡 不煩也 衷 正也. 言自治其心情不煩而且正也〕
2. 유가에서는 아홉 종의 경전을 내전內典으로 삼고 제가諸家의 잡서를 외전外典으로 삼는다.〔儒以九經爲內 以諸家雜書爲外〕
3. 음양陰陽은 천문天文·역수歷數·복서卜筮·지상地相을 연구하여 길흉화복을 예언하는 것이다.
4. 포정이 소를 부위별로 해체할 때 칼날을 놀리는 공간이 넓고 넓어서 칼을 놀릴 여지餘地가 더 남아 있는 것이다.〔庖丁解牛 恢恢乎其游刃有餘地矣〕 이를 유인游刃이라 한다.
5. 이시독李侍讀에서 시독侍讀은 임금 또는 동궁 앞에서 경서를 강의하는 벼슬 이름인데 시강侍講과 같다. 이시독은 송나라 사람인데 이름은 중용仲容이고 자字는 의부儀父이다. 저서에 『관봉집冠鳳集』이 있다.
6. 관가官家는 천자의 덕을 칭송하며 부르는 천자의 다른 이름이다.

그러므로 습착치는 도안 스님을 찬탄하여 "마음을 잘 다스려서 생활이 번거롭지 않고 올바르게 사신다. 두루 섭렵한 공부가 많으셔서 불교 안팎의 온갖 서적들을 대략 훑어보시었다. 음양의 산술에 다 능통하며 불경의 오묘한 이치에 본래 막히는 것이 없는 분이다."라고 하였다.[1]

진종眞宗 황제[2]가 시독侍讀 이중용李仲容을 불러 술을 권하니 중용이 일어나 사양하며 "관가官家께 아뢰오니 큰 술잔을 거두어 주옵소서."라고 말을 하였다.

황제가 "어인 까닭으로 천자를 '관가'라고 하는가?" 물었다.

1. 습착지가 사안에게 준 글에서 말하기를 "여기에 와서 도안 스님을 보니 보통사람들의 이목을 유혹할 만한 변화무쌍한 재주나 기술이 없고 분별심이 많은 소인배들을 정리할 만한 커다란 위세는 없습니다. 그러나 스님을 모시고 사는 대중들이 엄숙하면서도 서로를 존경하니 이 점이 내가 평소 다른 사람에게 보지 못했던 것입니다. 도안 스님과 같은 훌륭하신 분을 공께서 한번 만나 뵙지 못했다는 것이 한스럽습니다."라고 하였다.[習與謝安書云 來此見釋道安 無變化伎術可以惑常人之耳目 無重威大勢可以整群小之參差 而師徒肅肅 自相尊敬 乃是吾由來素未見其人. 若安者 非常勝士 恨公不一見]
2. 진종황제眞宗皇帝는 조송趙宋의 제 3대 황제이다. 태종太宗의 셋째 아들인데 처음 이름은 덕창德昌이고 뒤에 원간元侃 또는 항恒이라고 개명하였다. 재위기간은 25년간(998-1022)이었다. 진종 황제는 술을 마실 때 상대할 사람이 없으면 어김없이 이중용을 불렀다고 한다.

對曰에 臣嘗記 蔣濟[1] 萬機論言하되
대왈 신상기 장제 만기론언

三皇은 官天下하고 五帝는 家天下[2]라
삼황 관천하 오제 가천하

兼三五之德故로 曰 官家니라하니
겸삼오지덕고 왈 관가

上喜曰에
상희왈

眞所謂君臣千載一遇로다.
진소위군신천재일우

此由學問藏身이니 多識前言은 無所累矣니라.
차유학문장신 다식전언 무소누의

---

1. 장제蔣濟는 삼국시대 위나라 사람인데 자字는 자통子通이고 명제明帝 때 중호군中護軍을 지냈다. 시호는 경景이고 제왕齊王이 즉위하여 관직이 태위太尉에 오르고 도향후都鄕侯에 봉해졌다.
2. 삼황三皇은 고대 중국의 제왕이니 복희伏羲·신농神農·황제黃帝를 말한다. 오제五帝는 삼황의 다음으로 대를 이은 고대 중국의 다섯 성군이다. 곧 소호少昊·전욱顓頊·제곡帝嚳·요堯·순舜이다.

중용이 대답하기를 "신이 일찍이 장제의 『만기론』에서 '삼황三皇은 천하를 관청 다스리듯 하고 오제五帝는 천하를 집안 다스리듯 하였다.'라고 한 말을 기억하고, 황제께서 삼황과 오제의 덕을 겸비하셨기에 '관가官家'라 말씀드린 것입니다." 하니,

황제가 기뻐하며 "참으로 내가 그대를 만난 것은 좀처럼 만나기 어려운 인연이로다."라고 하였다.

이런 이야기는 학문을 이미 몸에 갈무리해 두었음으로 말미암은 것이니, 예전 사람들의 이야기를 많이 알아두는 것은 뒷날 조금도 해될 것이 없다.[1]

---

1. 『주역』에서 말하기를 "군자는 예전 말이나 지나간 일들을 많이 알고 귀감삼아 덕을 기른다."고 하였다. 부견이 남전에서 오래된 솥을 하나 얻었는데 용량이 27곡이나 되었다. 조정의 선비들이 모두 모르기에 도안에게 물으니, 도안이 말하기를 "노나라 양공이 만든 것입니다." 하였다. 솥 가운데 전문篆文이 있어 과연 믿을 수 있었다. 부견이 학사들에게 조칙을 내려 모두 도안을 스승 삼게 하였다. 백성들이 말하기를 "배움에 도안 스님을 스승으로 모시지 않으면 참다운 뜻을 알기 어려울 것이다."고 하였다.〔易曰 君子多識前言往行 以蓄其德. 符堅於藍田得一古鼎 容二十七斛. 朝士皆無知者 以問安 安曰 魯襄公所鑄也. 腹有篆文 果信. 堅勅諸學士 皆師於安 國人語曰 學不師安 義不禁難〕

不歷事면 **無以識**이니라
불력사　무이식

子曰 吾非聖人이라 經事久矣니라.
자왈 오비성인　경사구의

洎入太廟 每事問者 儆戒無虞 罔失法度일새니라.
계입태묘 매사문자 경계무우 망실법도

羅漢 雖聖이나 赤鹽不知하고 方朔[1] 雖賢이나 劫灰罔辨이라.
나한 수성　적염부지　방삭 수현　겁회망변

多見이면 而識之나 未見일새 而昧矣니라.
다견　이식지　미견　이매의

---

1. 동방삭은 태어난 지 사흘 만에 부모가 모두 죽었다. 후에 택중을 여행할 때 누런 눈썹을 가진 노인이 동방삭을 가리키며 말하였다. "이는 나의 아들이다. 세상의 기운을 마신 지 3천년에 한 번 골수가 새롭게 바뀌고 3천년에 한 차례 가죽이 벗겨지고 털을 갈게 되었다. 나는 태어나서 이미 세 차례 골수를 씻어 내렸고 세 차례 털을 갈았다." 이로부터 동방삭이 대단한 사람인지 알게 되었다. 한나라 무제가 곤명국을 치려고 할 때 그 나라가 물 가운데 있으므로 종남산 아래 3백리 되는 못을 파서 수전을 교육시키며 그 못을 곤명지라 하였다. 못 바닥에서 이상한 재를 보고 동방삭에게 물으니, 동방삭이 "제가 모르겠습니다."라고 하였다. 뒤에 다른 나라에서 온 스님에게 물으니 스님은 "세계가 무너질 때 우주의 불덩어리가 모든 세상을 다 태우는데 이는 그때 나온 재입니다."라고 대답 하였다.〔東方朔 生三日父母俱亡 後遊澤中 黃眉翁指朔曰 此 吾兒也. 服氣三千年一返髓三千年一剝皮伐毛也. 吾生已三洗髓三伐毛. 從知朔是非常人也. 漢武帝 欲伐昆明國 其國在水中 鑿池終南山下三百里 敎水戰 號昆明池. 池低得異灰 問朔 朔曰 非臣所知. 後人問胡僧 曰 世界壞時 劫火燒盡器界 此劫燒之灰也〕 동방삭은 한나라 사람인데 자字는 만천曼倩이다. 무제武帝 때 벼슬이 금마문시중金馬門侍中에 이르고 해학과 변설에 능하였다. 속설에 서왕모의 복숭아를 훔쳐 먹어 죽지 않고 장수하였으므로 '삼천갑자동방삭'이라고 일컫는다.

여덟, 일은 겪어보지 않으면 알 도리가 없다

공자는 "나는 성인이 아니다. 오랫동안 많은 일을 경험했을 뿐이다."라고 말하였다. 그런 공자가 태묘에 들어가 제사를 지낼 때마다 묘지기에게 그 의식을 물은 것은 조심성이 없어 법도를 잊게 될까 경계하였기 때문이다.

나한羅漢[1]은 성인이었지만 『산해경』[2]에 있는 붉은 소금의 내력을 알지 못하였고, 동방삭은 현인이었지만 '우주의 불덩어리로 이 세상이 전부 타버릴 때 생긴 재인 '겁회劫灰'를 알 수 없었다. 견문이 많았으면 알았겠지만 아직 보고 듣지 못한 것이므로 잘 몰랐던 것이다.

---

1. 나한羅漢은 범어 '아라한阿羅漢'의 약칭이다. 번역하여 무학無學·불생不生·무생無生·살적殺賊·응공應供이라고 하니 성문聲聞 사과四果에서 가장 높은 경계이다. 소승의 교법을 수행하는 사람 가운데 가장 높은 지위에 있으니, 온갖 번뇌를 끊고 사제四諦의 이치를 체득하여 다른 사람의 공양을 받을만한 위치에 있는 성자이다.
2. 법예 바라문이 붉은 소금을 가져다 나한에게 무엇인지 물어도 알지 못하였다. 『산해경』에서 말하였다. "큰 대륙 남쪽 끝에 큰 우물이 일곱 개 있어 그 물을 밤낮으로 끓이면 소금이 되는데 그 빛깔이 붉다. 이것은 천하의 독극물이니 문에 바르면 어떤 귀신들도 들어올 수 없고 나무에 바르면 어떤 새들도 거기에 앉을 수가 없다."〔法預婆羅門 將赤塩問羅漢 不知. 山海經 大州南極有七大井 晝夜煮而爲塩 其色赤. 此 天下之毒物 塗之門則 諸鬼不能入 塗之木則 諸禽不能止〕

李後主 得畵牛一軸인데 晝則 出於欄外하고 夜乃 歸於欄中이라.[1]
이후주 득화우일축 주칙 출어란외 야내 귀어란중

持貢闕下하니 太宗이 張後苑하고 以示群臣이나 俱無知者라.
지공궐하 태종 장후원 이시군신 구무지자

惟僧錄贊寧曰하되
유승록찬영왈

南倭 海水或減則 灘磧[2] 微露 倭人拾方諸[3]하여 蚌蜡中 有餘
남왜 해수혹감즉 탄적 미로 왜인습방제 방사중 유여

淚數滴者 得之하여 和色着物則 晝隱而夜顯이라하고 沃焦山[4] 時
루수적자 득지 화색착물즉 주은이야현 옥초산 시

或風燒飄擊에 忽有石落海岸 得之하여 滴水磨色染物則 晝顯而
혹풍소표격 홀유석락해안 득지 적수마색염물즉 주현이

夜晦니라.
야회

---

1. 강남에 사는 서지악徐知諤이 이것을 얻어 남당南唐의 군주 이후주 이욱에게 주니, 이욱이 송나라 태종에게 바쳤다.
2. 탄적灘磧에서 탄灘은 물이 빨리 흐르고 돌이 많아 배가 다니기에 위험한 곳이고 적磧은 물가나 바닷가에 바위 자갈 같은 것이 많이 모여 있는 곳을 말한다.
3. 방제는 여러 가지 뜻이 있다. 첫째 방제方諸는 반듯한 돌과 진주들을 말한다.[방석제주야方石諸珠也] 둘째 방제方諸는 대합大蛤이니 보름달이 뜰 때 이것을 달빛 아래 놓아두면 물이 생겨난다고 한다. 셋째 『회남자淮南子』 '천문훈天文訓'에 "방제方諸가 달을 보면 진액이 물이 된다.[方諸見月 則津而爲水]"라고 하였고, 『화엄경음의華嚴經音義』에 "방제는 오석五石의 정기로 이루어진 것인데 둥그런 컵을 만들어 달을 향해 놓으면 거기서 물이 생겨난다.[方諸 五石之精 作圓器似杯坊 向月則得水也]"라고 하였다.
4. 옥초산沃焦山에서 옥초沃焦는 큰 바다 밑에서 물을 빨아들인다는 큰 돌의 이름이다. 그 아래에 있는 무간지옥의 불기운 때문에 이 돌은 늘 뜨겁다고 하며, 이 돌이 넓고 크기 때문에 산이라고 한다.『산해경』에 이 옥초산이 나온다. 옥초沃焦란 물을 갖다 붓는 대로 마르는 것을 말한다.〔沃焦者 謂隨沃隨焦也〕

이후주[1]가 소를 그린 그림 한 폭을 얻었는데 낮이면 그림 속의 소가 밖으로 튀어나왔다가 밤이면 다시 들어가는 그림이었다. 귀중한 것이라고 생각하여 대궐에 바치니 태종[2]이 후원에 펼쳐놓고 많은 신하들에게 낮에 소가 튀어나오는 까닭을 물었지만 그 연유를 아는 사람이 아무도 없었다. 오직 승록僧錄[3] 찬녕贊寧 스님만 알고 말하였다.

"남쪽 지방 왜倭에서는 바닷물이 줄어들면 여울가의 자갈밭이 조금 드러난다고 합니다. 이때 왜인들이 예쁜 돌과 진주와 조개들을 줍다가 그 안에 남아 있던 액체 몇 방울을 얻어 물감에 섞어 칠을 하면 낮에 그 색이 숨어 있다가 밤이면 드러난다고 합니다. 또 옥초산이 바람 속에 훨훨 타고 있다가 간혹 강한 회오리바람에 충격을 받는 일이 있습니다. 이때 어쩌다 해안에 떨어진 옥초산 돌 부스러기를 주워 몇 방울 그림물감에 갈아 칠을 하면 낮에는 그 색이 나타났다가 밤이면 숨는다고 합니다."

---

1. 이후주李後主는 오대五代 남당南唐(937-975)의 끝 임금인 이욱李煜을 말한다. 문장과 글 그림에도 능하였다. 재위 16년 만에 송宋 태조太祖에게 망하였다.
2. 태종太宗(939-999)은 북송北宋의 제 2대 황제이며 재위기간은 15년이다. 성은 조趙씨이고 이름은 광의光義이며 즉위한 뒤에 이름을 경炅으로 고쳤다. 태조太祖의 동생이다.
3. 승록僧錄은 승려에 관한 일을 맡아보는 직책의 이름이다.

諸學士 皆以爲無稽[1] 라하니
제 학 사 개 이 위 무 계

寧曰 見張騫海外異記[2] 어다.
녕 왈 견 장 건 해 외 이 기

後에 杜鎬[3] 檢三館[4] 書目에 果見於六朝[5] 舊本書中이라.
후 두 호 검 삼 관 서 목 과 견 어 육 조 구 본 서 중

此乃 博聞强識[6] 見幾而作也니라.
차 내 박 문 강 식 견 기 이 작 야

---

1. 계稽는 고考이니 곰곰이 생각하고 참고하는 것이다.
2. 『이기』는 한나라 무제가 장건에게 황하의 근원을 찾게 명하자 뗏목을 타고 바로 곤륜산에 오르고, 다시 위로 은하에 이르러 천녀의 지기석을 얻어 돌아왔는데, 그가 왕래할 때 써놓았던 기록물이다.[異記者 漢武帝 令張騫尋黃河水源 乘槎而直上崑崙山 復上至銀河 得天女支機石而來 其往來時 所記者也] 『해외이기海外異記』 혹은 『해외이물지海外異物志』라고도 한다.
3. 두호杜鎬는 송나라 사람이다. 태종 때 예부시랑禮部侍郞을 지냈다. 두호는 쉰 살이 넘도록 날마다 경사經史 수십 권을 읽었다고 한다.
4. 송나라 태종이 용문 동북쪽에 삼관을 처음 세우기 시작하였다. 태평흥국 3년에 이르러 삼관이 낙성되자 '숭문원'이란 이름을 내리고 서관의 서적을 옮겨 갈무리해 두니 8만권이나 되었다. 삼관은 '소문관' '집현관' '사관'을 말하고 총칭이 '숭문원'이다.〔宋太宗 於龍門東北剏立三館 至太平興國三年 三館成 賜名崇文院 遷西館書貯焉 凡八萬卷. 三館 昭文館 集賢館 史館 總名崇文院〕
5. 육조六朝는 진晋·송宋·제齊·양梁·진陳·수隋 여섯 나라를 말한다.
6. 박문강식博聞强識은 박문강기博聞强記와 같으니 견문이 넓고 기억력이 좋은 것을 말한다. 여기서 '식識'은 '기記'의 뜻으로 '지'로 읽으며 '지志'나 '지誌'와 통용이 된다.

학식 있는 많은 사람들이 다 근거 없는 이야기라고 하니, 찬녕[1]은 "장건張騫[2]이 쓴 『해외이기海外異記』라는 책에서 보았습니다." 라고 하였다.

뒷날 두호杜鎬가 삼관三館의 책 목록을 검열하다 마침내 육조六朝 옛 서적 가운데에서 이 책을 찾았다.

이는 이미 많이 듣고 보고 안 것들을 기회가 주어져 때맞추어 쓰게 된 것이다.

---

1. 찬녕贊寧(918-999) 송나라 스님이다. 성은 고高씨이고 절강성 덕청德淸 사람인데 그의 선조는 발해渤海 사람이다. 어려서 마을에 있는 상부사祥符寺에 출가한 뒤 항주 영은사에 머물면서 경율론 삼장을 두루 섭렵하였다. 특히 남산율南山律에 정통하여 사람들이 율호律虎라고 불렀다. 외전에도 능통하였으며 문장에도 능했다. 오월吳越 충의왕忠懿王이 양절승통兩浙僧統으로 삼고 송나라 태평흥국太平興國 3년(978)에 태종太宗이 통혜대사通惠大師라는 시호를 내려 주었다. 태평흥국 7년(982) 칙명勅命으로 절동浙東에 돌아가 『송고승전宋高僧傳』을 편찬하기 시작하여 단홍端洪 1년(988)에 완성했다. 순화純化 원년(990) 조칙을 받들어 『취영성현록鷲靈聖賢錄』 100권을 지었다. 함평咸平 원년(998)에 우가승록右街僧錄에 뽑히고 그 다음 해에 좌가승록左街僧錄이 되었다. 숭녕崇寧 4년(1105)에 원명대사圓明大師라는 시호를 받았다. 저서에『송고승전宋高僧傳』 30권, 『대송승사략大宋僧史略』 3권, 『내전집內典集』 152권, 『외학집外學集』 49권 등 많은 저서가 있다.
2. 장건張騫은 하나라 무제 때 대월씨국大月氏國에 사신으로 갔다가 흉노에 포로가 되어 억류되었다가 13년 만에 환국하여 대중대부大中大夫에 임명되었다. 이로부터 한나라가 서역의 모든 나라에 알려져 교통이 크게 열리고 그 공으로 원삭元朔 6년(BC123)에 박망후博望侯에 봉해졌다.

不求友면 **無以成**이니라
불구우 무이성

生我者 父母이고 成我者 朋友라.
생아자 부모 성아자 붕우

故로 君子 以朋友講習하니 以文으로 會友하고 以友로 輔仁하니
고 군자 이붕우강습 이문 회우 이우 보인

品藻[1] 人物 商搉[2] 同異하여 如切如磋 如琢如磨하니라.
품조 인물 상각 동이 여절여차 여탁여마

劉孝標云하되 組織[3] 仁義하고 琢磨道德하여 歡其愉樂[4] 하고
유효표운 조직 인의 탁마도덕 환기유락

恤其陵夷[5] 라 寄通靈臺[6] 之下 遺跡江湖[7] 之上하니
휼기릉이 기통영대 지하 유적강호 지상

風雨急이라도 而不輟其音하고 雪霜零이라도 而不渝其色이라하니라.[8]
풍우급 이불철기음 설상령 이불투기색

---

1. 품조品藻는 상품의 품질을 판정하여 평가하는 품평品評이다.
2. 상각商搉은 상량商量과 같아 헤아려 생각하는 것을 말한다.
3. 조직組織에서 조組 역시 직織이다. '조직'은 베나 비단을 짜는 총괄적인 것이다. 어진 마음을 실천하여 의리를 깨우쳐 주는 것이 마치 베나 비단을 짤 때 가로와 세로의 줄이 짜이는 것과 같다.〔組亦織也. 組織作布帛之總名 行仁喩義 如織布帛之有經緯也〕
4. 유락愉樂에서 유愉 역시 락樂으로서 즐거움이니 안색이 평화롭게 기뻐하는 모습이다.〔愉亦樂也 顔色和悅之貌〕
5. 능이陵夷에서 이夷는 평평하다는 뜻이니, 사람이 무너져 다시 일어나지 못하는 모습이 마치 언덕이 점차 깎여져 평평해지는 것과 같다는 것을 말한다.〔夷 平也 言人之頹替不振 如丘陵之漸平〕
6. 영대靈臺는 신령스런 거울처럼 모든 것을 있는 그대로 비추어 보는 마음이다.
7. 강호江湖는 강과 호수이니 사람이 사는 세상을 말하기도 한다.
8. 철輟은 그친다는 뜻이고 투渝는 색이 달라져 퇴색한다는 뜻이다.

아홉, 좋은 벗이 아니면 뜻을 이룰 수 없다

나를 낳아 주신 분은 부모이고 내 뜻을 이루어 주는 이는 벗이다. 그러므로 군자는 벗의 도움으로 학문을 배우며 익히고, 글로 벗을 모으며 벗의 도움으로 어진 마음을 기르니,[1] 주변 인물을 가려 그 사람됨을 헤아리고 절차탁마해야 한다.[2] 유효표[3]는 말한다.

"어진 마음과 의리로 잘 어울리고 도道와 덕德을 서로 갈고 닦아 벗의 즐거움을 기뻐하고 벗의 공부가 퇴보하는 것을 걱정한다. 마음이 통하여서 세상에 자취를 남기니, 비바람이 몰아쳐도 칭찬하는 소리는 끊기지 않고 차디찬 눈발과 서리가 떨어져도 우정의 찬란한 빛은 바래지지 않는다."

---

1. 학문을 강론하는 것으로 벗을 모으면 그 도는 더욱 밝아지고, 좋은 일로 어진 마음을 도우면 그 덕이 날로 높아진다.〔講學以會友則 其道益明 取善以輔仁則 其德日進〕
2. 뼈나 뿔을 다듬는 사람들은 먼저 톱으로 자른 다음 단단한 돌에다 갈고, 옥이나 돌을 다듬는 사람들은 먼저 정으로 쪼고 그 다음에 다시 줄로 손질한다. 다듬는 데도 순서가 있어야 그 정교함이 극치에 이른다는 것을 말한다. 친구의 도리도 이와 같다.〔治骨角者 旣切而復磋之 治玉石者 旣琢而復磨之 言其治之有緖而益致其精也. 朋友之道 亦如是也〕
3. 유효표劉孝標는 남조南朝 양나라 사람인데 이름은 준峻이다. 학문을 좋아하여 다른 사람이 색다른 책을 가지고 있다는 말만 들으면 곧 가서 빌려 읽었으므로 그 당시 최위조崔慰祖는 그를 서음書淫이라 불렀다. 벼슬을 지낸 뒤에 동양東陽 자암산紫巖山에 은거하여 『변명론辨命論』을 저술하고 『세설신어世說新語』의 주를 달았다.

斯乃 賢達之素交[1]이니 歷萬古而一遇라.
사내 현달지소교 역만고이일우

東晋 道安 未受戒時
동진 도안 미수계시

會沙彌[2]僧光於逆旅[3]하여 共陳志慕하며 神氣慷慨하니라.
회사미 승광어역여 공진지모 신기강개

臨別相謂曰하되 若俱長大이어든 勿忘同遊어다.
임별상위왈 약구장대 물망동유

後에 光이 學通經論하고 隱飛龍山하자
후 광 학통경론 은비용산

安이 後에 復從之하여 相會所喜하니 謂昔誓始從이라.
안 후 복종지 상회소희 위석서시종

因共披文屬思하니 新悟尤多라.
인공피문속사 신오우다

---

1. 소교素交는 평상시 교제를 말한다.
2. 사미沙彌는 범어 'Sramanera'의 음역이니 번역하여 식자息慈·식악息惡·행자行慈·근책남勤策男이라고 한다. 출가하여 처음 십계를 받은 사람을 일컫는다. 아주 어린 구오사미驅烏沙彌, 법을 따를만한 응법사미應法沙彌, 비구계를 받을 나이인 명자사미名字沙彌의 구별이 있다.
3. 역여逆旅에서 역逆은 '맞이하다'의 뜻이니, 숙식이 가능한 주막집 같은 곳이다.

평소 현자와 달인의 사귐이란 이러한 것이니 만고萬古에 한 번이나 마주칠 소중하고도 소중한 일이다.

동진 때 도안道安 스님이 계를 받기 전에 사미 승광僧光[1]을 객점에서 만나 함께 포부를 펼치며 의기투합하였다. 헤어질 때 서로 말하기를 "크거든 함께 뜻이 통했던 이 시절을 잊지 말자."고 하였다.

뒷날 승광은 경전과 논서를 통달하고 하북河北 원씨현元氏縣에 있는 비룡산飛龍山에 은거하였다. 도안이 뒤따라 들어가 서로 만나 기뻐했으니, '예전의 맹세를 비로소 지키게 되었다.'고 하였다.

그 뒤로 함께 글을 보고 생각하니 새로 깨우치는 것들이 더욱 많았다.

1. 승광僧光은 상산연공常山淵公의 제자이니 성품이 순박하고 계행을 중히 여겼다. 젊어서 도안 스님과 교유하였고 석石씨의 난亂에 함께 하북 원씨현에 있는 비룡산飛龍山에 은거한 뒤에 남쪽으로 내려가 널리 중생교화를 하였다.

安曰 先舊格義[1]도 於理多違라하니
안 왈 선구격의 어리다위

光曰 且當分析逍遙[2]인데 何容是非先達[3]이오일새
광 왈 차당분석소요 하용시비선달

安曰 弘贊理教라면 宜令允愜[4]이니 法鼓[5]競鳴에 何先何後리오.
안 왈 홍찬이교 의령윤협 법고경명 하선하후

時僧道護 亦隱飛龍에 乃共言曰하되
시승도호 역은비용 내공언왈

居靜離俗은 每欲匡正大法인데 豈可獨步山門하여 使法輪輟軫[6]이리오.
거정이속 매욕광정대법 기가독보산문 사법륜철진

宜各隨力所被 以報佛恩이라하니
의각수력소피 이보불은

衆僉[7]曰 善이라하고 遂各行化[8]로다.
중첨 왈 선 수각행화

---

1. 선구격의先舊格義에서 선구先舊는 옛사람을 가리키고 격의格義는 도교의 가르침을 응용하여 불교의 이치를 설명하는 것이다.
2. 소요逍遙는 시비하는 일이 없이 편안하게 이리저리 거니는 것을 말한다. 여기서는 이치를 분석하는 자리에서 그 자체를 즐기는 것을 말한다.
3. 선달先達은 옛 스님이니 나보다 먼저 도에 통달한 고승을 말한다.
4. 윤협允愜은 진실하고 명쾌해야 한다는 뜻이다.
5. 법고法鼓: ① 부처님의 법을 널리 세간에 알리는 것을 마치 군대가 북소리를 듣고 전진하여 적군을 무찌르는 데 비유한 것이다. ② 선림禪林의 법당 동북쪽에 달아 놓고 주지의 상당上堂·소참小參·보설普說·입실入室 등 법요의식에 사용하는 북을 말한다.
6. 진軫은 수레 뒤편의 가로목인데 보통 수레를 말한다.
7. 중첨衆僉에서 첨僉도 역시 '대중'이라는 뜻이며 또한 '모두'라는 뜻도 있다.
8. 행화行化는 중생교화를 행하는 것이다.

도안 스님이 "옛 어른들이 격의格義로 불교를 이해하는 게 이치에 어긋나는 것이 많다."고 하자 승광 스님이 "이치를 분석이나 하고 즐기면 되지 어찌 옛 스님들의 주장에 대하여 옳으니 그르니 하겠는가." 하므로, 도안 스님은 "이치에 맞는 가르침을 널리 펼치려면 마땅히 진실하고 명쾌해야 한다. 진리를 알리는 법고 소리에 어찌 앞뒤가 있겠는가."라고 하였다.

이때 비룡산에 함께 은거하던 도호[1] 스님도 말하기를 "조용한 곳에 머물러 속세와 떨어져 있는 것은 기회가 오면 언제나 부처님의 법을[2] 바로 잡으려고 한 것이다. 어찌 산문[3] 안에만 머물러 진리의 전파를 멈추게 할 수 있단 말인가. 마땅히 저마다 힘이 닿는 대로 부처님 은혜에 보답해야 한다."고 하니,

대중들이 모두 "좋다." 하고 마침내 저마다 길을 떠나 중생을 교화하였다.

---

1. 도호道護는 동진 때 스님인데 지조와 지혜가 있었다. 석씨石氏의 난亂을 피하여 비룡산에 은거하면서 도안道安, 축법태竺法汰 등과 교유하였다. 뒤에 산을 나와 다른 곳으로 옮겼는데 그 뒤 행적을 알 수가 없다.
2. 대법大法은 소승의 교법에 대하여 대승의 깊고 미묘한 교법을 말한다. 대승·소승을 불문하고 일반적으로 부처님의 교법을 일컫는 말이다.
3. 산문山門은 절에 들어가는 문이다. 사원에는 반드시 산림이 있으므로 사원의 문을 가리켜 산문이라고 한다. 절의 다른 이름이기도 하다.

不觀心[1]이면 **無以通**이니라
불관심 무이통

維摩云에 諸佛解脫 當依衆生心行中求니라하니 何以故오.
유마운 제불해탈 당의중생심행중구 하이고

晋華嚴[2]에 云하되
진화엄 운

心如工畵師 造種種五陰이라 一切世間中 無不從心造이니라
심여공화사 조종종오음 일체세간중 무부종심조

如心 佛亦爾하고 如佛 衆生然하니 心佛及衆生 是三無差別이라하니
여심 불역이 여불 중생연 심불급중생 시삼무차별

旣爲生佛之母이고 亦爲依正[3]之源이라.
기위 생불 지 모 역위의정 지원

故로 楞嚴에 云하되
고 능엄 운

諸法所生은 唯心所現이니 一切因果 世界微塵도 因心成體로다.
제법소생 유심소현 일체인과 세계미진 인심성체

---

1. 관심觀心은 자기 마음의 본 성품을 꿰뚫어 보는 것이다.
2. 『진화엄晋華嚴』은 동진의 불타발타라가 번역한 『60권 화엄경』이다. 중국에서 번역한 『화엄경』 중에서 가장 먼저 번역되었다.
3. 의정依正은 의보依報와 정보正報를 말한다. 의보는 우리들의 몸과 마음을 존재하게 하는 국토·가옥·의복·식물 등을 말하고 정보는 과거에 지은 업에 따라 받는 부처님이나 중생들의 몸을 말한다.

열, 마음을 보지 않으면 도에 통할 수 없다

『유마경』[1]에서 "모든 부처님의 해탈은 중생의 마음이 있는 곳에서 찾아야 한다." 하니, 무슨 까닭인가?

진나라 판본 『화엄경』에서 이르기를 "마음은 뛰어난 화가와 같아 온갖 모습을 만드니 모든 세간 속에 마음이 만들지 않은 것은 없다. 이 마음이 부처도 만들고 부처처럼 중생도 이 마음이 만들었으니 마음, 부처, 중생 이 셋에 차별이 없다."라고 하였기 때문이니,

이미 마음은 중생과 부처의 어머니가 되고 또한 의보依報와 정보正報의 근원이 된다.

그러므로 『능엄경』에서 "모든 법이 생긴 것은 오직 마음에서 나타나는 것이니, 모든 인과와 세상의 작은 티끌조차 마음으로 그 바탕을 이룬다."고 하였다.

---

1. 『유마경維摩經』은 『유마힐소설경維摩詰所說經』의 약칭인데 3권이며 진나라 구마라집의 번역이다. 그 내용은 불국품佛國品·불도품佛道品·입불이법문품入不二法門品·향적품香積品·보살행품菩薩行品·견아축불품見阿閦佛品·법공양품法供養品·촉루품囑累品 등 14품으로 되어 있다. 이 경을 중국에서 번역한 것이 여섯 번인데 현존하는 것은 구마라집 번역본과 오나라 지겸支謙 번역본, 당나라 현장 번역본이 전한다.

欲言心有이나 如空篌聲이어 求不可見이고
욕언심유 여공후성 구불가견

欲言其無이나 如空篌聲이어 彈之亦響이라.
욕언기무 여공후성 탄지역향

不有不無이면서 妙在其中이라.
불유불무 묘재기중

故로 般舟에 云하되 諸佛은 從心得解脫이니 心者淸淨하여 名無垢니라.
고 반주 운 제불 종심득해탈 심자청정 명무구

五道[1]에서도 鮮潔하여 不受色일새 有解此者 大道成하니라.
오도 선결 불수색 유해차자 대도성

遵此十門[2]하여
준차십문

上行下效 不倦終之則 吾佛之敎 可延于後世니라.
상행하효 불권종지즉 오불지교 가연우후세

苟謂不然이면 祖道必喪이라. 傾望後裔하노니 覽而警焉이어다.
구위불연 조도필상 경망후예 남이경언

---

1. 오도五道는 지옥·아귀·축생·수라·인간을 말한다. '오색'을 '오도'에 비유하면, 검은 색은 지옥이니 나쁜 업으로 받는 과보이기 때문이다. 푸른 색은 아귀이니 귀신의 얼굴이 푸르기 때문이다. 붉은 색은 축생이니 붉은 피를 먹기 때문이다. 황색은 인간세계이니 하늘과 지옥의 중간에 있기 때문이다. 흰색은 천상세계이니 순수하고 선한 일로 과보를 받기 때문이다. 오도五道가 비어 있다면 오색五色 또한 존재하지 않음을 말한다.〔五色譬五道 黑喩地獄 由黑業所感故 靑喩餓鬼 鬼面靑故 赤喩畜生 由噉血故 黃喩人道 居天獄之中故 白喩天道 純善業所感故. 言五道空則 五色亦不有也〕
2. 십문十門은 이 글에서 말한 열 가지 공부길이니 '불수학不修學～무이성無以成'에서부터 '불관심不觀心～무이도無以道'까지를 말한다.

'마음이 있다.'고는 하나 공후空篌[1]의 소리와 같아서 볼 수 없고, '마음이 없다.'고는 하나 공후의 소리와 같아서 건드리면 울리는 메아리가 있다. 있는 것도 아니요 없는 것도 아니면서 오묘한 것이 그 가운데 있다.

그러므로 『반주삼매경』[2]에서 말하기를 "모든 부처님은 마음에서 해탈을 얻었으니, 이 마음은 맑고 깨끗하여 무구無垢라고 한다. 오도五道에서도 깨끗하여 어떠한 색에도 물들지 않으므로 이를 아는 사람은 큰 도를 이룬다."고 하였다.

이 열 가지 공부 길을 지켜 뛰어난 사람들이 바로 실천하고 보통 사람들은 본받아 부지런히 이 공부를 해 마친다면, 우리 부처님의 가르침은 후세까지 이어질 수 있다.

진실로 그렇게 하지 못한다면 조사 스님들의 도는 반드시 없어지게 될 것이다. 후학들에게 바라노니 이 글을 살펴 잘못된 삶을 경계할지어다.

---

1. 공후空篌는 옛날 현악기 가운데 한 가지이다.
2. 『반주삼매경般舟三昧經』은 부처님께서 반주삼매般舟三昧를 설한 경전이다. 반주삼매는 7일 또는 90일 일정한 기간을 정해 몸과 입과 뜻을 정화하여, 눈앞에서 모든 부처님을 만날 수 있는 맑고 고요한 마음 상태를 말한 것이다.

3. 徐學老[1] 勸童行 勤學文
서 학 로　권 동 행　근 학 문

玉不琢이면 不成器하고 人不學이면 不知道라.
옥불탁　불성기　인불학　부지도

出家兒 幸得身離塵網[2]하여 居於廣堂大厦이나 切不可以溫飽
출가아 행득신리진강　거어광당대하　절불가이온포

自滿其志하라. 少壯之時 不勤學問하여 不究義理하고 不正呼吸하
자만기지　소장지시 불근학문　불구의리　부정호흡

면 對聖前如何可以宣白이리오. 士大夫[3]前 如何可以談吐리오.
대성전여하가이선백　사대부 전 여하가이담토

不學一筆字이면 文疏[4] 如何寫이리오. 士大夫 往來書尺[5]에 如
불학일필자　문소 여하사　사대부 왕래서척　여

何回이리오. 出家人 胸中에 貫古今하고 筆下起雲烟[6]해야 方可了
하회　출가인 흉중 관고금　필하기운연　방가요

身了性하고 以至於了命[7]이라.
신요성　이지어요명

---

1. 서학로徐學老는 생몰연대 및 전기 미상이다.
2. 진망塵網은 속세의 티끌 번뇌가 중생을 그물처럼 싸안고 있는 것을 말한다.
3. 사대부士大夫는 천자나 제후들을 섬기는 벼슬아치를 말한다.
4. 문소文疏는 문장의 소통이 잘되는 좋은 글을 말한다.
5. 옛 사람들이 대쪽을 손질하여 쓴 편지글은 그 길이가 여덟 치나 한 자가 되었기 때문에 서척書尺이라 말하였다.〔古者裁簡牘 長咫尺 故曰書尺〕
6. 운연雲烟은 구름과 연기가 자연스럽게 피어오르듯 글이 꿈틀대며 거침없이 써져 나가는 것을 말한다.
7. 하늘이 부여한 것을 명命이라 하니,『서경』에 이르기를 "명命을 알지 못하면 군자가 될 수 없다."라고 하였다.〔天之所賦曰命 書曰 不知命 無以爲君子〕

3. 부지런히 학문하라 _ 서학로

옥은 다듬지 않으면 그릇을 만들 수 없고 사람은 배우지 않으면 도를 알지 못한다.

출가 남아로서 다행히도 속세의 티끌을 벗어나 넓고 큰집에 살게 되었지만, 부디 등 따습고 배부른 삶에만 만족해서는 안 된다.

젊고 건장할 때 학문에 게을러 불법의 이치를 탐구하지 않고 올바른 삶을 살지 않는다면, 뒷날 부처님을 마주하고 떳떳하게 무슨 말을 할 수 있겠는가.

사대부들 앞에서 불법의 이치를 무슨 말로 당당하게 담론할 수 있겠는가. 한 글자도 배우지 않았다면 좋은 문장을 어떻게 쓸 수 있겠는가. 사대부들과 오가는 편지에서 어떻게 체면을 잃지 않고 답장할 수 있겠는가.

출가한 사람이니 마음속에 품고 있는 생각은 고금을 꿰뚫고 문장은 거침없어야 한다. 그래야 비로소 몸과 마음을 깨닫고 천명을 아는 데 이를 수 있는 것이다.

若自懶惰 託言하기를 所稟 無受道之資라하면 是自壞了一生也라.
약자나타 탁언 소품 무수도지자 시자괴요일생야

且如猿猴獸類也도 尙可敎以藝解하고 鴝鴿[1] 禽鳥也도 尙可敎以歌
차여원후수류야 상가교이예해 구욕 금조야 상가교이가

唱인데 人爲萬物之靈이어 如不學이면 視禽獸之不若也라.
창 인위만물지영 여불학 시금수지불약야

爲人師者 自當尙嚴이니 師嚴이어야 而後道尊이라.[2] 與其[3] 初年에 失
위인사자 자당상엄 사엄 이후도존 여기 초년 실

於寬이라가 而招異時之怨은 不若過於嚴 招異時之感이라. 人家子
어관 이초이시지원 불약과어엄 초이시지감 인가자

弟 捨父事師인데 師却不嚴이어 而縱其懶하여 及其時過失學也라면
제 사부사사 사각불엄 이종기나 급기시과실학야

談吐又訥 宣白又鈍하며 發遣又疎하고 寫染又拙하리라. 覺時事事
담토우눌 선백우둔 발견우소 사염우졸 각시사사

無能이어야 方始自悔하며 而歸咎於其師하면 何謂至感이리오.
무능 방시자회 이귀구어기사 하위지감

---

1. 구욕鴝鴿은 사람의 목소리를 잘 흉내 내는 구관조를 말한다. 『영릉기』에서 말하였다. "그 지방 사람들이 구관조를 많이 기르는데 5월 5일에 그 혀끝을 잘라내면 말을 할 수 있었다. 소리가 맑고 높아 앵무새라 하더라도 따라갈 수 없었다. 그러므로 팔가八哥라고 불렀다."〔零陵記云 土人多養鴝鴿 五月五日 去其舌尖則 能語 聲尤清越 雖鸚鵡不能過也 號曰八哥〕
2. 『학기』에서 말하였다. "무릇 배움의 도에는 스승이 엄하게 처신하는 것이 어렵다. 스승이 엄한 뒤에 도가 존귀해지고 도가 존귀해진 뒤에 백성들이 배움을 공경할 줄 안다."〔學記云 凡學之道 師嚴爲難 師嚴然後道尊 道尊然後 民知敬學矣〕
3. '與其~ 不若…'은 '~보다는 … 같지 못하다'는 뜻이다. 양자를 비교해서 앞의 것보다는 뒤의 것이, 또는 뒤의 것보다는 앞의 것이 낫다는 뜻이다. 이와 비슷한 형으로 ① 與其~ 豈若 ② 與其~ 莫如 ③ 與其~ 孰若 ④ 與其~ 不如 ⑤ 與其~ 寧 등이 있다.

만일 자신이 게으른 것을 "천성이 도 닦을 자질이 없다."고 핑계대어 말한다면, 이는 스스로 일생의 삶을 무너뜨리는 것이다.

원숭이와 같은 짐승들은 재주를 익혀 부릴 줄 알고, 사람의 목소리를 잘 흉내 내는 구관조 같은 날짐승은 노래를 배워 부를 수 있다. 그런데 사람이 만물의 영장靈長이 되어 배우지 않는다면 이런 짐승들을 보는 것만 못할 것이다.

스승이 될 사람은 자신한테 엄격해야 하니, 스승이 엄격해야 도가 높아진다.

초년에 너무 너그러워 좋아하다 뒷날 원망을 불러 오는 것보다는 지나치게 엄격하여 뒷날 그것을 고마워하는 것만 못한 법이다.

여염집 자제들이 부모를 떠나 스승을 섬기는데 스승이 엄하지 않아 게을러져서 공부할 시기를 놓쳐 버린다면, 그들의 말은 어눌해지고 우둔해지며 편지도 쓸 줄 모르고 글씨도 졸렬해질 것이다. 뒷날 하는 일마다 무능함이 드러나니 그제야 후회하고 그 허물을 스승에게 돌린다면, 이를 어찌 스승에게 지극히 고마워하는 것이라고 말할 수 있겠는가.

初年 脫白從師에 師長訓導 極其嚴緊이라.
초년 탈백종사 사장훈도 극기엄긴

於公事畢然後에 敢治私事하되 禁妄出이라.
어공사필연후 감치사사 금망출

讀書要背하고 寫字要楷하며 義理要通하고 道念要正하라.
독서요배 사자요해 의리요통 도념요정

日漸月磨이어 復還固有之天하고 得造洞然之妙라.
일점월마 복환고유지천 득조통연지묘

由是로 性海清澄하고 心珠瑩澈하리라.
유시 성해청징 심주영철

學仙者 着脚蓬萊[1]요 學佛者 安身樂國이라.
학선자 착각봉래 학불자 안신락국

到恁麼[2]時 却感師長嚴訓之功也리라.
도임마 시 각감사장엄훈지공야

---

1. 봉래산蓬萊山은 발해渤海 가운데 있다는 삼신산三神山의 하나인데 신선들이 산다고 한다.
2. 임마恁麼는 '어찌하여, 어떻게, 이러한' 등의 뜻이 있다.

초년에 속복을 벗고 스승을 따를 때에 스승은 아주 엄하게 가르쳐야 한다.

공적인 일을 다 마친 뒤 사적인 일을 하되 쓸데없는 외출을 금해야만 한다.

책을 읽으면 외우고 글자를 쓰면 반듯해야 하며, 뜻과 이치에 정통하고 도를 생각하는 마음이 올곧아야 한다.

날이 가고 달이 갈수록 공부에 점차 진전이 있어 본디 있던 천성을 회복하고 확 트인 오묘한 마음자리로 나아가야 한다.

이로 말미암아 성품의 바다는 맑고 맑아지고 마음의 구슬은 사무치게 투명해질 것이다.

신선도를 배우는 사람은 봉래산에 발을 디딜 것이요, 부처님을 공부하는 사람은 극락세계에서 몸을 편히 쉬게 될 것이다.

이때가 되면 스승의 엄한 가르침에 고마워할 것이다.

4. 保寧勇[1]禪師示看經
보녕용 선사시간경

夫看經之法 後學須知니라.
부간경지법 후학수지

當淨三業이니 若三業無虧則 百福俱集이라.
당정삼업 약삼업무휴즉 백복구집

三業者 身口意也라.
삼업자 신구의야

一은 端身正坐하여 如對尊顔則 身業淨也리라.
일 단신정좌 여대존안즉 신업정야

二는 口無雜言이어 斷諸嬉笑則 口業淨也리라.
이 구무잡언 단제희소즉 구업정야

三은 意不雜亂이어 屛息萬緣則 意業淨也니라.
삼 의부잡란 병식만연즉 의업정야

---

1. 보녕용保寧勇에서 보녕保寧은 절의 이름이고 용勇은 양기방회楊岐方會의 제자 인용仁勇을 말한다. 어려서 출가하여 처음에는 천태종에서 공부하다 뒤에 설두명각雪竇明覺에게 선禪을 배우고 또 양기방회에게 공부 인가를 받아 그의 법을 이었다. 왕안석이 죽은 아들 방을 위하여 금릉에 있는 옛 저택을 시주하여 절로 만들고 편액을 '보녕'이라 내리고는 인용 선사를 청하여 머물게 하였다. 선사는 사명 축씨의 아들이다. 양기의 법을 이었다.[王荊公安石 爲亡子雱 奏施金陵舊第爲寺 賜額曰保寧 請仁勇禪師居之 師四明竺氏子 嗣楊岐]

4. 경전 보는 법을 가르쳐라 _ 보녕인용

경전 보는 법을 후학들은 반드시 알아야 한다.

세 가지 업을 깨끗이 해야 하니, 만약 세 가지 업에 흐트러짐이 없으면 온갖 복이 다 모인다.

삼업三業이란 몸, 입, 뜻으로 짓는 일이다.

첫째, 몸을 단정히 하고 바로 앉아 경전 보기를 부처님 얼굴 대하듯이 한다면 몸으로 하는 일들이 깨끗해질 것이다.

둘째, 입에 잡스러운 말이 없이 쓸데없는 농담을 끊어버린다면 입으로 하는 말들이 깨끗해질 것이다.

셋째, 마음이 어지럽지 않아 온갖 인연을 다 쉬어 버릴 수 있다면 마음 쓰는 일들이 깨끗해질 것이다.

內心旣寂 外境俱捐해야 方契悟於眞源하고 庶研窮於法理니라.
내심기적 외경구연　방계오어진원　서연궁어법리

可謂 水澄珠瑩이고 雲散月明이라.
가위 수징주영　운산월명

義海[1] 湧於胸襟하고 智嶽[2] 凝於耳目하니 輒莫容易하라
의해 용어흉금　지악 응어이목　첩막용이

實非小緣이니라.
실비소연

心法雙忘이어야 自他俱利이니 若能如是라면 眞報佛恩하니라.
심법쌍망　자타구리　약능여시　진보불은

---

1. 의해義海는 바다처럼 의리義理가 깊고 넓은 것을 말한다. 의리義理가 산처럼 높은 것을 비유하여 의산義山이라 말하는 것과 같다.
2. 지악智嶽은 큰 산처럼 지혜가 높은 것을 말한다. 바다처럼 지혜가 넓고 큰 것을 지해智海라고 말하는 것과 같다.

마음이 고요하고 바깥 모든 경계에 집착이 없어야, 비로소 참된 근원을 깨닫고 법의 이치를 다 파헤치게 될 것이다.

물이 맑으니 구슬이 영롱하고 먹장구름이 흩어지니 마음의 둥근 달이 밝아졌다 할 만하다.

온갖 이치가 가슴속에 용솟음치고 큰 지혜가 눈과 귀에 모아지니, 쉽게 생각하지 말라. 실로 작은 인연이 아니기 때문이다.

마음과 경계를 다 잊어야 나와 남이 다함께 이로우니, 이와 같이 할 수 있다면 참으로 부처님의 은혜에 보답하는 것이다.

5. 右街寧僧錄勉通外學[1]
우 가 녕 승 록 면 통 외 학

夫學不厭博이니 有所不知이면 盖闕如也라. 吾宗致遠은 以三乘法[2]
부학불염박 유소부지 개궐여야 오종치원 이삼승법

而運載焉이라. 然이나 或魔障相陵이니 必須禦侮이니 禦侮之術 莫
이운재언 연 혹마장상릉 필수어모 어모지술 막

若知彼敵情이라. 敵情者 西國則 韋陀[3]이고 東夏則 經籍矣라.
약지피적정 적정자 서국즉 위타 동하즉 경적의

---

1. 우가승록右街僧錄은 벼슬 이름이고 외학外學은 불법佛法 이외의 다른 가르침을 말한다. 따라서 불법을 내학內學이라 말하기도 한다.
2. 삼승법三乘法은 삼승교三乘敎와 같다. 성문, 연각, 보살의 세 가지 교법으로 중생을 부처님의 세상으로 실어 나른다는 것이다.
3. 위타韋陀는 범어 'Veda'의 음역인데 번역하여 지론智論·명론明論·무대無對라고 한다. 인도 바라문교의 근본 성전으로 인도에서 가장 오래된 종교 문헌이다. 이 내용을 알면 지혜가 생긴다고 하나 불법의 지혜와는 다른 내용이다. 위타에는 네 가지가 있다. 첫 번째 아유(Rg)위타로서 이곳 말로는 방명方命 또는 수壽라 하는데 양생선성養生繕性을 말한다. 두 번째는 수야(Yajur)위타로서 제사와 기도를 말한다. 세 번째는 바다(Sāma)위타로서 예의禮儀와 점복占卜과 병법과 군진軍陣을 말한다. 네 번째는 아달바(Atharva)위타로서 기예와 금주禁呪와 의방醫方을 말한다. 또는 사명四玥이라 하는데 첫 번째 성명聲明은 소리를 통한 가르침이니 세간의 문자와 내용을 명확하게 밝히는 것이다. 두 번째는 공교명工巧明이니 기술과 음양과 역수曆數이다. 세 번째는 의방명醫方明이니 금주禁呪와 침약針藥의 의술 치료 방법을 말한다. 네 번째 인명因明은 인因 곧 만법이 일어나는 원인과 온갖 논리의 진위를 하나하나 엄격하게 규명하는 것이다. 오명五明 가운데 내명內明이 빠져 있다.〔韋陀 此云 智論 知此生智 卽邪智論. 韋陀有四 一 阿由 此云 方命亦曰壽 謂養生繕性 二 殊夜 謂祭祀祈禱 三 婆磨 謂禮儀占卜兵法軍陣 四 阿達婆 技藝禁呪醫方. 又云四明 一 聲明 謂聲教明了世間文子釋語訓字 二 工巧明 技術陰陽曆數 三 醫方明 謂禁呪針藥醫治方法 四 因明 因卽萬法生起之因 種種言論 圖印等 一一研覈眞僞 五明中除內明〕

5. 많이 배우기를 싫어하지 말라 _ 우가녕 승록

무릇 배우는 데 있어서 많이 배우기를 싫어하지 말 것이니[1] 모르는 게 있으면 대개 공부가 부족한 것이다.[2]

불교 최고의 가르침이 멀리 전파되는 것은 삼승三乘의 법으로 실어 나르기 때문이다.

그러나 마장魔障이 닥쳐 불법을 능멸하고 업신여긴다면 반드시 그 수모는 막아야 하니, 그 수모를 막는 방법은 상대방의 실정을 아는 것보다 더 좋은 게 없다. 인도에서는 위타韋陀를, 중국에서는 도가나 유가의 경서를 보면 불법의 상대를 알 수 있다.

---

1. 『고승전』에서 이르기를 "폭넓게 배우기를 싫어하지 말 것이니 폭넓게 배우면 통달할 것이다." 하고, 공자가 말하기를 "군자가 글을 폭넓게 배워 이를 극진한 예로 잘 챙기면 잘못되지 않을 것이다."고 하였으니, 이들은 도에 어긋나지 않은 것을 말한다.〔高僧傳云 學不厭博 博則通矣 孔子曰 君子博學於文 約之以禮 亦可以不畔矣. 言不違反於道也〕
2. 공자가 자하에게 이르기를 "군자는 모르는 것을 부족한 것처럼 생각해야 한다." 고 하였으니, 말하자면 모르는 것은 반드시 부족한 것이니 아는 사람에게 물으라는 것인데, 대개 자기가 보는 것만으로 옳다고 해서는 안 된다는 것이다. 이것이 궐여闕如의 뜻을 말하는 것이니, 아는 것이 없다는 것이다.〔孔子謂子夏曰 君子於其所不知 蓋闕如也. 謂不知必闕 問於知者 蓋不以己所見爲是也. 此言闕如義謂無也〕

故로 祇桓寺[1] 中 有四韋陀院인데 外道以爲宗極[2] 일새니라.
고 기환사 중 유사위타원 외도이위종극

又有書院에 大千界[3] 內所有不同文書並集其中하고
우유서원 대천계 내소유부동문서병집기중

佛俱許讀之는 爲伏外道이지 而不許依其見也니라.
불구허독지 위복외도 이불허의기견야

此土古德[4] 高僧이 能懾伏異宗者 率由博學之故일새니라.
차토고덕 고승 능섭복이종자 솔유박학지고

譬如夷狄[5] 之人 言語不通이고 飮食不同인데
비여이적 지인 언어불통 음식부동

孰能達其志 通其欲이리오. 其或微解胡語이면 立便馴和矣라.
숙능달기지 통기욕 기혹미해호어 입변순화의

---

1. 기환사祇桓寺는 중인도 사위성 남쪽에 있는 절이다. 기환祇桓은 기원祇園이라 고도 하며 '기수급고독원祇樹給孤獨園'의 약칭이다. 이곳은 본래 파사익왕의 태자 기타祇陀가 소유한 원림園林이었으나 급고독장자給孤獨長者가 그 땅을 사서 석존께 바치고 태자는 그 원림園林을 공양하였으므로 두 사람의 이름을 따라 기수급고독원祇樹給孤獨園이라 일컬었다.
2. 종극宗極은 으뜸을 말하니 최고의 가르침으로 삼는 것을 말한다.
3. 대천계大千界는 '삼천대천세계'의 약칭이니 온 세상을 말한다.
4. 고덕古德은 고성선덕古聖先德의 뜻이니 예전 학덕과 도행이 높은 훌륭한 스님들을 가리킨다.
5. 이적夷狄은 중국 변방에 사는 미개한 민족을 가리킨다. 옛날 중국에서 변방의 미개한 민족을 일컫는 말이니 동쪽 오랑캐를 이夷, 서쪽 오랑캐를 융戎, 남쪽 오랑캐를 만蠻, 북쪽 오랑캐를 적狄이라 한다.

그러므로 기원정사에 사위타원四韋陀院을 두었으니 이는 외도들이 그것을 최고의 가르침으로 삼았기 때문이다.

또 도서관에 이 세상의 모든 글을 모아 놓고 읽게 한 것은 외도를 굴복시키기 위한 것이지, 그들의 견해에 의지하라고 한 것이 아니다.

이 땅의 고승대덕들이 예전에 다른 종교를 굴복시켰던 것은 박학다식博學多識했기 때문이다.

오랑캐와는 언어도 음식도 다른데 누가 그들이 뜻하고 원하는 바를 알아 통할 수 있겠는가.

만일 오랑캐 말을 조금이라도 이해하고 있다면 바로 그들을 길들여 순화시킬 수 있을 것이다.

是以로 習鑿齒를 道安 以詼諧[1]로 而伏之하고 宗雷[2]之輩를 慧遠
시이 습착치 도안 이회해 이복지 종뢰 지배 혜원

以詩禮로 而誘之하니라. 權無二를 復禮[3] 以辨惑으로 而誘之하고
이시례 이유지 권무이 복례 이변혹 이유지

陸鴻漸[4]을 皎然 以詩式[5]으로 而友之하니라.
육홍점 교연 이시식 이우지

---

1. 회해詼諧는 익살이다. "이 세상에서 알아주는 습착지입니다."라는 말에 "하늘에 가득 차 있는 도안입니다."라는 말로 대꾸한 게 이것이다. 혹은 두 사람이 길을 가다가 도안이 앞서고 습착지가 뒤에 갈 때 습착지가 조롱하며 말하기를 "키로 쌀을 까부르니 거친 쌀겨가 먼저 날라 간다."고 하자, 도안이 곧장 대꾸하여 말하기를 "물에다 쌀을 이니 모래와 작은 돌이 뒤를 따라 온다."라는 어구이다.〔詼諧 嘲謔也. 以彌天釋道安 對四海習鑿齒者 是也. 或 兩人同行 安前習後 習忽嘲曰 箕而簸之 糟糠先去 安卽對曰 淘而汰之 沙石後來語句〕
2. 종뢰宗雷는 종병宗炳과 노 차종雷次宗을 말한다. 종병은 어려서부터 거문고와 글씨를 좋아하며 그림을 잘 그렸다. 노장老莊의 학學에도 배움이 깊고 형산에 은거하여 나라에서 불러도 나아가지 않은 사람이다. 뇌차종은 젊어서 여산 동림사에 들어가 혜원慧遠을 고시고 산 사람이다.
3. 복례復禮는 당나라 때의 고승이다. 홍선사興善寺에 머물면서 경전을 보았고 유학에도 밝았는데 특히 시문詩文을 잘하였다. 681년에 태자문학太子文學으로 있던 권무이權無二가 『석전계의釋典稽疑』를 지어 복례에게 물으니 복례가 『십문변혹론十門辨惑論』을 지어 그에게 답하였다. 그의 문집이 세상에 전한다.
4. 육우는 자字가 홍점으로 일찍이 『다경』을 저술하였다. 시인 승려 청주는 자字가 교연皎然으로 사강락의 10세손이다. 그는 시인의 오묘한 취지를 얻어 선조들의 아름다운 문체를 전하였으니, 사詞는 대체로 화려하고도 윤택하며 율律은 맑으면서도 기상이 있었다. 그 당시 글을 하는 사람들이 그를 본보기로 삼지 않음이 없었다.〔道士陸羽 字鴻漸 嘗著『茶經』. 詩僧清晝 字皎然 謝康樂十世孫. 得詩人之奧旨 傳乃祖之菁華 詞多芳澤 律尙淸壯 一時詞人 莫不楷模〕
5 『시식詩式』은 당나라 승려 교연이 찬술한 시詩의 평론집이다. 내용은 시법詩法을 논하여 작품을 다섯 틀로 나누고 한위漢魏 이래의 시구詩句를 인용하여 논평을 가하고 수사론修辭論, 창작론創作論까지 언급하였다.

이 때문에 습착치習鑿齒를 도안道安 스님이 익살로 굴복시키고, 종병과 뇌차종[1] 같은 분들을 혜원慧遠[2] 스님은 『시경』 『서경』 『예기』에 대한 뛰어난 실력으로 불교에 관심을 갖도록 하였다.

권무이權無二[3]를 복례復禮 스님이 『십문변혹론十門辨惑論』으로 불교에 끌어들였고, 육홍점陸鴻漸을 교연皎然 스님이 『시식』으로 벗을 삼았다.

---

1. 태자사인 종병과 산기상시 뇌차종은 모두 혜원 스님의 도량에 머물던 객인데 『시경』 『서경』 『예기』 등의 실력으로 불러들인 자들이다.[太子舍人宗炳 散騎常侍雷次宗 皆遠公蓮社中客 以詩書禮記 誘致之也]
2. 혜원慧遠 (334~416)은 동진東晉 때의 승려이다. 중국 정토종 초조初祖로서 여산廬山 백련사白蓮社 창시자이다. 13세에 이미 육경六經과 노장학老莊學에 능통하였고 21세에 도안道安에게 나아가 『반야경』 설법을 듣고는 "유교, 도교 모든 학문들이 불교에 비하면 별 볼일이 없구나.[儒道九流皆糠薪]"라고 개탄하며 머리를 깎고 출가하였다. 혜원이 『반야경』에 정통하고 스물네 살 때 강석에 올라가 『장자』를 인용하여 불교의 실상을 알아듣게 설명하니 많은 사람들이 그 뜻을 이해하였다. 381년 여산 동림사에 내려가 경전 연구 및 역경에 몰두하다 혜영惠永 · 혜지慧持 · 도생道生과 함께 이름난 선비 유유민劉遺民 · 종병宗炳 · 뇌차종雷次宗 · 주속지周續之 등 123 명이 어울려 백련사白蓮社를 창설하고 염불선을 닦았다. 30년 동안 여산에 있으면서 법정法淨, 법령法領 등을 서역에 보내어 범본梵本을 구해오고 계빈국罽賓國 승려 승가파제僧伽婆提에게 청하여 『아비담심론阿毘曇心論』, 『삼법도론三法度論』을 번역하고 또 담마류지曇摩流支에게 청하여 『십송율十誦律』을 번역하는 등 크게 불교에 공헌하였다. 당나라 선종宣宗이 변각辨覺, 송나라 태종太宗이 원오圓悟라는 시호를 내렸다. 저서에 『대지도론요략大智度論要略』 20권, 『문대승중심의십팔과問大乘中深義十八科』 2권, 『사문불경왕자론沙門不敬王者論』, 『법성론法性論』 2권 등이 전한다.
3. 권무이權無二는 당나라 때의 문인인데 한때 태자문학太子文學을 역임하였다. 생몰연대는 미상이다.

此皆不施他術이라 唯通外學耳라.
차개불시타술 유통외학이

況乎儒道二教 義理玄邈인데 釋子 既精本業이면 何妨鑽極[1]이오.
황호유도이교 의리현막 석자 기정본업 하방찬극

以廣見聞으로 勿滯於一方也라.
이광견문 물체어일방야

1. 『보행』에 이르기를 "『춘추』와 『좌전』을 읽고 외우면 하루 종일 마음은 전쟁터에서 노닐며 입으로는 술책과 모사를 말하므로 불법을 공부하는 사람들은 멀리 한다. 노자, 장자, 공자, 맹자의 글 같은 것들은 인의仁義를 넓혀주어 새롭게 도에 들어가는 문이 되어 주기에 때때로 살펴볼 만도 하다."라고 하였다. 『비내야』에서는 부처님께서 비구들이 하루를 3등분하여 오전과 오후에는 불경을 읽고 저녁에는 외도의 서적을 읽는 것을 허락하셨다. 『열선전』에 이르기를 "어떤 사람이 산에 들어가 도를 구하자 노군이 쇠공이를 주고 5척이나 되는 돌을 뚫으라고 하면서, 만약 뚫는다면 도를 얻을 것이라고 하였다. 밤낮으로 뚫기를 40일, 돌이 뚫어지자 선단仙丹을 얻어 마침내 신선이 되었으니 이를 일컬어 찬극鑽極이라 한다."고 하였다.〔補行云 讀春秋誦左傳 終朝心遊戰陣 口演詐謀 助佛法者 遠矣. 如老莊孔孟之書 文弘仁義故 爲新學入道之門 亦可時覽. 毘奈耶中 佛聽比丘一日三分 初中二分讀佛經 晩讀外著. 列仙傳云 有人入山求道 老君與鐵杵使鑽石 石厚五尺 此若能穿 便當得道. 晝夜鑽之 積四十日 石穿得仙丹 遂爲仙 曰鑽極〕

이들 모두에게 다른 방법을 쓴 것이 아니라 오직 그들의 배움에 능통했을 뿐이다.

더구나 유교나 도교의 가르침도 이치가 깊고 깊을 것인데, 부처님의 제자들이 본업에 이미 정통하였다면 어찌 이것들을 깊이 공부하는 것을 막겠는가.

널리 보고 들음으로써 좁은 견해에 갇혀 있지 말아야 한다.

제 **3** 장

도에 책임질 것을 당부하노라

遺誡

1. 孤山圓[1]法師示學徒
고 산 원 법 사 시 학 도

於戲[2]라. 大法下衰하며 去聖逾遠하니 披緇雖衆이라도 謀道尤稀라.
어희 대법하쇠 거성유원 피치수중 모도우희

競聲利 爲己能하고 示流通 爲兒戲하니
경성리 위기능 시유통 위아희

遂使法門罕闢 教網將頹노라.
수사법문한벽 교망장퇴

實賴後昆 克荷斯道하니 汝曹 虛心聽法하며 潔己依師하여
실뢰후곤 극하사도 여조 허심청법 결기의사

近期於立身揚名하고 遠冀於革凡成聖하라.
근기어입신양명 원기어혁범성성

發揮像法 捨子而誰오. 故로 須修身踐言하여 愼終如始어다.
발휘상법 사자이수 고 수수신천언 신종여시

---

1. 지원 스님은 자字가 무외이며 전당錢塘 서씨의 아들이다. 항주 고산사에 거처하니 공부할 사람들이 다투어 귀의하여 문전성시를 이루었다. 스스로 호를 중용자라 불렀다.〔智圓法師 字無外 錢塘徐氏子 居杭州孤山寺 學者歸之如市 自號中庸子〕
2. '어희於戲'는 '어호於乎 · 오호嗚呼 · 오희嗚戱 · 오호烏呼 · 오호嗚嘑 · 오호嗚虖'와 같으며 '아아' 또는 '오호라' 하고 탄식할 때 내는 소리이다.

1. 도에 책임질 것을 당부하노라 _ 고산지원

오호라! 불법이 쇠퇴하면서 부처님이 계셨던 세월과는 더 멀어지니, 승복 입은 이들이 많더라도 도를 도모하는 사람들은 드물기만 하구나.

명예와 이익 다투는 것을 자신의 재능으로 삼고, 바른 법을 유통시키는 것을 어린아이들의 유희로 여기고 있으니 마침내 법문은 드물고 부처님의 가르침이 무너지려 하는구나.

실로 후학들에게 이 도에 책임질 것을 당부하노니, 그대들은 마음을 비우고 법을 들으면서 순결한 몸으로 스승을 의지해야 한다. 가까이로는 훌륭한 스님이 되어 세상에 이름을 드날릴 것을 기약하고, 멀리로는 중생의 업을 벗어 성인이 되기를 마음먹어야 한다. 부처님의 법을 그대로 따라 꽃피울 사람이 그대가 아니면 그 누구이겠느냐. 그러므로 모름지기 자신이 처음 마음먹고 한 말들을 끝까지 수행 실천해야 할 것이다.

勤爾學問하며 謹爾行藏[1]하라.
근이학문 근이행장

避惡友 如避虎狼하고 事良朋 如事父母하라.
피악우 여피호랑 사양붕 여사부모

奉師盡禮하고 爲法忘軀하라.
봉사진례 위법망구

有善이라도 無自矜하고 起過이면 務速改하라.
유선 무자긍 기과 무속개

守仁義 而確乎不拔하고 處貧賤則 樂以忘憂하라.
수인의 이확호불발 처빈천즉 낙이망우

自然 與禍斯違하고 與福斯會하니 豈假相形問命이어
자연 여화사위 여복사회 기가상형문명

諂求榮達之期하고 擇日選時하여 苟免否屯[2]之運이리오.
첨구영달지기 택일선시 구면부둔 지운

---

1. 행장行藏 : 『논어』에서 "사용하면 행行이요 버리면 장藏이다."라고 하였다.[語曰 用之則行 捨之則藏]
2. 부둔否屯은 『주역』의 64괘 가운데 부否괘와 둔屯괘을 합쳐 말한 것이다. 부否괘는 건乾괘와 곤坤괘가 거듭된 것이니 음양이 고르지 못하여 일이 잘 풀리지 않는 모습이요, 둔屯괘는 감坎괘와 진震괘가 거듭된 것이니 험난하여 앞으로 나아가는데 고생하는 모습이다. 부否는 막히는 것이요 둔屯은 어렵다는 뜻이니 다 같이 운수가 안 좋은 것을 말한다. 부否는 막히는 것이니 하늘과 땅이 교류하지 못하여 만물이 통하지 못하는 모습이다. 한 사람을 예로 들어 말한다면 음양이 조화가 안 되고 기혈이 안 통해 겉과 속이 그 법도를 잃는 것이다. 사물이 끝내 만물과 통할 수 없다. 둔屯은 어려운 것이니 굳센 것과 부드러운 것이 처음 교류하여 어렵게 생겨나는 모습이다. 만물이 처음 생겨나면서 굽어진 채 아직 펴지지 않은 것이다.〔否 閉塞也 天地不交而萬物不通也. 以一人言之則 陰陽不合 氣血不通 表裡失度也 物不可以終通也. 屯 難也 剛柔始交而難生 萬物始生 屈而未申之象也〕

배우고 묻기를 부지런히 하며 나아가고 물러서는 일이 공손하고 조심스러워야 한다.

나쁜 친구를 호랑이 피하듯이 피하고, 어진 벗 섬기기를 부모처럼 섬겨야 한다.

스승을 받들어 예를 다하여 모셔야 하고, 법을 구하는 데 몸을 사려서는 안 된다.

선행이 있어도 스스로 자랑하는 일이 없어야 하고, 허물이 생기면 빨리 고치도록 애를 써야 한다.

인의仁義를 지킴에 흔들림이 없이 확고해야 하고, 빈천貧賤한 곳에 있다면 청빈을 즐겨 근심을 잊어야 한다.

자연스럽게 이러한 삶은 재난에서 멀어지고 복록이 모이는 것이니, 어찌 관상을 보고 운명을 물어 영달의 시기를 샂되게 찾겠는가. 어찌 날짜를 받고 시기를 선택하여 꽉 막힌 어려운 운세를 구차하게 면하고자 하겠는가.

此豈沙門之遠識이리오.
차기사문지원식

實唯俗子之妄情이니 宜乎 見賢思齊하라.
실유속자지망정　의호 견현사제

當仁不讓이라. 慕雪山之求法[1]하고 學善財之尋師하라.
당인불양　모설산지구법　학선재지심사

名利에 不足動於懷하고 死生에 不足憂其慮하라.
명리　부족동어회　사생　부족우기려

倘功成而事遂라면 必自邇而陟遐라.
당공성이사수　필자이이척하

---

1. 설산지구법雪山之求法은『열반경』에서 부처님이 말씀하시기를 "내가 설산의 동자로 있을 때 제석천이 나를 시험하려고 나찰로 변신하여 과거불이 설하였던 게송에서 앞부분에 해당하는 '제행무상諸行無常 시생멸법是生滅法'을 읊었다. 나는 이때 이 부분을 듣고 환희심이 일어나 사방을 돌아보았지만 나찰만 보이므로 말하기를 '착하구나, 보살이여. 나머지 게송을 마저 설해 준다면 나는 종신토록 그대의 제자가 되겠다.'고하니, 나찰이 이르기를 '나는 지금 배고파서 말할 수 없다.'라고 하였다. 내가 '그대가 나머지 게송을 말해주면 나의 몸을 보살에게 먹이로 바치겠다.'고 말하니, 나찰이 이에 '생멸멸이生滅滅已 적멸위락寂滅爲樂'이라는 나머지 게송을 설해 주었다. 나는 이 게송을 듣고 나서 사방에 있는 돌이나 나무 등에 이 게송을 쓰고는 바로 높은 나뭇가지에 올라 몸을 땅에 던지니 이때에 나찰이 다시 제석천의 모습으로 내 몸을 받았다."고 하였다는 이야기의 내용을 말한다.

이런 것이 어찌 사문의 원대한 식견이 되겠는가.

이는 실로 속인들의 허망한 분별심일 뿐이니, 마땅히 어질고 현명한 사람들을 보고 그들과 같아질 것을 생각해야 한다.

어질고 자비로운 일에서는 양보하지 말아야 하니, 설산에서 법을 구하던 수행자의 삶을 사모하고 선재동자가 스승을 찾아다니며 공부하던 모습을 배워야 한다.[1]

명예와 이익에 흔들리지 말고 삶과 죽음에 근심하지 말아야 한다.

공부를 완성하여 그 일을 마치려면, 반드시 가까운 데서 시작하여 먼 곳으로 올라야 한다.[2]

---

1. 선재지심사善財之尋師는 『화엄경』 '입법계품'에 나오는 선재동자가 문수사리를 뵙고 발심하여 남방으로 내려가 53선지식을 차례로 찾아뵙고 맨 나중에 보현보살을 만나 십대원十大願을 듣고는 아미타불국토에 왕생하여 법계에 증득해 들어갔다는 내용을 말한다.
2. 『서경』에서 이르기를 "높이 오르려면 반드시 아래부터 오르기 시작해야 하며 먼 곳을 가려면 반드시 가까운 곳부터 가기 시작해야 한다." 하고는, 이를 풀이하여 말하기를 "멀리 가려면 반드시 가까운 곳부터 가기 시작하고, 높이 오르려면 반드시 낮은 곳부터 오르기 시작해야 하니, 덕을 얻기 위한 수업도 이처럼 해야 한다."라고 하였다. 〔書云 若升高 必自下 陟遐 必自邇 註云 行遠必自邇 登高必自卑 進德修業 得如此也〕

不沽名이라도 而名自揚하며 不召衆이라도 而衆自至하며
불고명 이명자양 불소중 이중자지

智足으로 以照惑하고 慈足으로 以攝人이라.
지족 이조혹 자족 이섭인

窮則 獨善其身하고 達則 兼善天下라.
궁즉 독선기신 달즉 겸선천하

使眞風息而再振하고 慧炬滅而復明하면
사진풍식이재진 혜거멸이복명

可謂大丈夫焉 可謂如來使矣라.
가위대장부언 가위여래사의

豈得身捿講肆[1]에 跡混常徒리오.
기득신서강사 적혼상도

在穢惡則 無所間然[2]하고 於行解則 不見可畏하니
재예악즉 무소간연 어행해즉 불견가외

以至積習成性하여 自滅其身하리라.
이지적습성성 자멸기신

---

1. 도를 풀이하는 자리 곧 설법하는 자리에 대중들이 많이 모여든 것이 마치 저자거리 같으므로 그 자리를 강사講肆라고 하였다.『조론』에서는 "배우는 곳에 많은 서적들을 진열해 놓은 것이 마치 저자거리에서 물건을 진열해 놓은 것과 같다." 라고 말하기도 하였다. 후한의 장해는 자字가 공초인데, 이 사람에게 배우려고 따르는 학도들이 많아 모인 장소가 마치 저자거리 같았던 까닭에, 지금 학문을 강의하는 장소를 강사講肆라 일컫는 것이다.〔講道之所 衆集如市肆 故云講肆. 肇論云 學處 陳列書史 如市中陳列貨物也. 後漢 張楷 字公超 學徒隨之 所居如市 故今講學處 稱肆焉〕
2. 간연間然은 잘못된 일에 이의를 제기하는 것을 말한다.

그리해야 이름을 팔지 않아도 이름이 저절로 나고 대중을 부르지 않아도 대중들이 스스로 찾아온다.

충만한 지혜로 의혹을 풀고 가득한 자비로 사람을 거두게 된다.

공부가 빈약하면 홀로 그 자신만을 잘 다스려야 하고, 공부에 통달하면 천하까지 함께 다스리게 된다.

잠잠한 중생교화의 바람을 다시 일으키고 꺼진 지혜의 등불을 다시 밝힐 수 있다면, 대장부라 할 만하고 여래의 사자라 일컬을 수 있다.

그런데 어찌 법을 설할 자리에 있어야 할 몸이 세상 사람들과 뒤섞여 있단 말인가.

추악한 곳에 있어도 그 잘못에 이의를 제기하는 일이 없고, 바로 알고 실천해야 할 곳에 있어도 존경할 만한 모습이 보이지 않으니[1] 그런 습성들이 쌓여 자신을 멸망시킬 것이다.

---

1. 만약 바른 견해와 높은 수행이 있으면 사람들이 모두 외경심을 내고 존경할 것이다. 그렇지 못하므로 존경할 만한 모습을 보지 못하는 것이다.

始敎慕彼上賢이나 終見淪於下惡이니 如斯之輩 誠可悲哉니라.
시교모피상현 종견윤어하악 여사지배 성가비재

詩云에 靡不有初나 鮮克有終이라하니[1] 斯之謂矣라
시운 미불유초 선극유종 사지위의

中人以上 可不誡歟아.[2]
중인이상 가불계여

抑又戒慧分宗 大小異學하나 悉自佛心而派出이니 意存法界하고
억우계혜분종 대소이학 실자불심이파출 의존법계

以同歸하라.[3] 旣而未曉大猷[4]일새 於是에 各權所據 習經論則
이동귀 기이미효대유 어시 각권소거 습경론즉

以戒學爲棄物하고[5] 宗律部則 以經論爲憑虛하며 習大法者則
이계학위기물 종율부즉 이경론위빙허 습대법자즉

滅沒小乘하고 聽小乘者則 輕毁大法이라.
멸몰소승 청소승자즉 경훼대법

---

1. 『시경』에 있는 '대아大雅' 탕지편蕩之篇에 나오는 말로 미靡는 없다는 것이요, 선鮮은 적다는 것이며, 극克은 극복하여 행할 수 있다는 것이다. 시작은 있으나 그 끝이 없는 것이 곧 보통사람들의 마음가짐이다.[詩大雅蕩之篇. 靡無也 鮮小也 克 能也 有始無終 乃人之常情也]
2. 상근기는 가르침이 없어도 훌륭하고, 중근기는 가르침을 들어야 잘못을 고치며, 하근기는 어리석어 가르침을 듣더라도 실천하지를 않는다. 그러므로 여기서는 중근기의 보통사람을 지적하여 일률적으로 훈계하는 것이다.〔上善不待敎 中人聞語而改 下愚聞不遷 故 指中人 一以誡之也〕
3. 『화엄경』에서 "법계로부터 흘러나오지 않은 것이 없으므로 법계로 되돌아가지 않을 것이 없다."라고 하였으니, 이것이 곧 모두 함께 법계로 돌아가는 것이다.〔華嚴云 無不從此法界流 無不還歸此法界. 是同歸法界也〕
4. 대유大猷는 대도大道이다.
5. 율에서 비구는 5년 동안 오로지 율학을 열심히 공부한 뒤에 경론을 배우라고 제정하였는데, 지금 경론만 배우는 자들이 율학을 쓸모없는 것으로 여기고 있다.〔律制 比丘 五夏以前專精律部 然後學經論. 今但習經論者 以律學爲棄物也〕

처음에 어진 성현이 되기를 가르쳤지만 끝내 삼악도에 떨어지는 모습을 보게 되니 이런 사람들은 참으로 안타까울 뿐이다.

『시경』에 "처음에는 좋은 뜻이 있었지만 난관을 극복하여 끝까지 그 뜻을 이루려는 사람들은 보기 드물다."고 하였으니, 이를 두고 한 말이다.

그러니 보통 사람들이 어찌 경계하지 않을 수 있겠는가.

또 계율과 지혜로 종파를 나누고 대승과 소승으로 배움을 달리하나 모두 부처님의 마음에서 갈라지는 것이다. 그러니 뜻을 법계法界에 두고 함께 그 자리로 돌아가야 한다.

큰 도를 깨닫지 못했으므로 저마다 임시로 있는 곳에서 경론을 익히면 계학戒學을 쓸모없는 것으로 여기고, 율학을 으뜸으로 치면 경론을 헛된 곳에 기대는 것으로 삼는다.

대승을 공부하는 사람은 소승을 멸시하고, 소승을 공부하는 사람은 대승을 비방하고 업신여긴다.

但見人師偏讚하고 遂執之而互相是非하니 豈知佛意常融이리오.
단견인사편찬　수집지이호상시비　기지불의상융

苟達之而不見彼此하고 應當互相成濟하여 共熟機緣이라.
구달지이불견피차　응당호상성제　공숙기연

其猶萬派朝宗에 無非到海이니 百官莅事 咸曰勤王[1]이라.
기유만파조종　무비도해　백관리사 함왈근왕

未見護一派而擬塞衆流나 守一官而欲廢庶績[2]이니라.
미견호일파이의색중류　수일관이욕폐서적

原夫法王[3]之垂化也 統攝群品[4]하려 各有司存이라.
원부법왕 지수화야 통섭군품　각유사존

---

1. 근왕勤王은 『시경』에서 "나랏일로 바쁘지만 실수 없이 치밀하게 처리한다."라고 말한 것들과 같다. 앙장鞅掌은 체면을 잃는 것인데 나랏일로 바빠 체면 차리지 않는 것을 말한다. 고盬의 음은 고固이면서 견고하지 않은 것을 말하니, 나랏일은 실수 없이 반드시 견고하고 치밀해야 된다는 것을 말한다.〔勤王 如詩云 鞅掌王事 王事靡盬之類 是也. 鞅掌 失容也 言王事煩勞 不仮爲儀容也. 盬音固 不堅也 言王事不可不堅固也〕
2. 서적庶績에서 서庶는 중衆, 적績은 공功의 뜻이니 많은 공적功績을 일컫는 말이지만 여기에서는 많은 관직을 뜻한다.
3. 법왕法王은 부처님을 일컫는 다른 표현이다.
4. 군품群品은 온갖 중생들을 말한다.

단지 스승들이 찬탄하는 것만 보고 그 뜻을 알지도 못하면서 집착하여 서로 옳고 그름을 따지고 있으니, 어찌 '부처님의 뜻이 언제나 오롯하여 걸림 없음'을 알 수 있겠는가.

진실로 부처님의 뜻에 통달하여 피차의 허물을 보지 말고 서로 도움을 주어 함께 깨달음의 인연을 성숙시켜야 한다.

온갖 물줄기가 목적지로 흘러감에 바다에 이르지 않는 것이 없으니[1] 문무백관이 모두 정사政事를 처리함에 다함께 "나랏일로 바쁘지만 정성을 다해 힘쓸 것이다."라고 말하는 것과 같다.

물줄기 하나를 보호하려고 모든 물줄기를 막으려고 한다거나, 하나의 관직만 두고 나머지 모든 관직을 없애려고 하는 것을 아직 보지 못하였다.

본디 법왕의 교화에 있어서는 모든 중생들을 거두려고 저마다 맡긴 일이 있었다.

---

1. 『서전書傳』에서 "강수江水와 한수漢水가 머리를 조아리며 바다로 모여 든다."고 하였으니, 이는 강수와 한수의 형세가 바다를 향해 달려가는 것이 마치 제후들이 왕에게 머리를 조아리며 언제나 복종함과 같다는 것을 말한다. 봄에 임금을 알현하는 것을 조朝라 하고 여름에 알현하는 것을 종宗이라 하니, 이는 모든 종파가 마음의 바다로 하나로 녹아 모이는 것을 말한다.〔傳曰 江漢朝宗于海. 謂江漢之勢 奔趨於海 若諸候之朝宗於王也. 春見曰朝 夏見曰宗 言諸宗融會於心海也〕

小律은 比禮刑之權하고 大乘은 類鈞衡[1] 之任하며
소율 비예형지권 대승 유균형 지임

營福은 如司於漕輓[2] 이며 製撰은 若掌於王言이라.
영복 여사어조만 제찬 약장어왕언

在國家之百吏咸修는 類我教之群宗競演이니
재국가지백리함수 유아교지군종경연

果明此旨이면 豈執異端이리오.
과명차지 기집이단

當須量己才能[3] 하여 隨力演布이어니
당수량기재능 수력연포

性敏則 兼學爲善이고 識淺則 顓門[4] 是宜니라.
성민즉 겸학위선 식천즉 전문 시의

---

1. 균형鈞衡은 국정을 공평히 처리해 나간다는 뜻이니 재상을 말한다. 균鈞은 도균陶鈞이니 도공이 도자기를 만드는 회전판 녹로이다. 도공들은 그릇을 만드는 돌림판을 균鈞이라 하니 아마도 일정하게 회전하며 균형을 조절한다는 의미를 취하는 것이다. 재상이 하늘의 법도를 본받아 문무백관과 만백성을 통치하는 것 또한 도공들이 균鈞을 회전시키는 것과 같음을 말한다. 형衡은 아형(은나라 이윤이 한 벼슬로 지금의 국무총리 같음)인데 이윤을 호칭하여 아형이라 하였다. 아阿는 의뢰하는 것이요 형衡은 평등하게 하는 것이니, 의지하고 기대어 공평한 처사를 내리는 것을 말한다.〔鈞 陶鈞也. 陶家謂轉者爲鈞 盖取周回均調之義. 言宰相法天而統百官馭萬民 亦猶陶人轉鈞也. 衡 阿衡 號伊尹曰阿衡. 阿倚也 衡平也 言依倚而取平也〕
2. 조만漕輓에서 배를 젓는 것을 조漕라 하고 수레를 끄는 것을 만輓이라 한다.〔舟運曰漕 車運曰輓〕
3. 능能은 짐승 이름이니 형색은 곰과 흡사하고 다리는 사슴과 비슷한데 튼튼하면서도 힘이 있는 까닭에 현명하고 재주 있는 사람을 모두 '능하다'고 표현한다.〔能獸名 形色似熊 其足似鹿 爲物堅中而力强故 人之有賢才者 皆爲之能也〕
4. '전문顓門'은 '전문專門'이니 '전顓'은 '전專'과 같기 때문이다.

소승의 율律은 하나하나의 행위를 통제하며 징벌하는 예부와 형부의 소임에 비교되고, 대승은 나라의 모든 일을 총괄하여 균형을 잡아주는 재상의 임무와 비슷하다.

복을 짓는 일은 부처님의 세상으로 가는 배를 젓고 수레를 끄는 것과 같고, 경전을 만드는 일은 왕의 말을 기록해 두는 것과 같다.

나라에서 모든 벼슬아치들이 함께 자신의 직분을 실천해 가는 것은, 불교의 모든 종파들이 다투어 자신의 법을 설파하는 것과 유사하니, 과연 이런 뜻이 드러나면 어찌 다른 종파가 이단異端이라고 고집하겠는가.

모름지기 자신의 재주와 능력을 잘 헤아려서 힘껏 부처님의 법을 펴야 하니, 총명하고 민첩한 성품이면 다른 것을 겸해 공부하는 것도 좋은 일이고, 자신의 역량이 부족함을 알면 한 가지 일에 전념하는 것이 옳을 것이다.

若然者 雖各播風猷[1]라도 而共成慈濟이어
약연자 수각파풍유　이공성자제

同歸和合之海하여 共坐解脫之床이라.
동귀화합지해　공좌해탈지상

夫如是則 眞迷途之指南[2]이요 教門之木鐸也라.
부여시즉 진미도지지남　교문지목탁야

居乎師位에 諒無慚德이니 趣乎佛果에 決定不疑하리라.
거호사위　양무참덕　취호불과　결정불의

汝無矜伐[3]小小見知 樹立大大我慢하여
여무긍벌 소소견지 수립대대아만

輕侮先覺 熒惑後生이어다.
경모선각 형혹후생

雖云聽尋 未補過咎라도[4] 言或有中이면 汝曹思之하라.
수운청심 미보과구　언혹유중　여조사지

---

1. 유猷는 도道의 뜻이니, 풍유風猷는 불도와 부처님의 법을 전파하는 것을 말한다.
2. 지남指南은 남쪽 방향을 가리키는 것이니 여기서는 나침반의 뜻으로 쓰였다. 주나라 때 월상이 들어와 공물을 바치고는 돌아가는 길을 잃어 버렸으므로 주공이 지남거를 만들어 그것을 싣고 돌아가게 하였다.〔周時 越裳入貢 迷其去路 周公作指南車 載之而歸〕
3. 긍벌矜伐에서 벌伐은 나무를 베다는 뜻의 벌伐과 같은데, 범부들이 '자신의 재주를 자랑하는 것은 스스토 자신의 몸을 베는 것과 같다.'라는 뜻이다.
4. 옛 사람이 이르기를 "가르침을 듣고 논장을 탐구하는 것은 도에 도움이 못 되고 허물을 제거할 수 있는 것도 아니다."라고 하였다.〔古云 聽經尋論 未補道 未除過〕

그리하면 저마다 법을 전파하더라도 함께 자비로운 중생구제가 되어 똑같이 화합의 바다로 돌아가 해탈한다.

이와 같다면 참으로 잃어버린 길을 찾는 나침반이요 교문教門의 목탁[1]이다. 스승의 자리에 앉아 진실로 부끄러움이 없으니, 불과佛果로 나아가는 것에 조금도 의심하지 않을 것이다.

그대들은 별 볼일 없는 지견을 자랑삼아 내세워 아만[2]에서 선각자나 후학들을 업신여기거나 현혹하는 일이 없어야 한다.

선지식을 찾아 듣는 이야기가 도에 도움이 못 되고 허물을 고치지 못한다고 하더라도, 듣는 말 가운데 혹 맞는 말이 있다면 그대들은 그 내용을 잘 새겨들어야 한다.

---

1. 목탁木鐸은 옛적에 나라의 명령을 내릴 때 친 것인데, 세상 사람을 가르쳐 인도할 만한 사람이나 기관 등을 가리키는 말로 쓰기도 하였다. 요즈음 절에서 경을 읽거나 좌선 정진할 때 또는 예불이나 식사시간을 알리고 기도할 때 쓰는 불구의 일종을 말하기도 한다. 나무를 둥글게 깎아 속을 파서 방울처럼 만들고 고리 모양의 손잡이를 단다.
2. 자신의 재주를 믿고 스스로 뽐내며 남을 업신여기는 것이다.

2. 周京師大中興寺道安[1]法師遺誡九章
주경사대중흥사도안 법사유계구장

周京師 大中興寺 道安法師 遺誡九章하여 以訓門人하니 其詞曰
주경사 대중흥사 도안법사 유계구장 이훈문인 기사왈

하되 敬謝諸弟子[2]等하노니 夫出家爲道 至重至難하니 不可自輕이
경사제제자 등 부출가위도 지중지난 불가자경

며 不可自易어다. 所謂 重者는 荷道佩德하고 縈仁負義하며 奉持淨
불가자이 소위 중자 하도패덕 영인부의 봉지정

戒하여 死而有已일새 所謂 難者는 絶世離俗하여 永割親愛하고 廻情
계 사이유이 소위 난자 절세이속 영할친애 회정

易性하여 不同於衆일새니라. 行人所不能行하고 割人所不能割하며
역성 부동어중 행인소불능행 할인소불능할

忍苦受辱 捐棄軀命일새 謂之難者라하니 名曰道人이라.
인고수욕 연기구명 위지난자 명왈도인

1. 도안道安은 북주北周 호성胡城사람인데 성姓은 요姚씨이다. 세상 사람들이 소도안小道安이라 일컬었다. 『열반경』과 『지론智論』에 통달하고 널리 자사제예子史諸藝에도 밝았다. 일정한 스승이 없어 큰스님이 있다는 말만 들으면 찾아가 공부하였다. 외아들이었으그로 어머니를 대중홍사에 모시고 살면서 손수 어머니의 진지를 지어드리고 난 뒤 강의를 하였다고 한다. 임금이 불렀으나 "폐하는 백성을 위해 나오시고 빈도貧道는 법을 위해서 나가지 않겠다."고 하며 끝내 부름에 응하지 않았다. 수隋 개황開皇 말년(600)에 입적하였다. 유명한 진晉의 석도안釋道安(성姓은 위씨魏氏)과는 동명이인同名異人이다.
2. 제자弟子란 배움이 스승의 뒤를 좇는 까닭에 제弟라 하고 견해는 스승을 좇아 생겨나기 때문에 자子라 하는 것이다.〔學從師後曰弟 解從師生曰子〕

2. 제자에게 남긴 아홉 가지 가르침 _ 대중흥사 도안

주나라[1] 서울에 있는 대중흥사大中興寺 도안 스님께서 아홉 문장을 지어 문중사람들을 훈계한 '유계구장遺誡九章'에서 말하였다.

삼가 모든 제자들에게 알리노라.
출가하여 도를 위하는 일은 참으로 소중하고 어려운 것이니 자신의 공부를 가볍게 여기거나 쉽게 생각해서는 안 된다. 이른바 '소중하다는 것'은 도덕적인 삶과 인의仁義로 맑고 깨끗하게 살면서 죽어서야 이 일을 그만두기 때문이요, 이른바 '어렵다는 것'은 세상을 떠나 혈육의 정을 영원히 끊고 중생의 삶을 바꾸어 세상 사람들과는 다른 삶을 살아야 하기 때문이다.

다른 사람들이 행할 수 없는 것을 실천하고, 베어낼 수 없는 것을 끊어내며, 고통을 참고 목숨조차 버릴 수 있는 그런 삶이므로 어렵다는 것이니, 이런 사람을 도인이라 한다.

---

1. 주周(557-580)는 북주北周라고도 한다. 남북조南北朝시대 북조北朝의 하나이다. 우문각宇文覺이 서위西魏의 뒤를 이어 세운 나라인데 건국한 지 5주主 24년 만에 수隋나라에게 망하였다. 경사京師에서 경京은 대大, 사師는 중衆의 뜻이니 국도國都와 같다. 곧 임금의 궁성이 있는 곳이니 서울에 해당한다.

道人者 導人也이니 行必可履 言必可法이라.
도인자 도인야 행필가리 언필가법

被服出家이면 動爲法則이니 不貪不諍 不讒不慝이라.
피복출가 동위법칙 불탐부쟁 불참불특

學問高遠 志在玄默이어 是爲名稱[1] 이니
학문고원 지재현묵 시위명칭

參位三尊[2] 出賢入聖하여 滌除精魂하라.
참위삼존 출현입성 척제정혼

故得 君主不望其報하고 父母不望其力이라.
고득 군주불망기보 부모불망기력

普天之人 莫不歸攝이니
보천지인 막불귀섭

捐妻減養[3] 供奉衣食하며 屈身俯仰하고 不辭勞恨者
연처감양 공봉의식 굴신부앙 불사노한자

以其志行清潔 通於神明하여 淡泊虛白일새 可奇可貴라.
이기지행청결 통어신명 담박허백 가기가귀

---

1. 명칭名稱: 밖에서 들려오는 명성이 명名이요 내실에 부합되는 것을 칭稱이라 한다.〔外聞之聲曰名 叶於內實曰稱〕
2. 삼존三尊은 불佛·법法·승僧 삼보를 높여 이르는 말이다.
3. 연처감양捐妻減養은 삼보에 공양을 올리기 위하여 처자가 있음에도 불구하고 집안의 양식도 줄인다는 의미인데 그만큼 삼보를 소중하게 여기고 존경한다는 것이다. 연처捐妻는 양나라 때 부대사傅大士가 삼보께 공양 올리기 위하여 처자를 돌보지 않은 일을 말하며, 감양減養은 시주가 사랑하는 부모나 처자의 몫을 줄여 삼보에게 공양 올리는 일을 말한다.

도인이란 다른 사람들을 좋은 길로 인도하는 분이니, 도인의 행위는 반드시 뒤따를 만하고 그 언행은 반드시 본받을 만해야 한다.

승복을 입고 출가하면 움직이는 모습 그 자체가 법칙이니 욕심내거나 다툼이 없어야 하고, 거짓말하거나 속이지 않아야 한다.

학문이 높고 뜻이 깊어 이것이 명성과 칭찬이 되니 삼보의 위치에 들어가 성인이 되어 영혼을 정화해야 한다.

그러므로 임금은 시은의 보답을 바라지 않고 부모는 자식의 덕을 보려고 하지 않는다.

세상 사람들이 모두 귀의하니, 부모와 아내의 몫을 줄여 옷과 음식을 공양하며 우러러 받들고 모든 수고를 아끼지 않는다.

이는 출가인의 뜻과 행위가 맑고 고결하여 신명神明에 통해, 편안하고 고요하며 맑디맑으므로 기이하고 존귀하게 여길 만한 것이기 때문이다.

自獲荒流로 道法이 遂替하니
자획황류 도법 수체

新學之人이 未體法則하고 着邪棄正하여 忘其眞實이라.
신학지인 미체법칙 착사기정 망기진실

以小黠爲智하고 以小恭爲足하니 飽食終日해도 無所用心이라.
이소힐위지 이소공위족 포식종일 무소용심

退自推觀하면 良亦可悲라.
퇴자추관 양역가비

計今出家하니 或有年歲라도 經業未通 文字不決이어
계금출가 혹유년세 경업미통 문자불결

徒喪一世하며 無所成名이니 如此之事 可不深思오.
도상일세 무소성명 여차지사 가불심사

無常之限 非旦卽夕인데 三塗苦痛은 無强無弱이라.
무상지한 비단즉석 삼도고통 무강무약

師徒義深일새 故以伸示하니 有情[1]之流 可爲永誡로다.
사도의심 고이신시 유정 지류 가위영계

1. 유정有情은 범어 'sattva'〔살타薩埵〕의 번역이다. 정식情識이 있는 모든 것들을 말하는데, 당나라 현장이 유정有情이라 번역하였고 그 이전에는 '중생衆生'이라 번역하였는데 다 같은 뜻이다.

그런데 황당한 무리들이 절집에 들어온 뒤부터 도법道法이 마침내 쇠퇴해지기 시작하니, 새로 배울 사람들이 본받아야 할 규범을 미처 체득하지 못하고 삿된 것에 집착하며 바른 법을 버려 진실을 잊고 있다.

하찮은 꾀로 지혜를 삼고 조금 대접 받는 것으로 만족하니 이것저것 하루 종일 배불리 먹고도 공부에 마음 쓰는 것이 없다.

가만히 물러나 스스로 이런 자신의 삶을 살펴보면 참으로 슬퍼해야 할 일이다.

지금 출가한 사람들을 보면 몇 년 몇 십 년이 흘렀지만 아직도 부처님의 가르침을 몰라, 부질없이 한 평생을 허비하며 하나도 이루어 놓은 것이 없으니, 이와 같은 일을 어찌 깊이 생각하지 않고 살 수 있겠는가.

느닷없이 자신도 모르는 사이에 죽을 날이 금방인데 삼악도의 고통은 지은 인과에서 더 심해질 것도 없고 더 약해질 것도 없다. 스승과 제자의 의리가 깊은 까닭에 이런 글을 써 보이니, 생각이 있는 사람들은 이 글을 영원한 본보기로 삼아야 한다.

其一曰
기일왈

卿已出家 永違所生하여 剃髮毁容하고 法服加形이라.
경이출가 영위소생 체발훼용 법복가형

辭親之日 上下涕零은 割愛崇道 意凌太淸이라.
사친지일 상하체령 할애숭도 의릉태청

當遵此志하여 經道修明인데 如何無心 故存色聲이리오.
당준차지 경도수명 여하무심 고존색성

悠悠竟日하며 經業不成하니 德行日損이어 穢積遂盈이라.
유유경일 경업불성 덕행일손 예적수영

師友慙恥하고 凡俗所輕이로다.
사우참치 범속소경

如是出家 徒自辱名일새 今故誨勵하니 宜當專精이어다.
여시출가 도자욕명 금고회려 의당전정

첫째 장, 공부에 힘을 모아야

이미 그대들은 출가하여 태어나서 살던 곳을 영원히 떠나 머리를 깎고 법복을 입었다.

아버지와 어머니를 이별하던 날 위아래 사람들 모두가 눈물을 흘린 까닭은, 혈육의 정을 끊고 도를 숭상하는 그 기상이 하늘을 찔렀기 때문이다.

이 뜻에 따라 도를 닦고 마음을 밝혀야 할 것인데, 어찌 생각이 없이 일삼아 세상의 재물과 명리에 머물러 있단 말인가.

하루하루를 한가롭게 보내면서 부처님의 가르침은 알지 못하니, 덕행이 날로 줄어 잘못된 행실만 가득하다.

스승과 벗들이 부끄러워하고 속인들이 경멸하는 것이로다.

이런 출가는 부질없이 자신의 이름만 욕되게 할 뿐이므로, 지금 일부러 가르치는 것이니 오로지 공부에 힘을 모아야 한다.

其二曰
기 이 왈

卿已出家하여 棄俗辭君하니 應自誨勵 志果靑雲이어다.
경 이 출 가 기 속 사 군 응 자 회 려 지 과 청 운

財色不顧하고 與世不群하며 金玉不貴하라.
재 색 불 고 여 세 불 군 금 옥 불 귀

惟道爲珍이어다. 約己守節하여 甘苦樂貧하라.
유 도 위 진 약 기 수 절 감 고 낙 빈

進德自度 又能度人인데
진 덕 자 도 우 능 도 인

如何改操 趨走風塵하여 坐不暖席 馳騖東西리오.
여 하 개 조 추 주 풍 진 좌 불 난 석 치 무 동 서

劇如徭役[1] 縣官所牽이라.
극 여 요 역 현 관 소 견

經道不通이어 戒德不全이니 朋友蚩弄하고 同學棄捐이라.
경 도 불 통 계 덕 부 전 붕 우 치 롱 동 학 기 연

如是出家는 徒喪天年[2]일새 今故誨勵하노니 宜各自憐이어다.
여 시 출 가 도 상 천 년 금 고 회 려 의 각 자 련

---

1. 요역徭役은 나라에 바쳐야 할 온갖 세금 대신 시키는 노동을 말한다.
2. 천년天年은 천수天壽이니 자기가 살아야 할 세월을 말한다.

둘째 장, 자신의 모습을 안타깝게 여겨야

이미 그대들은 출가하여 부모와 임금도 버렸으니, 스스로가 격려하며 청운의 푸른 꿈을 가져야 한다.

재물이나 여색을 멀리 하고 세속 사람들과 어울리지 않으며, 금과 옥을 귀하게 여기지 말아야 한다.

오직 도道만 진귀하게 생각하되 근검절약하여 고생을 감수하며 청빈淸貧을 즐겨야 한다.

덕스럽게 스스로 깨닫고 또 다른 사람을 제도할 수 있어야 하는데, 어찌 마음이 바뀌어 어지러운 세상으로 달려가 잠시도 앉아 있지를 못하고 동서남북으로 바쁘게 뛰어다니는가. 피곤한 그 모습이 마치 관리에게 끌려가 힘든 노동을 하고 있는 것과 같다.

경전의 가르침을 몰라 아름답게 살아가야 할 모습이 온전하지를 않으니, 주변 사람들이 얕보고 희롱하며 멀리할 것이다.

이런 출가는 부질없이 세월만 허비할 뿐이므로, 지금 일부러 가르치는 것이니 저마다 자신의 모습을 안타깝게 여겨야 한다.

其三曰
기 삼 왈

卿已出家 永辭宗族하여 無親無疎[1]이니 清淨無欲이라.
경 이 출 가 영 사 종 족 무 친 무 소 청 정 무 욕

吉則不歡하고 凶則不慼하여 超然縱容 豁然離俗이라.
길 즉 불 환 흉 즉 불 척 초 연 종 용 활 연 리 속

志存玄妙하며 軌眞守樸하여 得度廣濟 普蒙福祿인데 如何無心 仍
지 존 현 묘 궤 진 수 박 득 도 광 제 보 몽 복 록 여 하 무 심 잉

着染觸이오. 空諍長短하고 銖兩升斛[2] 與世爭利하니 何異僮僕이
착 염 촉 공 쟁 장 단 수 량 승 곡 여 세 쟁 리 하 이 동 복

리오. 經道不明하고 德行不足하니 如是出家 徒自毁辱일새
경 도 불 명 덕 행 부 족 여 시 출 가 도 자 훼 욕

今故誨示하니 宜自洗浴이어다.
금 고 회 시 의 자 세 욕

---

1. 사랑하기에 가까이 하는 것을 친親이라 하고 싫어하기에 멀리 하는 것을 소疎라 하니, 좋아하고 싫어하는 생각이 없이 평등하게 마음을 유지하는 것을 말한다. 〔愛而近之曰親 惡而遠之曰疎 言無愛惡之念 平等持心也〕
2. 『율력지』에서 말하기를 "저울추는 가볍고 무거움을 알 수 있는 것인데 본디 황종黃鍾에서 기원한다. 황종黃鍾 1약은 그 용량이 1200 알의 기장을 담을 수 있으며 무게는 12수이다. 24수가 1량이 되고 16량이 1근이 되며 30근이 1균이 되고 4균이 1석이 된다. 분량을 나타내는 것은 약합승두곡 등이다. 기장 1200알이 1약이 되고 10약은 1합이 되고 10합은 1승이 되고 10승은 1두가 되고 10두는 1곡이 된다."라고 하였다.〔律歷志云 權者 所以知輕重 本起於黃鍾. 黃鍾一龠 容千二百黍 重十二銖 二十四銖爲一兩 十六兩爲一斤 三十斤爲一鈞 四鈞爲一石. 量者 龠合升斗斛也 千二百黍爲龠 龠十爲合 合十爲升 升十爲斗 斗十爲斛〕

셋째 장, 세상에 물든 업을 씻어내야

이미 그대들은 출가하여 가까운 친척들과는 영원히 헤어져 가까이 하거나 멀리 할 사람이 없으니 맑고 깨끗하여 욕심이 없어야 한다.

좋은 일이 있으면 있는 대로 들뜨지 않고 재난이 닥치면 닥치는 대로 그대로 받아들여 근심하지 않아, 모든 일에 초연하고 마음이 툭 트여 세속의 근심걱정을 벗어나야 한다.

뜻은 현묘한 도리에 두며 질박하고 참된 마음을 지켜나가, 깨달음을 얻어 많은 중생을 제도하여 두루 복을 받고 행복해야 할 것인데, 어찌 생각이 없이 여전히 헛된 세상일에 물들어 있단 말인가.

부질없이 길고 짧음을 다투고 세속 사람들과 큰 이익 작은 이익을 따지고 있으니, 세상에서 머슴살이 하는 종과 어찌 다를 것이 있겠는가.

부처님의 가르침에 밝지 않고 덕행이 부족하니, 이런 출가는 부질없이 자신을 허물고 욕되게 할 뿐이므로, 지금 일부러 가르치는 것이니 스스로 세상에 물든 업을 씻어내야 한다.

其四曰
기 사 왈

卿已出家하여 號曰道人이라.
경 이 출 가 　 호 왈 도 인

父母不敬하고 君帝不臣하나 普天同奉하고 事之如神이
부 모 불 경 　 군 제 불 신 　 보 천 동 봉 　 사 지 여 신

稽首致敬하여 不計富貧하니 尙其淸修 自利利人이라.
계 수 치 경 　 불 계 부 빈 　 상 기 청 수 자 리 리 인

減割之重 一米七斤인데
감 할 지 중 일 미 칠 근

如何怠慢하여 不能報恩하고 倚縱遊逸[1] 身意虛煩이오.
여 하 태 만 　 불 능 보 은 　 의 종 유 일 신 의 허 번

無戒食施하면 死入泰山이어 燒鐵爲食하고 融銅灌咽이니
무 계 식 시 　 사 입 태 산 　 소 철 위 식 　 융 동 관 인

如斯之痛은 法句[2] 所陳일세 今故誨約 宜改自新이어다.
여 사 지 통 　 법 구 소 진 　 금 고 회 약 의 개 자 신

---

1. 유일遊逸은 마음껏 노는 것이다.
2. 법구法句는 『법구경』을 말한다. 부처님의 말씀을 모아 기록한 경전인데 423편의 시로 구성되어 있다. 불교의 가르침이 간명하게 표현되어 있어 널리 읽히고 있다.

넷째 장, 잘못된 삶을 바꾸어야

이미 그대들은 출가하여 도인道人이라 한다.

부모를 모시지도 않고 임금의 신하가 되지도 않았지만, 부귀빈천을 가리지 않고 천하 사람들이 모두 부처님처럼 받들어 섬기고 머리를 조아려 공경하니, 이는 출가한 사람들이 청정한 수행으로 자신도 이롭고 남도 이롭게 하는 삶을 숭상하는 것이다.

이들이 아끼고 절약하여 시주한 소중한 은혜들은 쌀 한 톨에 일곱 근을 되갚아야 하는 것인데, 어찌 태만하게 은혜도 갚지 못하고 게을리 몸과 마음을 번거롭게 하고 있는가.

아름다운 삶이 없이 시물을 먹으면 죽어 태산지옥에 들어가서 달군 쇠로 음식을 삼고 벌겋게 녹은 구리물을 목구멍에 들어부을 것이니, 이런 고통은 『법구경』에서 말한 내용들과 같다. 그러므로 지금 일부러 가르치는 것이니 잘못된 삶을 바꾸어 새롭게 살아야 한다.

其五曰
기 오 왈

卿已出家하여 號曰 息心이라.
경이출가 호왈 식심

穢雜不着이어 惟道是欽이니 志參淸潔하여 如玉如氷일새
예잡불착 유도시흠 지참청결 여옥여빙

當修經戒하여 以濟精神으로 衆生蒙祐하고 幷度所親인데
당수경계 이제정신 중생몽우 병도소친

如何無心 隨俗浮沈하여 縱其四大[1] 恣其五根이오.
여하무심 수속부침 종기사대 자기오근

道德遂淺하고 世事更深하니
도덕수천 세사갱심

如是出家 與世同塵일새 今故誡約하니 幸自開神이어다.
여시출가 여세동진 금고계약 행자개신

---

1. 사대四大는 지地·수水·화火·풍風으로 이루어진 중생의 몸을 말하고 오근五根은 안眼·이耳·비鼻·설舌·신身이란 감각기관에 의하여 분별하는 중생의 마음을 말한다.

다섯째 장, 정신을 바짝 차려야

이미 그대들은 출가하여 '마음을 쉬어버린 사람'이라 한다.

더럽고 잡스러운 것에 집착하지 않아 오로지 도道만 흠모하니 뜻은 맑고 고결하여 백옥이나 얼음처럼 순수하다.

그러므로 경전과 계율을 잘 익혀 마음을 잘 닦음으로써 중생들이 도움을 받게 하고 아울러 가까운 사람들을 제도해야 할 것이다.

그런데 어찌 생각이 없이 부침하는 세속의 허망한 삶을 따라 몸과 마음을 제멋대로 놀리고만 있는가.

도덕성은 마침내 떨어지고 세상살이 시름만 더 깊어질 것이다.

이런 출가는 세속적인 삶과 똑같이 번거로울 뿐이므로, 지금 일부러 훈계하는 것이니 스스로 정신을 바짝 차릴지어다.

其六曰
기 육 왈

卿已出家하여 捐世形軀이니 當務竭情하여 泥洹[1] 合符라.
경이출가　　연세형구　　당무갈정　　니원 합부

如何擾動 不樂閒居오.
여하요동 불요한거

經道는 損耗하고 世事는 有餘하니
경도　손모　　세사　유여

淸白不履하고 反入泥途라.
청백불리　　반입니도

過影之命은 或在須臾나 地獄之痛은 難可具書일새
과영지명　혹재수유　지옥지통　난가구서

今故戒勵하노니 宜崇典謨[2] 어다.
금고계려　　　의숭전모

---

1. 니원泥洹은 범어 'nirvana'의 음역으로 열반과 같은 말이다.
2. 전모典謨 : 전典은 주로 일어난 사건을 기록하는 까닭에 요임금과 순임금 모두 그들의 실록을 기재하였고, 모謨는 주로 실행한 말을 기록하는 까닭에 우임금과 고도는 곧 그들의 계책을 기재하였다. 이 두 글자가 통용되어 '법칙'이 되었다.〔典主記事故 堯舜皆載其實 謨主記言故 禹皐陶 則載其謨. 此言兩字 通爲法則〕 따라서 전모典謨는 본래 『서경』의 이전二典과 삼모三謨이니 곧 요전堯典·순전舜典과 대우모大禹謨·고도모皐陶謨·익직益稷을 일컬은 것이다. 이것들은 본받아야 할 법칙 또는 법도이니, 여기서는 본받아야 할 부처님의 가르침을 말한다.

여섯째 장, 법도를 존중할지어다

이미 그대들은 출가하여 세속의 몸을 버렸으니, 마땅히 힘써 중생의 알음알이를 없애고 부처님 세상으로 들어가야 한다.

그런데 어찌 요동치는 알음알이로 한가로운 삶을 즐기지 못하고 있는가.

부처님의 가르침은 없어지고 세속의 일만 남아 있는 것이니, 맑고 순수한 길을 밟지 않고 도리어 진흙길로 들어간다.

스치는 그림자처럼 목숨은 잠깐 사이지만 지옥에서 받는 고통은 글로 다 쓰기 어려우니

그러므로 지금 일부러 조심하도록 가르치는 것이니 경전에 나오는 법도를 존중할지어다.

其七曰
기 칠 왈

卿已出家이니 不可自寬이라. 形雖鄙陋라도 使行可觀하고
경 이 출 가 불 가 자 관 형 수 비 루 사 행 가 관

衣服雖麤라도 坐起令端하며 飮食雖疎라도 出言可餐이로다.
의 복 수 추 좌 기 령 단 음 식 수 소 출 언 가 찬

夏則忍熱하고 冬則忍寒하여 能自守節이라.
하 즉 인 열 동 즉 인 한 능 자 수 절

不飮盜泉[1] 하고 不肖之供에 足不妄前하며
불 음 도 천 불 초 지 공 족 불 망 전

久處私室이라도 如臨至尊이라.
구 처 사 실 여 임 지 존

學雖不多라도 可齊上賢이니 如是出家는 足報二親하고
학 수 부 다 가 제 상 현 여 시 출 가 족 보 이 친

宗親知識[2] 一切蒙恩일새 今故誡汝하노니 宜各自敦이어다.
종 친 지 식 일 체 몽 은 금 고 계 여 의 각 자 돈

---

1. 도천盜泉은 산동성 사수현 동북쪽에 있었던 샘물 이름이다. 공자가 이 샘물 곁을 지나갈 때 목이 말랐지만 마시지 않았는데 그 까닭은 '도둑 심보를 갖게 하는 샘물'이란 뜻인 '도천'이란 이름을 싫어했기 때문이다.
2. 종친지식宗親知識 : 모든 유파가 흘러나와 시작된 곳이 종宗이 되고 혼인으로 맺어진 권속들이 친親이 되며, 마주보고 안 것이 지知가 되고, 듣고 이름 붙여 분별했던 것들이 식識이 된다.〔流派所出爲宗 姻眷爲親 見面爲知 聞名爲識〕

일곱째 장, 도탑고 진실된 삶을 살아야

이미 그대들은 출가하였으니 자신한테 관대해서는 안 된다.

생김새가 볼품없더라도 어떤 일을 실행하는 모습은 볼 만해야 하고, 의복이 남루하더라도 앉고 일어서는 모습은 단정해야 하며, 입으로 먹는 음식이 거칠더라도 하는 말은 남들이 들을 만해야 한다.

여름이면 더위를 참고 겨울이면 추위를 참아 스스로 절도 있는 생활을 지켜 나가야만 한다.

도천盜泉과 같이 여법하지 못한 샘물은 마시지 않아야 하고, 법답지 못한 공양에 발길을 함부로 내딛어서도 안 되며, 방안에 오래 혼자 앉아 있더라도 부처님 앞에 앉아 있는 듯해야 한다.

배움이 많지 않더라도 옛 현인들과 함께 할 수 있을 것이니, 이런 출가는 부모님의 은혜에 충분히 보답하고 종친과 아는 사람들 모두가 은혜를 입게 하는 것이다.

그러므로 지금 일부러 그대를 가르치는 것이니 저마다 도탑고 진실된 삶을 살아야 한다.

其八曰
기 팔 왈

卿已出家하여 性有昏明이나 學無多少에 要在修精이라.
경 이 출 가　성 유 혼 명　학 무 다 소　요 재 수 정

上士는 坐禪하고 中士는 誦經하며 下士는 堪能塔寺經營인데[1]
상 사　좌 선　중 사　송 경　하 사　감 능 탑 사 경 영

豈可終日 一無所成이오.
기 가 종 일 일 무 소 성

立身無聞이면 可謂徒生일새
입 신 무 문　가 위 도 생

今故誨汝하노니 宜自端情이어다.
금 고 회 여　의 자 단 정

---

1. 『무위경』에서 "사문에 세 종류가 있으니 좌선하는 사람들은 상上이요 경전을 독송하는 사람들은 중中이며 대중들의 공부를 돕는 사람들은 하下가 된다."고 하였다. 『유가론』에서 이르기를 "자리이타행이 없는 사람들은 하근기이고, 자신에게 이로움이 있지만 이타행이 없는 사람은 중근기이며, 자리이타행이 있는 사람은 상근기라 한다."고 하였다. 경영經營에서 경經은 큰일을 도모하는 것이요 영營은 그 일이 잘 되도록 헤아려 운영하는 것이다. 종횡으로 큰 틀이 잘 짜여 있는 것이 경經이 되고 잘 짜여 있는 틀이 막히지 않고 잘 돌아갈 수 있도록 운영하는 것이 영營이 된다.〔無爲經云 沙門有三輩 坐禪爲上 誦經爲中 助衆爲下. 瑜伽論云 無二利行者 下士 有自利無利他行者 中士 有二利行者 名上士. 經營者 經謀爲也 營量度也. 又 縱橫爲經 回旋爲營也〕

여덟째 장, 쓰는 마음을 올바르게 해야

이미 출가한 그대들의 성품에 밝고 어두운 면이 있겠지만, 많이 배우든 적게 배우든 중요한 것은 순수한 마음을 닦는 데 있다.

근기가 뛰어난 사람은 좌선을 하고, 중간 근기는 경전을 외우며, 낮은 근기는 절이나 탑을 관리할 수 있을 것이다.

그런데 어찌 해가 저물도록 그대가 수행해서 하나도 이룰 것이 없단 말인가.

세상에 이름을 드러내 잘 산다는 소문이 들리지 않는다면 부질없이 헛된 삶을 살았다고 할 만하다.

그러므로 지금 일부러 그대에게 가르치는 것이니, 스스로 쓰는 마음을 올바르게 해야 한다.

其九曰
기구왈

卿已出家 永違二親하여 道法革性하고 俗服離身이라.
경이출가 영위이친 도법혁성 속복리신

辭親之日 乍悲乍欣이니 邈爾絶俗하여 超出埃塵이라.
사친지일 사비사흔 막이절속 초출애진

當修經道에서 制己履眞인데 如何無心 更染俗因이오.
당수경도 제기리진 여하무심 갱염속인

經道已薄이고 行無毛分이니 言非可貴요 德非可珍이라.
경도이박 행무모분 언비가귀 덕비가진

師友致累하여 恚恨日殷일새
사우치누 에한일은

如是出家는 損法辱身이니 思之念之하여 好自將身이어다.
여시출가 손법욕신 사지념지 호자장신

아홉째 장, 자신의 몸을 잘 관리해야

이미 그대들은 출가하여 영원히 부모를 떠나서 도를 닦고자 마음을 바꾸고 속세의 옷을 벗었다.

부모를 떠나던 날 슬프기도 하고 기쁘기도 하였지만, 세속의 인연을 멀리 끊어 번거로운 삶을 벗어났다.

부처님의 가르침 속에서 자신을 가다듬어 참된 세상을 밟아야 하는데, 어찌 생각이 없이 세속의 인연에 다시 물든단 말인가.

부처님의 가르침이 사라지고 올곧은 행실이 털끝만치도 없으니, 하는 말들이 귀하게 들을 만한 것이 아니요, 베푸는 덕들이 보배롭게 여길 만한 것이 아니다.

스승과 벗들에게 누를 끼쳐 날로 원망만 더해지는구나.

그러므로 이런 출가는 법을 손상하고 자신을 욕되게 하는 것이니, 이런 점을 잘 챙겨 자신의 몸을 잘 관리해야 한다.

3. 梁高僧 偁法主[1] 遺誡小師
양고승 칭법주 유계소사

塵世匪堅이요 浮生不久이니 我光陰以謝하고 汝齒髮漸高하리니
진세비견 부생불구 아광음이사 여치발점고

無以世利로 下其身하고 無以虛名으로 苟其利하라.
무이세리 하기신 무이허명 구기리

莫輕仁賤義하고 莫嫉善妬才하라. 莫抑遏無辜하고 莫沈埋有德하며
막경인천의 막질선투재 막억알무고 막침매유덕

莫疎慵人事하라. 莫懶惰焚修하고 莫耽湎睡眠[2]하며 莫强知他事하라.
막소용인사 막나타분수 막탐면수면 막강지타사

莫空腹高心하고 莫營私利己하라.
막공복고심 막영사리기

---

1. 칭법주偁法主는 양나라 고승이지만 생몰연대와 전기가 미상이다. 소사小師는 구족계를 받고 아직 10년이 안 되는 스님이나 또는 제자를 일컫는 말이다. 또는 스님들이 자신을 겸손하게 낮추어서 하는 말.
2. '수마'는 얼음침상에서 차가운 눈을 덮고 있더라도 모르는 사이에 찾아와 사람을 무력하게 만든다. 하물며 이부자리를 두텁게 깔고 다리를 쭉 펴고 누워 있다면 어찌 '수마'를 물리칠 수 있겠는가. 그러므로 많은 잠에 빠져 있다면 죽은 사람처럼 밤이 새고 날이 지는 줄도 모르는데 어느 겨를에 마음을 챙겨 공부하겠는가. 그러므로 지나치게 잠에 빠져들지 말라고 경계한 것이다. 더구나 많은 잠에는 다섯 가지 허물이 있다. 첫째는 악몽이 많고, 둘째는 하늘의 신들이 보호하지 않으며, 셋째는 마음이 법에 들어가지 못하고, 넷째는 밝은 모습을 생각하지 않으며, 다섯째는 정精을 내기 좋아하는 것이다.〔睡眠之魔 雖氷床雪被 不覺中來 令人無力 况厚敷茵席 伸脚大臥則 安能却之. 所以熟眠沈溺 猶如死人 不知夜之旦日之暮 何暇攝心做工乎. 故 戒莫沈湎耳. 况有五過 一 多有惡夢 二 諸天不護 三 心不入法 四 不思明相 五 喜出精〕

3. 어린 스님에게 남기는 가르침 _ 양고승 칭법주

티끌세상은 견고한 것이 아니요 덧없는 우리의 삶은 오래가지를 않으니, 세월 속에 나는 시들어가고 그대들의 나이는 점차 많아질 것이다. 그러니 세상의 이익 때문에 몸을 낮추는 일이 없어야 하고, 헛된 이름 때문에 실없이 이익을 추구하는 일이 없어야 한다.

어질고 의리 있는 사람을 가볍게 여기지 말아야 하고, 착하고 재주 있는 사람들을 질투[1]하지 말아야 한다.

무고한 사람을 몰아치지 말아야 하고, 덕이 있는 사람을 매장하지 말아야 하며, 다른 사람의 일을 보아줄 때 소홀하지 말아야 한다.

향을 사르고 예불하는 일에 게으르지 말고, 지나치게 잠에 빠지지 말며, 억지로 남의 일을 알려고 하지도 말아야 한다.

아는 것 없이 마음을 높이지 말고, 사사로운 이익을 도모하지 말아야 한다.

---

1. 어진 사람을 질투하여 해치는 것을 질嫉이라 하고 남의 재주를 싫어하고 시기하는 것을 투妬라 한다. 자신의 명리만 드러내면서 다른 사람이 잘 되는 것을 참지 못하는 것을 질투嫉妬라 한다.〔害賢曰嫉 忌才曰妬. 又 徇自名利 不耐他榮曰嫉妬〕

莫恃强欺弱하고 莫利己損他하라.
막시강기약 막리기손타

無以長으로 而慢後生하고 無以少로 而欺老宿[1]이어다.
무이장 이만후생 무이소 이기노숙

無以財華로 下視物하고 無以意氣로 高揖[2]人이어다.
무이재화 하시물 무이의기 고읍 인

無以不善으로 苦相親하고 無以善으로 而却憎惡이어다.
무이불선 고상친 무이선 이각증오

無以片能으로 稱我是하고 無以少解로 道他非이어다.
무이편능 칭아시 무이소해 도타비

無以在客으로 慢主人하고 無以爲主로 輕旅客이어다.
무이재객 만주인 무이위주 경여객

無以在事로 失綱紀하고 無以傚衆으로 破條章이어다.
무이재사 실강기 무이요중 파조장

---

1. 노숙老宿은 기숙耆宿, 기노耆老, 숙덕宿德과 같으며, 나이 많고 덕이 높은 사람을 가리킨다.
2. 장읍長揖이란 두 손을 들어 길게 겸손하게 읍하는 것이요, 고읍高揖이란 단지 한 손만 들어 읍하는 것이니 거만한 것을 말한다.〔長揖者 擧兩手而揖 高揖者 但擧一手而揖 謂倨傲也〕

강한 곳에 붙어 약자를 업신여기지 말고 자신을 이롭게 하고자 남에게 손해를 끼치지 말아야 한다.

어른이라 하여 후학들에게 오만한 일이 없어야 하고, 젊었다 하여 나이 많은 사람들을 기만하는 일이 없어야 한다.

부귀영화로 남을 깔보는 일이 없어야 하고, 기세등등하게 남을 대하는 일이 없어야 한다.

좋지 않은 일로 일부러 상대방을 가까이 하는 일이 없어야 하고, 좋은 일로 다른 사람을 증오하는 일이 없어야 한다.

조그마한 능력으로 내가 옳다고 나서는 일이 없어야 하고, 속 좁은 견해로 다른 사람의 잘못을 말하는 일이 없어야 한다.

손님으로 있으면서 주인에게 오만한 일이 없어야 하고, 주인이 되어 지나가는 손님을 가볍게 여기는 일이 없어야 한다.

일을 하면서 대중의 기강을 잃는 일이 없어야 하고, 대중을 선동하여 함께 사는 규칙을 깨뜨리는 일이 없어야 한다.

無以誹謗으로 怪他人하고 無以穿鑿으로 覓他過이어다.
무이비방 괴타인 무이천착 멱타과

好向佛法中用意하고 多於塵境上除情이어다.
호향불법중용의 다어진경상제정

袈裟下 失却人身은 實爲苦也요
가사하 실각인신 실위고야

捺落[1]裡 受諸異報는 可謂屈焉인데
나락리 수제이보 가위굴언

況端拱無爲하고 安閑不役 徐行金地[2]하며 高坐華堂에 足不履
황단공무위 안한불역 서행금지 고좌화당 족불리

泥하고 手不彈水하며 身上衣而口中食을 豈易消乎리오.
니 수불탄수 신상의이구중식 기이소호

圓却頂而方却袍 爲何事也오.
원각정이방각포 위하사야

其或 剛柔得所하고 進退含容이어 堪行卽行하고 可止須止하여
기혹 강유득소 진퇴함용 감행즉행 가지수지

無貪眼下 數省時中 一點相當하면 萬金消得일새니라.
무탐안하 삭성시중 일점상당 만금소득

---

1. 나락捺落은 범어 '나락가捺落迦'의 약칭인데 지옥을 뜻한다.
2. 금지金地는 부처님 당시 수달장자가 황금을 주고 땅을 매입하여 기원정사를 지었다는 고사에서 온 말인데 수행터인 절을 말한다.

다른 사람을 비방하여 이상스럽게 만드는 일이 없어야 하고, 집요하게 남의 허물을 들추어 내는 일이 없어야 한다.

부처님 가르침 속에서 마음을 잘 쓰고, 언제나 바깥 경계에서는 중생의 알음알이를 제거해야 한다.

부처님 가사를 입고 사람의 몸을 잃는 것은 참으로 큰 고통이요, 죽어 지옥에서 온갖 과보를 받는 일은 참으로 굴욕적인 일이라 할 수 있겠다.

그런데 하물며 팔짱 끼고 한가롭게 절 마당을 걸으며, 화려한 법당에 높이 앉아 진흙탕을 밟지 않고 손에 물도 묻히지 않으면서, 시주 옷과 음식을 어찌 쉽게 소화시킬 수 있겠는가.

둥글게 머리를 깎고 반듯하게 법복을 입는 것은 무엇 때문인가?

아마도 강하고 부드러움이 자유자재하고 물러가고 나아감에 포용력이 있어, 나아갈 자리는 나아가고 멈추어야 할 자리는 멈추어서, 욕심 없이 자신의 삶을 끊임없이 살펴가다 한 생각 맞아떨어지면 황금 만 냥이라도 녹여 쓸 수 있기 때문이다.

予以千叮萬囑하여 苦口甘言이라.
여이천정만촉 고구감언

依予言者 來世相逢이니
의여언자 내세상봉

若不依予言者면 擬向何處出頭리오.
약불의여언자 의향하처출두

珍重珍重이로다.
진중진중

내가 천 번 만 번 당부하면서 입이 쓰도록 다디달게 말하였다.

내 말에 의지하는 사람은 내세에 극락정토에서 서로 만나겠지만,
내 말에 기대지 않는 사람이라면 어느 곳에 태어나고자 하려는가.

가사 입은 공덕을 참으로 소중하고 소중하게 생각할지어다.

4. 鍾山鐵牛印[1]禪師示童行法晦
종 산 철 우 인 선 사 시 동 행 법 회

唐[2] 則天延載元年五月十五日에 始括天下僧尼하여 隷祠部하고
당 측천연재원년오월십오일 시괄천하승니 예사부

玄宗[3] 天寶六年에 制所度僧尼를 令祠部給牒[4]하며
현종 천보육년 제소도승니 영사부급첩

肅宗[5] 至德元年에 祠部牒賜하여 功臣賣始니라.
숙종 지덕원년 사부첩사 공신매시

---

1. 종인宗印(1148-1213)은 남송南宋 스님이니 항주 염관鹽官 사람이다. 속성은 진陳씨이고 자는 원실元實이며 호는 북봉北峰 또는 종산種山이라고 한다. 철우鐵牛는 별호이다. 15세에 출가하여 구족계를 받고 시詩를 잘하여 당시 사대부의 숭앙을 받았다. 송宋 가정嘉定 6년(1213) 12월 8일 68세로 송강松江에서 입적하였다. 법회法晦는 생졸연대 및 전기 미상이다.
2. 당은 수隋나라 다음에 일어난 왕조이다. 이연李淵이 수나라 공제恭帝의 선위禪位를 받아 즉위한 때로부터 애제哀帝에 이르러 후양後梁 주전충朱全忠에게 망하기까지 20세世 290년간(618-907)을 일컫는다.
3. 현종玄宗(685-762)은 당나라의 제6대 황제이다. 초년에 정사를 바로잡아 성당시대盛唐時代를 이루었지만 말년에 양귀비에게 빠져서 정치를 돌보지 않다가 '안록산의 난'을 만나기도 하였다.
4. 첩牒은 도첩度牒인데 도연度緣이나 사부첩祠部牒이라고 말하기도 한다. 승니僧尼가 출가할 때 조정에서 발급해 주는 승려허가증이다.
5. 숙종肅宗은 당나라 제7대 임금인데 현종玄宗의 셋째 아들이다.

4. 어린 동자에게 주는 가르침 _ 종산철우

당나라 측천則天[1] 연재延載 원년元年(694) 5월 15일 천하의 비구와 비구니를 모두 사부祠部[2]에서 처음 관리하게 하였고,

현종玄宗(685-762) 천보天寶 6년(747)에는 득도한 비구와 비구니를 사부에서 도첩度牒을 주게 하였으며,

숙종肅宗 지덕至德 원년(756)에 사부에서 도첩을 내려주어 공신들이 팔기 시작하였다.[3]

---

1. 측천則天(623-705)은 당 고종高宗의 황후이다. 성은 무武씨이고 서산 사람이다. 고종이 죽은 뒤에 중종中宗, 예종睿宗을 폐하고 스스로 제위에 올라 신성神聖황제라 칭하고 국호를 주周로 개칭했으나 후에 재상 장동지張東之 등에 의하여 폐위되었다. 무후, 무측천, 측천무후라고도 한다. 연재延載는 무후武后의 연호이고 원년元年은 694년이다.
2. 사부祠部는 관청 이름인데 천문, 의약과 승니僧尼의 기록 등을 관장하였다.
3. 『자치통감』 내용에 의하면, 숙종 지덕 2년 백성들이 경전 5백 쪽을 외우면 도첩을 주어 승려가 되게 하였고, 경전에 밝은 사람들이 혹 돈 100냥을 내고 도첩을 부탁하여 출가하고 싶은 사람들에게도 은덕을 베풀었다. 나라가 안정된 뒤 관보關輔의 모든 주에서 돈을 받고 승려로 득도시켜 준 것이 만여 명이나 되었으니, 도첩을 사서 승려가 되는 일이 이로부터 시작되었다.〔按通載 肅宗至德二載 聽白衣能誦經五百紙者度爲僧 賜明經出身 或 納錢百緡 請牒剃落 及兩京平後 又於關輔諸州 納錢度僧萬餘人 買牒爲僧 自此而始〕

以此論之하면 延載前 爲僧은 依天竺法하여
이차론지 연재전 위승 의천축법

有行業堪任受道者 惟師攝授이니
유행업감임수도자 유사섭수

如唐宮使會通[1]이 謁鵲巢道林禪師하고
여당궁사회통 알작소도림선사

曰하되 弟子不願爲官이라 志慕出家이니 願和尙攝授하소서.
왈 제자불원위관 지모출가 원화상섭수

道林曰에 今時爲僧 行多浮濫이로다.
도림왈 금시위승 행다부람

通曰하되 本淨은 非琢磨이며 元明은 不隨照이니라.
통왈 본정 비탁다 원명 불수조

---

1. 회통會通은 당나라 항주 초현사의 회통 스님을 말한다. 항주 오吳씨의 아들이니 어릴 때 이름은 원경이었다. 어려서 매우 총명하여 덕종과 헌종 때 육궁사가 되어 황족들이 모두 그를 좋아하였지만 뒷날 출가를 하였다.〔招天寺 會通禪師 杭州吳氏子 幼名元卿 幼而聰敏 德宗憲宗時 爲六宮使 皇族咸美之 後出家〕 그는 세상에서 무상을 느끼고 도림 선사에게 출가하여 온갖 노고를 무릅쓰고 8년 동안이나 모시고 있었다. 그러나 한마디 가르침도 없으므로 회통은 떠나려고 하였다. 도림이 "어째서 가려느냐?" 하자, 회통이 "법을 위해 출가하였는데 화상께서 가르쳐 주지 않으니 이제 제방을 다니면서 불법을 배우려고 합니다."라고 대답하였다. 도림이 "불도를 찾는다면 내게도 조금은 있지." 하니, 회통이 "어떤 것이 스님의 불법입니까?" 물었다. 도림이 모포에서 털 한 오라기를 뽑아 훅 부니 마침내 여기서 회통이 깊은 뜻을 깨닫게 되었다. 그 인연으로 그를 포모시자布毛侍者라 부르게 되었다.

이 내용으로 말하자면 694년 이전에는 승려가 될 때, 천축의 법도에 의지하여 도를 받을 만한 행실이 있는 사람에게 오직 스승이 거두어 계를 주었을 뿐이니, 이는 당나라 때 궁사宮使 회통會通이 작소도림鵲巢道林[1] 선사를 뵙고 문답 끝에 계를 받는 것과 같다. 회통이 선사에게 말하였다.

회통: 저는 관리가 되기를 원하지 않습니다. 출가에 뜻이 있으니 화상께서는 저를 거두어 주시옵소서.

도림: 요즈음 승려 된 사람들의 행실이 대다수 들뜨고도 외람됩니다.

회통: 본디 맑은 것은 쪼고 갈아서 되는 것이 아니며, 원래 밝은 것은 불빛을 좇아 밝아진 것이 아닙니다.

---

1. 도림道林(741-824) 스님의 호는 작소鵲巢, 조과鳥窠라고 한다. 성姓은 반潘씨이고 어릴 때 이름은 향광香光이며 절강성 항주부 부양현富陽縣 사람이다. 9세에 출가하고 21세 때 형주荊州 과원사果願寺에서 구족계를 받았다. 장안 서명사西明寺의 복례復禮에게 화엄경과 기신론을 배우면서 선을 닦고 경산도흠선사徑山道欽禪師를 뵙고 심요心要를 깨달았다. 남쪽에 있는 전당錢唐 고산孤山의 영복사永福寺로 가는 도중 서호의 태망산泰望山에 나뭇가지가 무성하여 일산과 같이 된 커다란 소나무가 있는 것을 보고 항상 그 위에 올라가 있었으므로 그때 사람들이 '조과' 또는 '작소' 화상이라고 불렀다. 원화년중元和年中(806-820)에 백거이가 항주 태수로 있을 때 스님을 찾아가 자주 도를 묻고 존경하였다. 당唐 장경長慶 4년(824) 2월 10일 세수 84세 때 결가부좌를 하고 입적하였으며 원수선사圓修禪師라는 시호를 받았다.

道林曰에 汝若了淨智妙圓 體自空寂이면
도림왈 여약료정지묘원 체자공적

卽眞出家인데 何假外相이오.
즉진출가 하가외상

通曰 願垂攝授하소서 誓遵師敎하리라.
통왈 원수섭수 서준사교

道林乃與剃落하니라. 後來行業이 旣濫이라 檢制興焉은 自然之理라.
도림내여체락 후래행업 기람 검제흥언 자연지리

所以로 黃面老子 以法付囑 國王大臣은 盖以此也로다.
소이 황면노자 이법부촉 국왕대신 개이차야

今國朝聖澤洪霈하여 特使穹其價者
금국조성택홍패 특사궁기가자

政所以重敎尊僧하고 貴尙其法也라. 明敎 嵩禪師曰하되
정소이중교존승 귀상기법야 명교 숭선사왈

夫僧也者 其防身에 有戒이고 攝心에 有定이며 辨明에 有慧니라.
부승야자 기방신 유계 섭심 유정 변명 유혜

有威이어 可敬하고 有儀이어 可則이니 天人望而儼然이니라.
유위 가경 유의 가칙 천인망이엄연

도림: '깨끗한 지혜로서 오묘하고 원만한 바탕 그 자체가 공적'임을 그대가 알았다면 그것이 곧 참된 출가인데 어찌 겉모습을 빌리려고 합니까?

회통: 부디 제발 저를 거두어 주시옵소서. 맹세코 스승님의 가르침을 따를 것입니다.

도림이 이에 머리를 깎아 주었다. 세월이 흐르면서 출가한 사람들의 모습이 들뜨고 거칠어지자 이들을 점검하는 제도가 생기게 되는 것은 자연스런 이치이다. 부처님께서 법을 국왕과 대신들에게 부촉하는 것은 대개 이런 이유 때문이다.

이제 이 나라 조정의 성스러운 은혜가 쏟아져 특별히 불법의 가치를 많이 높였던 것은, 정말 부처님의 가르침과 스님을 존중하고 그 법을 귀하게 숭상했기 때문이었다. 명교숭明教嵩 선사는 말한다.

"승려는 몸가짐을 지킴에 계율이 있고, 마음을 거두어들임에 선정이 있으며, 명확한 이치를 가려냄에 지혜가 있어야 한다. 위의가 있어 공경하고 본받을 만한 분이시니, 하늘신과 사람들이 삼가 우러러 공손한 마음으로 대해야 한다."

近世 多輕僧은 固僧人自取라.
근세 다경승 고승인자취

然이나 披僧伽梨[1]者
연 피승가리 자

非數世願力之重 夙熏種智之成熟이면 未易得也이니라.
비수세원력지중 숙훈종지지성숙 미이득야

如本朝王文正公旦 臨薨背[2]時에 悔當初 錯了路頭 不作僧하여
여본조왕문정공단 임홍배시 회당초 착료로두 부작승

乃囑令諸子 爲削其鬚髮하고 衣以僧家三衣然後에 入棺케하니
내촉령제자 위삭기수발 의이승가삼의연후 입관

要第二世出頭來에 使成僧이라.
요제이세출두래 사성승

仍囑侍朗楊大年하여 主其治命[3]하니라.
잉촉시랑양대년 주기치명

---

1. 승가리僧伽梨는 범어 'samghati'의 음역이니 중의重衣, 합의合衣 또는 대의大衣라고 번역한다. 승려가 지녀야 할 옷 가운데 가장 큰 옷이니 설법하거나 걸식할 때 입는 가사이다.
2. 홍배薨背에서 '홍薨'은 왕이나 왕족, 귀족 등의 죽음을 높여 이르는 말인 홍서薨逝를 뜻하고, '배背'는 배세背世이니 다 같이 죽음을 뜻하는 말이다.
3. 치명治命은 죽을 무렵에 맑은 정신으로 하는 유언이고 그 반대는 난명亂命이라 한다.

이 시대 많은 사람들이 승려들을 가볍게 여기는 것은 참으로 승려들 자신이 불러들인 재앙이다.

그러나 법복을 입는다는 것은, 여러 생의 간절한 원력과 전생에 심어 둔 지혜가 성숙된 것이 아니면 쉽게 얻지 못하는 것이다.

본 조정의 왕문정공王文正公 단旦[1] 같은 이는 죽을 때, 처음부터 길을 잘못 들어 승려가 되지 못한 것을 후회하였다.

이에 아들 모두에게 자신이 죽을 때 수염과 머리털을 깎고 법복을 정식으로 입힌 뒤에 입관시키도록 당부하였다. 이는 다음 세상에 태어나 승려가 되려고 하였기 때문이다.

그리고 시랑侍朗 양대년楊大年[2]에게 맑은 정신으로 남겨놓은 자신의 유언을 집행하게 하였다.

---

1. 왕문정공王文正公은 송나라 사람인데 자字는 자명子明이고 이름은 단旦이다. 문정공文正公은 시호이다. 태평흥국 때 진사가 되었고 진종眞宗 때 지추밀원知樞密院 태보太保를 지냈다. 송宋 천희원년天禧元年(1017) 9월에 죽고 뒤에 위국공魏國公에 추봉追封되었다.
2. 양대년楊大年은 송나라 포성浦城사람인데 대년大年은 자字이고 이름은 억億이며 시호는 문文이다. 11세 때 태종太宗의 부름을 받아 비서성정자秘書省正字에 제수除授되고 진종眞宗 때 한림학사翰林學士를 지낸 뒤에 사부시랑士部侍郎과 사관수찬史舘修撰을 겸하였다. 칙명에 의하여 왕흠약王欽若 등과 같이 『책부원귀冊府元龜』 1000권을 편찬하였다.

後에 楊이 以宰臣薨背 國家自有典故로 雖不從所請이나 只以三
후 양 이재신홍배 국가자유전고 수부종소청 지이삼

衣剃刀로 置之棺中하니라. 楊亦自悔어니 竟參禪宗하여 了悟自心인
의체도 치지관중 양역자회 경참선종 요오자심

데 被旨詳定 景德傳燈錄[1]하여 流布西天此土하니라.[2]
피지상정 경덕전등록 유포서천차토

噫라 爲僧之難은 有如此者이니 若是大丈夫漢이라면 興決烈之志하
희 위승지난 유여차자 약시대장부한 흥결렬지지

고 屛浮濫之行하라. 從脚跟下에 一刀兩段이듯 向佛祖外에 一覰便
병부람지행 종각근하 일도양단 향불조외 일처변

透하면 身心俱了 亦不爲難이며 亦不患護身符子不入手이니라.
투 신심구료 역불위난 역불환호신부자불입수

所以로 道하되 高山流水深深意이어 自有知音[3] 笑點頭라.
소이 도 고산류수심심의 자유지음 소점두

---

1. 『경덕전등록景德傳燈錄』은 송宋 경덕景德 원년元年(1004)에 오吳나라 사문 도원道原이 30권으로 편집한 책이다. 내용은 석가여래와 조사 스님들의 법맥과 법어를 기록한 책이다. 이것이 효시가 되어 뒤에 이를 본떠 여러 가지 책이 만들어졌다.
2. 동오 때 승려 도원이 『전등록』 30권을 지어 대궐에 바치니 진종이 살펴보고는 기뻐하며 후하게 상을 주고는 한림 양억에게 칙서를 내려 상세히 교정하고 서문을 찬술하게 하여 천하에 널리 유통시켰다. 도원은 천태덕소 국사의 법을 이었다.〔東吳僧道原 作傳燈錄三十卷 詣闕進呈 眞宗覽之 嘉賞 勅翰林楊億 使之詳定而撰序 頒行天下. 道原嗣天台德韶國師〕
3. 말로 의사소통을 안 해도 마음이 통하는 사람을 지음知音이라 한다. 『열자列子』 '탕문湯問'에서 말하였다. "백아가 거문고를 탈 때 그 뜻이 높은 산에 있으면 종자기는 '높고도 높으니 태산과 같도다.' 하고, 거문고를 타는 뜻이 흐르는 물에 있으면 '소리가 넘실넘실 한 것이 흐르는 강물과 같도다.'라고 말하였다. 종자기가 죽자 백아는 거문고 줄을 끊었으니 자기의 소리를 알아주는 지음知音이 없었기 때문이다."[伯牙鼓琴 志在高山 鍾子期曰 峩峩然若泰山 志在流水曰 洋洋然若江河 子期死 伯牙絶絃 以無知音者]

뒷날 양대년은 재상이나 신하가 죽으면 나라에서 치르는 의전이 있었기 때문에 유언대로 따르지 못했지만, 다만 세 종류의 법복과 삭발에 쓰이는 칼만큼은 관 안에 넣어 주었다.

양대년 또한 스스로 자신의 삶을 후회하더니 결국은 선종禪宗에 들어가 자신의 마음을 깨달았는데, 그는 임금의 교지敎旨를 받들어 『경덕전등록景德傳燈錄』을 상세히 교정하여 서쪽에 있는 여러 나라들과 이 땅에 널리 유포시키기도 하였다.

오호라! 승려 되는 것은 이와 같이 어려운 일이니, 대장부라면 단호하게 들뜨거나 외람된 행실을 물리쳐야 할 것이다.

서 있는 그 자리에서 한 칼로 두 동강이를 내듯, 부처와 조사의 견처見處 그 밖을 한번 노리고 뚫어버린다면, 몸과 마음을 함께 아는 것 또한 어렵지 않으며, 몸을 지켜주는 부적이 손에 들어오지 않은 것도 근심하지 않는다. 그러므로 말한다.

높은 산에 흐르는 물 깊고 깊은 뜻이 있어
본디 그 뜻 아는 사람 웃고 머리 끄덕이네.

法晦致身寶公道場[1] 有年이라.
법회치신보공도량 유년

其爲人이 謹愿朴厚하여 有決烈之志하고 無浮濫之行일새
기위인 근원박후 유결렬지지 무부람지행

今謀進納爲僧하니 敬投敬信하고 英偉特達하라.
금모진납위승 경투경신 영위특달

大賢揮金[2] 은 助成其志이니
대현휘금 조성기지

以此軸[3] 求警策하여 因縷縷示之하고
이차축 구경책 인루루시지

亦欲世間賢士大夫 興重敎尊僧之心하라.
역욕세간현사대부 흥중교존승지심

知前輩雖爲富貴所折困이라도 末後에 亦有悔之者이어다.
지전배수위부귀소절곤 말후 역유회지자

歲在己未中秋 住鍾山 鐵牛
세재기미중추 주종산 철우

---

1. 보공도량寶公道場은 개선사開善寺를 말한다. 당唐 건부년중乾符年中(874-878) 칙명으로 보공원寶公院이라 개칭하였고 뒤에 송 개보년중開寶年中(968-975)에 다시 개선도량開善道場이라고 하였다.
2. 휘금揮金은 금과옥조 같은 가르침을 주는 것을 말한다.
3. 축軸은 옛날 두루마리에 글을 써 보관한 것을 말한다. 요즈음 책을 말하는 것이나 마찬가지인데 여기에서는 종산철우鍾山鐵牛 자신이 어린 동자 법회法晦에게 써서 보여준 글을 말한다.

법회가 보공사 도량에 몸을 맡긴 지 여러 해가 되었다. 그 사람됨이 근엄하고 성실하며 순박하고 후덕하여 결연한 뜻이 있고 들뜨거나 외람된 행동이 없으므로 이제 승려가 되게 하려 하니, 법회는 몸과 마음을 던져 예의바르게 불법을 믿고 영특하고도 훌륭한 사람이 되어야 할 것이다.

어지신 부처님의 가르침은 뜻을 이루게 도와주는 것이니, 법회는 이 글로 따끔한 가르침을 찾아 그 내용을 많은 사람들에게 소상하게 보여주고, 또한 세간에서 현명한 사람들이 부처님의 가르침과 스님들을 존중케 해야 한다.

부귀공명을 좇다 공부가 좌절된 선배들도 죽을 때는 공부하지 못한 것에 후회하였다는 것을 알아야만 한다.

때는 기미己未 1199년 중추中秋

종산鍾山에 머무는 철우가 이 글을 쓴다

5. 月窟清[1]禪師訓童行
월굴청 선사훈동행

咨爾童行 聽予誡云하라.
자이동행 청여계운

高以下基하고 洪由纖起하니 古今賢聖 莫不由斯니라.
고이하기 홍유섬기 고금현성 막불유사

儒宗頗多하고 釋氏尤甚하나 玆不繁引하고 略擧二三이라.
유종파다 석씨우심 자부번인 약거이삼

虞夏至尊도 尙曾歷試하고
우하지존 상증력시

可能[2]二祖도 猶服勤勞하며 一念因眞으로 千生果實이니라.
가능이조 유복근로 일념인진 천생과실

---

1. 월굴청月窟清에서 월굴月窟은 호이고 이름이 혜청慧淸이다. 복주福州 복청福淸 사람인데 어렸을 때에 동네 사람이 불에 타죽는 것을 보고는 "나는 부처가 되어 불에 타 죽지 않는 사람이 되겠다."고 하니 그의 부모가 이상하게 여겼다고 한다. 14세에 호주湖州의 하산何山에 가서 복암復庵에게 출가하고, 뒤에 둔암遯庵의 법을 이었다. 생몰연대는 미상이다.
2. 가능可能은 혜가慧可와 혜능慧能을 말한다. 혜가(487-593)는 중국 선종의 제2조이다. 이름은 신광神光이고 성姓은 희씨姬氏이며 낙양 무재武宰 사람이다. 용문龍門의 향산香山에서 보정寶靜에게 출가하여 여러 곳으로 다니면서 불교와 유교를 배우고 32세에 향산으로 돌아왔다. 8년 동안 좌선하고 40세에 숭산 소림사의 달마를 찾아가 눈 속에 서서 가르침을 구하였지만 허락하지 않으므로 왼팔을 끊어 구법의 의지를 보이고 마침내 크게 깨쳤다. 552년 승찬僧璨에게 법을 전하고 업군鄴郡에서 34년 동안 머무르며 완성현莞城縣 광구사匡救寺에서 열반경을 강의하여 크게 명성을 떨쳤다. 수隋 개황開皇 13년(593) 3월 16일 입적하니 나이가 107세였다. 당唐 태조太祖가 정종보각대사正宗普覺大師의 시호를 내렸다. 육조혜능 스님은 공부할 때 돌을 등에 짊어지고 밤에 방아를 찧기도 하였고, 산중에서 사냥 그물을 지킨 일도 있었다.

5. 어린 행자를 훈계하는 글 _ 월굴혜청

아! 그대 어린 수행자들이여! 나의 따끔한 충고를 들어라.

높은 산도 낮은 땅을 기초로 하고 커다란 강물도 가느다란 물줄기로 시작되니, 옛날이나 지금의 모든 성현들이 이런 이치로 공부를 이루었다.

커다란 업적을 이룬 유교의 성현들도 자못 많고 불교의 성현들은 더욱 많았지만 번거롭게 이들을 다 인용하지는 않고 대략 두세 가지만을 예로 들어 보이겠다.

우나라 순舜 임금이나 하나라 우禹 임금도[1] 일찍이 시련을 겪고, 혜가慧可와 혜능慧能 두 조사 스님도 힘든 일을 참고 오히려 부지런히 공부하며 한 생각 참된 것으로 인하여 영원히 칭송받을 결실을 맺었다.

1. 우하虞夏는 우순虞舜, 하우夏禹를 말하는데 모두 중국 고대의 훌륭한 임금이다.

若其濫服 終無所成이면 任是毁形일새 徒增黑業이라.
약기람복 종무소성 임시훼형 도증흑업

爾等 童耋[1]이라도 今各顓誠 履實踐眞하며 無隨流俗이어다.
이등 동질 금각전성 이실천진 무수류속

處淸淨地에 生難遭心하고 見佛逢僧하면 克勤敬慕이어다.
처청정지 생난조심 견불봉승 극근경모

如能反責이면 可謂丈夫[2]라.
여능반책 가위장부

施主交肩에 宜先祇揖하고 同衣相見에 莫後和南[3]이어다.
시주교견 의선지읍 동의상견 막후화남

夕火晨香에 常常勿懈하고 齋餐蚤粥에 念念興慙이어다.
석화신향 상상물해 재찬조죽 염념흥참

當直殿堂하여 供過寮舍에도 宜勤拂拭하여 無怠應承이어다.
당직전당 공과료사 의근불식 무태응승

---

1. 동질童耋에서 15세를 동童이라 하고 80세를 질耋이라 한다.
2. 『열반경』에서 말하였다. "네 가지 법을 갖추어야 대장부라 할 수 있다. 첫째는 선지식이요, 둘째는 법을 설하는 것이요, 셋째는 이치를 사유하는 것이요, 넷째는 말처럼 행하는 것이다. 이 네 가지 법이 없으면 대장부라 부르지 않는다."〔涅槃云 若具四法 卽名丈夫 一 善知識 二 說法 三 思惟義 四 如說行 無此四法 不名丈夫〕
3. 화남和南은 범어 'Vandana'로서 번역하면 '계수稽首, 경례敬禮, 도아度我'라고 하니 합장하여 예배하는 것을 말한다.

그런데 외람되게 법복을 입고서 끝내 공부를 이루지 못한다면 승보의 위의를 훼손하였으므로 부질없이 나쁜 업만 더 보태는 것이니, 그대들은 나이가 적든 많든 이제 저마다 지극정성 진실되게 살아가면서 흘러가는 저속한 세속의 삶을 따르는 일이 없어야 한다.

맑고 깨끗한 곳에 머무르며 불법 만나기 어렵다는 마음을 일으켜서, 부처님이나 스님을 보면 끊임없이 공경하고 흠모해야 한다.

만일 자신의 삶을 돌이켜 꾸짖을 수 있다면 대장부라 할 만하다.

시주와 마주칠 때는 먼저 공경하는 마음으로 인사하고, 스님들과 마주볼 때는 먼저 합장해야 한다.

아침저녁으로 향을 사르고 촛불을 켜는 일에 언제나 게으르지 말고, 아침 죽과 점심밥을 먹을 때에도 수행을 잘하고 있는지 살펴 늘 마음에 부끄러운 생각을 일으켜야 한다.

법당이나 객실을 책임 맡아 손님을 맞이할 때에도 부지런히 청소하며 게으름이 없이 소임을 완수해야 한다.

進止威儀는 上流是則이요 言默要道는 下輩休詢이어다. 貝葉은 固
진지위의 상류시칙 언묵요도 하배휴순 패엽 고

合精通하고 墳典은 尤宜博學하라. 稍知今古해야 方解爲人이라. 若似
합정통 분전 우의박학 초지금고 방해위인 약사

啞羊이면 出家何益이리오. 如來 未成佛果에도 文武兼能이니라.[1]
아양 출가하익 여래 미성불과 문무겸능

---

1. 『보요경』에서 "태자가 7살 때 왕이 선우 바라문을 스승으로 삼으니 태자가 '어느 책으로 가르치십니까?' 라고 물었다. '범구유梵佉留 등의 서적입니다.' 라고 답하니, 태자가 말하기를 '책의 종류가 64종이나 되는데 어찌 2종류만 말씀하십니까?' 하였다. 바라문이 '어떤 책들입니까?' 물으므로, 태자가 '범거류서, 용서, 귀서, 아수륜서 같은 것들입니다.'라고 하니, 바라문이 많이 부끄럽게 생각하고는 물러갔다."고 하였다. 『인과경』에 이르기를 "태자 나이 10세 때 왕이 칙서를 내려 난타와 조달 및 5백 동자들과 용맹한 사람들이 정해진 날에 모여 광장에서 활쏘기 시합을 하도록 하였다. 조달이 무리를 거느리고 먼저 나오다가 코끼리가 문을 막고 있자 손으로 밀어 넘어뜨렸고, 난타는 발로 길옆으로 밀쳐놓았으며, 태자는 공중으로 높이 집어 던졌다가 다시 받아들어 코끼리가 조금도 다치지 않게 하였다. 광장에 도착하여 자북을 표적으로 삼아 활을 쏘았다. 조달은 40리 밖에 북을 세워 두었지만 활로 뚫을 수가 없었고, 난타는 60리 밖에 북을 세워 두었으나 역시 뚫을 수가 없었다. 태자는 1백리 밖에 북을 세워 두고 활이 약하자 창고에서 역대 왕들의 좋은 활 가운데 고금을 통하여 다룰 수 없었던 강한 활을 가져다 잡아 당겨 화살을 쏘니 7개의 북을 뚫고는 땅에 박혔다. 화살을 뽑자 그 자리에서 샘물이 솟아올랐다."고 하였다. 『서역기』에서 "그 샘은 지금까지 남아 있다. 병든 모든 사람들이 마시면 곧 병이 모두 치유되니 이 샘을 '화살샘〔箭泉〕'이라 한다."고 하였다.〔普曜經云 太子七歲 王以選友波羅門爲師 太子問 如何典 相敎 答曰 梵佉留等書 太子曰 異書有六十四 何言只有二種 師云 何等名耶 太子曰 梵佉留書龍書鬼書阿修倫書等也 選友深慙而退. 因果經云 太子年十歲 王勅難陀調達及五百童子 復令國有勇力者 定日集於戲場捔射 調達領衆先出 有象當門 以手搦倒 難陀 足跳路側 太子 擲於空中 以手還接 不令損傷 旣至戲場 標鼓射之 調達 竪四十里鼓 不能得過 難陀 竪六十里鼓 亦莫能越 太子 竪百里鼓 弓力弱 取庫內諸王良弓古今無能張者 太子旣挽 放一箭透七鼓 箭入地 泉水湧出. 西域記云 其泉至今存焉 一切病人 飮則皆愈 傳名箭泉〕

나아가고 멈추는 위의는 훌륭한 사람들을 본받아야 할 것이요, 말과 침묵의 요긴한 도리는 용렬한 사람에게 묻지 말아야 한다.

경전은 참으로 정통해야 하고 삼황오제의 서적까지라도[1] 더 많이 배워 놓아야 한다. 옛날이나 지금 일어난 일들을 조금이라도 알아 놓아야 사람 되는 일들을 이해하게 될 것이다.

벙어리 염소처럼[2] 법을 설하지 못한다면 출가에 무슨 이익이 있겠는가.[3]

부처님은 아직 성불하지 못했을 때도 학문과 무예를 겸비하였다.

---

1. 분전墳典 : 분墳은 삼분三墳이요 전典은 오전五典이니 즉 삼황오제三皇五帝의 기록으로 고대의 전적典籍을 말한다. 분墳은 삼황의 기록이니 대도大道를 말하고 전典은 오제의 기록이니 변함없는 상도常道를 말한다.〔墳 三皇書 言大道也 典 五帝書 言常道也〕
2. 아양啞羊은 말을 못하는 벙어리 염소이니 지극히 어리석은 사람에 비유한 말이다.
3. 부처님이 계실 때 어떤 비구들이 안거에 들어가며 스스로 청규를 만들어 '함께 말하거나 법에 대해 묻지도 말자'고 하였다. 부처님께서 말씀하시기를 "그대들은 원수나 벙어리 염소처럼 함께 사는구나. 나는 방편으로 모든 비구들에게 서로 가르치고 함께 법에 대한 이야기를 주고받으면서 점차 깨달아 나가도록 하였다. 이와 같이 하지 않는다면 다함께 '벙어리 법'을 받아 외도와 같아질 것이다. 만약 '벙어리 법'을 행하는 사람이라면 가르침을 어기는 짓이다."라고 하였다.〔佛時 有諸比丘結安居 自作制不得共語問訊 佛言 汝等共住 如似寃家 猶如啞羊 我以方便 教諸比丘 彼此相教 共相受語 展轉覺悟 不應如是 共受啞法 同於外道. 若行啞法者 突吉羅〕

永嘉纔作人師 宗說[1]俱備하고 晞顏晞驥 子雲有言[2]이니라.
영가재작인사 종설 구비 희안희기 자운유언

誦箒誦掃에 釋尊無誤[3]라. 各須努力하여 莫謾因循이어다. 立志堅
송추송소 석존무오 각수노력 막만인순 입지견

固하면 不墮凡地이니 故로 經云하되 立志如高山하고 種德若深海어다.
고 불타범지 고 경운 입지여고산 종덕약심해

如斯苦口는 期汝爲人이어
여사고구 기여위인

報答佛祖莫大恩하고 拔濟衆生無量苦일새니라.
보답불조막대은 발제중생무량고

1. 종통宗通은 무명을 타파하여 마음이 터진 것이고 설통說通은 터진 마음으로 논리를 뛰어넘어 거침없이 법을 설파하는 것을 말한다.
2. 『양자』 학행편에서 "안연처럼 되고자 하는 사람들은 안연처럼 될 것이며, 천리마가 되고자 하는 말 역시 천리마처럼 될 것이다."라고 하였다.〔楊子 學行篇 晞顏之徒 亦顏之類 晞驥之馬 亦驥之類〕
3. 『아함경』에서 "주리반특가는 과거 생에 인색하여 법을 일러주지 않았기에 지극히 어리석고도 아둔해지는 과보를 받았다. 세존께서 비를 들고 땅을 쓸게 하면서 '빗자루'라는 '추箒'와 '쓸다'라는 '소掃' 두 자를 밤낮으로 외우게 하였는데 '추箒'를 외우면 '소掃'를 잊어버리고 '소掃'를 외우면 '추箒'를 잊었다."라고 하였다.〔阿含 周利槃特迦 過去 以慳法故 極暗鈍. 世尊使執箒掃地 教掃箒二字 若誦箒忘掃 誦掃忘箒〕

영가永嘉[1] 스님은 혜능의 인가를 받아 인천의 스승이 되자마자 종통宗通과 설통說通을 모두 갖추었고, '안연이나 천리마처럼 되기를 원한다.'는 양자운楊子雲(BC52-AD18)의 말도 있었다.

어리석은 주리반특가에게 '빗자루'라는 '추箒' 자를 외우고 '청소하라'는 '소掃' 자를 외우게 한 세존께는 아무 잘못이 없다.

저마다 노력하여 부질없이 머뭇거리지 말라. 뜻이 견고하면 범부의 삶에 떨어지지 않을 것이니 그러므로 경에서 말한다.

"뜻은 태산처럼 크게 가져야 하고 덕은 깊고 넓은 바다처럼 아낌없이 써야 한다."

이처럼 간절한 말을 하는 것은 그대가 훌륭한 사람이 되어 부처님과 조사 스님의 커다란 은혜에 보답하고 중생들의 헤아릴 수 없는 고통을 구제하여 줄 것을 바라기 때문이다.

---

1. 영가永嘉(665-713)는 절강성浙江省 온주부溫州府 영가현永嘉縣 사람인데 성은 대戴씨이고 이름은 현각玄覺이다. 영가는 호이고 자字는 명도明道이며 별호는 숙각宿覺이다. 여덟 살에 출가하여 경전을 많이 보고 특히 천태지관天台止觀에 밝았다. 뒤에 『유마경』을 읽다가 얻은 바가 있고 조계에 가서 인가를 받고는 돌아와서 고향의 용흥사龍興寺에 있었다. 당나라 선천先天 2년(713) 10월 17일에 49세로 앉아서 입적하니 예종睿宗이 무상대사無常大師라는 시호를 내려주었다. 저서에 『선종영가집禪宗永嘉集』『증도가證道歌』『관심십문觀心十門』 등이 전한다.

日日如是라면 不愧自心하리라. 頌曰
일일여시 불괴자심 송왈

負舂[1]剗草[2]示嘉模
부용 잔초 시가모

紹續須還猛烈徒.
소속수환맹열도

一念豁然三際[3]斷
일념활연삼제 단

單傳肯下老臊胡.[4]
단전긍하노조호

---

1. 육조 스님이 황매 문하에서 행자로 있을 때 몸이 가벼워 방아가 잘 찧어지지 않자 무거운 돌을 짊어지고 방아를 찧었다는 이야기다.
2. 머리 깎은 것을 말한다. 단하천연선사가 행자로 있을 때 석두대사가 대중들에게 풀을 베게 하였더니 오직 선사만이 물로 머리를 깨끗이 씻고 석두대사 앞에 무릎을 꿇고 앉는지라 곧바로 머리를 깎아 주었으니, 곧 무명초를 깎은 것이다. 축祝은 '끊다'이다.〔祝髮也 丹霞天然禪師爲行者時 石頭使大衆剗草 惟師 以水淨頭 跪石頭前 便與剃髮 卽剗無明草也 祝 斷也〕
3. 삼제三際는 과거 현재 미래를 말하니 삼세三世와 같다.
4. 『조정』에 이르기를 모든 조사 스님들이 처음에는 삼장三藏을 겸하여 법을 전했는데 뒷날 달마 스님이 오직 심인心印만을 전하니 이른바 '교법 밖에 달리 법을 전한 것이 있다.'는 '교외별전敎外別傳'이다. '늙고 비린내 나는 오랑캐'라는 노조호老臊胡는 달마 스님을 가리킨다.〔祖庭云 諸祖 初以三藏敎乘兼傳. 後 達磨單傳心印 所謂敎外別傳也 老臊胡 指達磨也〕

날마다 이와 같이 살 수 있다면 자신의 마음을 부끄러워하지 않을 것이다. 게송으로 말하겠다.

등에 돌을 짊어지고 방아 찧던 육조혜능
마당의 풀 베라 하니 무명초 벤 단하 스님
후학들에 아름다운 모범들을 보이시니
이 도리를 이으려면 용맹정진 해야 하리

한 생각이 툭 트이면 모든 시공 초월하니
홀로 전한 법이라고 달마보다 못 하리오.

찾아보기

인용경전

가

나

다

라·마

바

사

아

자

차

타·파

하

치문

제1권 스님들이 가야 할 길

초판 발행 | 2009년 3월 28일
초판 3쇄 | 2017년 12월 24일
펴낸이 | 열린마음
저자 | 원순

펴낸곳 | 도서출판 법공양
등록 | 1999년 2월 2일 · 제1-a2441
주소 | 03150 서울시 종로구 수송동
두산위브파빌리온 836호
전화 | 02-734-9428
팩스 | 02-6008-7024
이메일 | dharmabooks@chol.com

ISBN 978-89-89602-41-6
ISBN 978-89-89602-40-8(전3권)

값 20,000원

부처님의 가르침을 올바르게 _ 도서출판 법공양